走在经济前沿的人

亚当·斯密

［英］约翰·雷（John Rae）著 张 岩 编译

中华工商联合出版社

图书在版编目(CIP)数据

走在经济前沿的人：亚当·斯密 / （英）约翰·雷

著；张岩编译. -- 北京：中华工商联合出版社，2016.9

ISBN 978-7-5158-1760-6

Ⅰ. ①走… Ⅱ. ①约… ②张… Ⅲ. ①亚当·斯密

(Adam Smith 1723—1790)—传记 Ⅳ. ①K835.615.31

中国版本图书馆CIP数据核字（2016）第 205000 号

走在经济前沿的人
——亚当·斯密

著　　者：[英] 约翰·雷（John Rae）

编　　译：张　岩

出 品 人：李　梁

责任编辑：林　立

封面设计：冬　凡

责任审读：郭敬梅

责任印制：迈致红

出版发行：中华工商联合出版社有限责任公司

印　　刷：三河市华成印务有限公司

版　　次：2016 年 10 月第 1 版

印　　次：2022 年 1 月第 2 次印刷

开　　本：710mm×1020mm　1/16

字　　数：243 千字

印　　张：14

书　　号：ISBN 978-7-5158-1760-6

定　　价：38.00 元

服务热线：010 — 58301130 — 0（前台）

销售热线：010 — 58302977（网店部）

　　　　　010 — 58302166（门店部）

　　　　　010 — 58302837（馆配部、新媒体部）

　　　　　010 — 58302813（团购部）

地址邮编：北京市西城区西环广场 A 座

　　　　　19 — 20 层，100044

http://www.chgslcbs.cn

投稿热线：010 — 58302907（总编室）

投稿邮箱：1621239583@qq.com

前 言

　　1793 年冬天的两个晚上，杜格尔德·斯图尔特向爱丁堡皇家学会所做的报告，是目前我们已知的对亚当·斯密生平最为详尽的说明。1810 年他将报告出版，并附加了注释。此后，鲜有传记作者对此主题做出新的贡献。

　　在过去将近一个世纪以来，许多关于斯密生平的细节及他的书信附带地通过极其分散的渠道被出版。随着人们逐渐意识到斯密的重要性，对其事业与著作做一个完整的总结是非常必要的。把零星的细节串起来，并与收集到的全部书信融合在一起，并补充一些现在有可能收集到的未公开出版的信息，将有助于我们出版。

　　在收集书信与信息的过程中，我荣幸地得到了格拉斯哥大学委员会的大力支持，他们向我热情地提供了学校档案中有关斯密的摘录；同时，我也得到了爱丁堡皇家学会理事会的协助，他们将所保管的《休谟书信集》提供给我使用；爱丁堡大学委员会在我使用他们图书馆保存的《卡莱尔书信集》和大卫·莱思手稿时也提供了一切便利。

　　同时，我也特别感谢巴克勒公爵、兰斯顿侯爵、贝尔法斯特女王学院的坎宁安教授、丰特希尔的阿尔弗雷德·莫里森先生、布鲁克·格林的巴克先生和爱丁堡市政委员会前秘书斯金纳先生，因为他们向我提供了友好的帮助，包括允许我使用未公开发表的信件及向我提供了我想要的一切资料。

目　录

第1章 柯卡尔迪: 美好的少年时代

1723 ~ 1737 年　　14 岁以前

在苏格兰法夫郡的柯卡尔迪。亚当·斯密的爸爸老亚当·斯密作为一名律师, 在苏格兰任军法监察官和柯卡尔迪地区的海关审计员, 他在亚当·斯密出生前几个月的那个春天就已经去世, 也就是说亚当·斯密是一个遗腹子; 亚当·斯密的妈妈玛格丽特出身显赫, 他的外公是该郡斯特拉森德利有名的大地主约翰·道格拉斯。

英年早逝的老亚当·斯密是阿伯丁本地人, 他们家族在当地权势者眼中很有地位。1707 年, 老亚当·斯密刚刚加入律师公会后直接被任命为新设立的苏格兰军法监察官, 1708 年又担任了苏格兰大臣劳登伯爵的私人秘书。1713 年劳登退休, 老亚当·斯密也不再担任秘书职务, 之后成为柯卡尔迪的海关审计员。直到 1723 年去世前, 老亚当·斯密一直担任军法监察官。

从劳登伯爵是一个热心的辉格党人和长老教会员这点来看, 作为劳登欣赏的私人秘书老亚当·斯密也可能是同样的人。并且从他所担任的公职中, 我们可以推断出他是一个非常能干的人。在苏格兰与英格兰合并时设立的军法监察官, 职位责任重大。老亚当·斯密是第一个担任此职务的人, 他的继任者中, 不乏声名显赫之辈。例如, 著有《凯姆斯传》《彼特拉克传》的苏格兰法官、历史学家亚历山大·弗雷泽·泰特勒, 在以伍德豪斯利勋爵的身份担任法官以前就一直担任这一职务。

军法监察官是军事法庭的秘书和法律顾问, 由于苏格兰军事审判不常出现, 所以这份工作相对十分清闲。因此, 老亚当·斯密生命中最后的 10 年里, 主要工作是海关方面的事务。虽然他作为一名律师, 有资格以律师的身份在最高法院从事法律业务, 但他的专长在有生之年却没有发挥它应有的作用。

当时, 课税物品繁多, 达到 1200 种, 相对于现在的仅仅 12 种课税物品来说，需要投入更多的人力。因此，在当时任地方海关征税官或者征税主管的职位，是非常重要而且热门的。不管是年轻人、老人，甚至很多贵族子弟们都竞相争取这个职务。老亚当·斯密在柯卡尔迪所担任的这个职务后来由苏格兰男爵迈克尔·鲍尔弗接棒并长期担任。1713 年，老亚当·斯密担任此职位的时候薪酬是一年 30 英镑，直到 1723 年他去世时，工资也才涨到一年 40 英镑，虽然海关征税官的薪酬并不算高，但它所能获得的额外津贴非常吸引人，达到平时工资的两三倍，亚当·斯密曾经在他的《国富论》中提到过这些。和亚当·斯密同名的一个堂兄弟，从 1754 年开始担任阿洛厄海关的征税官，年薪为 60 英镑。但实际每年至少能拿到 200 英镑。

1723 年春天，亚当·斯密还未出生，老亚当·斯密就去世了，很遗憾他并不知道他的儿子在未来是有多么的著名。由于詹姆斯·麦科什校长在他的著作《苏格兰哲学》中，引用了 1740 年出版的杂志所刊登的斯密作为柯卡尔迪海关审计员，被提升为外港总监察长的消息，而使人们对斯密父亲的去世年份产生了疑惑。不过，一份由坎宁安·贝尔法斯特教授保存的、关于他父亲葬礼的费用的单据，确凿地说明了斯密父亲去世的时间。作为对当时的风俗习惯的例证，我们将清单列出来：

斯密先生葬礼费用清单：	镑	先令	便士
淡色啤酒 8 瓶	0	12	0
果仁蛋糕所用的黄油和鸡蛋	1	4	0
淡色啤酒 4 瓶	0	6	0
面包所用的新鲜奶油	0	14	0
小蜡烛	0	4	6
饼干	1	4	0
淡色啤酒 16 瓶	1	4	0
给爱丁堡的饼干、袜子及其他 　必需品的费用	25	4	0
去爱丁堡送信 3 次	2	1	40
给休的丧鞋一双	1	10	0
给金霍姆运酒的马车费	0	15	0
给贫民	3	6	0

给教区官员及其他人的淡色

啤酒6瓶8品脱	1	10	4
烟斗及烟叶	0	4	0
给工匠的淡色啤酒4品脱	0	12	8
3封邮件的费用	0	6	0
挖墓	3	0	0
向各地发送葬礼通知	1	10	0
丧服	3	12	0
给罗伯特·马丁的服务费	1	4	0
给执事莱塞尔的棺材和铁制品费用	28	4	0
给执事斯隆的立碑费用	1	11	0
合计：	80	16	6

在清单的背面写着"葬礼费用清单，亚当·斯密先生，1723年"。正式的收据如下：

"今从达尼基阿的詹姆斯先生那里，领取80镑16先令6便士，苏格兰人已全额付清。

玛格丽特·道格拉斯"

1723年4月24日于柯卡尔迪

由此可见，1740年被提拔的不是斯密的父亲，而是我们前面提到的与斯密同名的堂兄。在钱伯林《英国通史》中记载：在1734年～1741年，斯密的堂兄一直是柯卡尔迪海关的审计员。而1741年之后，亚当·斯密的名字被冠以外港总监察长，而不再以柯卡尔迪海关审计员的身份出现，这正暗合了麦科什博士所引用的消息。但令人匪夷所思的是，斯密作为一个致力于彻底废除海关系统的人，他的家族却与这个部门密不可分。他的父亲及我们所了解到的他的堂兄弟，包括他自己都是苏格兰海关的官员。

而斯密的母系亲属家族却和军队有着千丝万缕的联系。斯密的舅舅斯特拉森德利的罗伯特·道格拉斯，以及他的三个舅表兄弟都是军官。同时，他的另一个表兄弟、在皮特劳附近有一处庄园的斯基恩也是军官，并担任过陆军上尉。此外，他的亲戚中还有当时著名的军事指挥官陆军上校帕特里克·罗斯。而和他同名的堂兄的父亲，不仅一手安排了斯密父亲的葬礼，还一直以斯密一家好友的身份承担起了照料斯密的责任，为他提供了父亲一样的庇护。由于父亲的早逝，母亲在他的生命中至关重要，始终都是斯密生活的中心。在斯密的童年时期，母子二人相依为命，长大后，斯密仍然把母亲作为自己的导师、朋友，斯密对母亲始终怀着美好的无比尊敬的感情。曾经很可能借宿在斯密家一段时间、厄金斯大法官的哥哥、聪明而机敏的巴肯伯爵，非常清楚地了解斯密最后30年的生活，他说斯密的母亲是最能了解斯密的人了。斯密小时候身体很孱弱，喜欢一个人待着，从小就养成了独自出神和自言自语的习惯，而这些习惯让他纠结一生。

当时，曾流传着一件斯密童年的传奇故事：斯密四岁那年，有一天在去利文河岸斯特拉森德利的外公家的路上，被一群流浪的吉卜赛人骗走了，家人找不到斯密，急得团团转，到处打听斯密的下落。不久，一位绅士告诉斯密的家人，他在前面几英里处看见一个吉卜赛妇女带着四岁左右的小孩，那个小孩哭得很厉害。侦查人员顺着绅士说的方向急忙去寻找，并最终在莱斯利树林追上了那个妇女。那个妇女一看有人来追，赶紧丢下孩子逃走了。就这样，斯密被平安地送回到母亲身边。随着年龄的增长，亚当·斯密的身体也越来越健壮，等到了入学年龄，他进入了当时苏格兰最好的中学之一——柯卡尔迪市立学校。

柯卡尔迪市立学校的校长戴维·米勒也非常出名。斯密大概在1733年开始学习拉丁语。当时《尤特皮斯》（*Eutropius*）是拉丁语的初学教材，斯密使用过的这本书现在保存在坎宁安教授那里，上面留有斯密的签名和日期。1737年斯密毕业，可以说，斯密在读大学之前至少学习了四年的古典文学。

演出戏剧作为当时苏格兰中等学校非常普通的训练，非常盛行。斯密的古典文学教师米勒是一个前卫人物，他自己写剧本，然后让他的学生们演出。长老会非常反对这种方式，于是竭尽全力地阻止他们。而拥有学校管理权的市委员会却是学生们的支持者，市委员会不满长老会的干涉，不仅在演出时亲自到场，还为他们修建专门的舞台和礼堂。1735年在北贝里克学校读书、后来成为经济学家的詹姆斯·斯图尔特爵士，就扮演过《亨利四世》中的国王；1764年，苏格兰历史学家、爱丁堡大学校长威廉·罗伯逊曾经就读的达尔基思学校的学生，演出了《朱利叶斯·恺撒》；佩思文法学校的男生们不顾长老会的公然阻挠，演出了英国散文作家约瑟夫·艾迪生创作的悲剧《加图》；1764年8月，柯卡尔迪学校的学生，演出了校长写的戏剧《皇家顾问委员会，或者是孩子们的正规教育是一切其他进步的基础》。虽然戏剧名字冗长，寡淡无味，但学生们都很喜欢。剧中描写的是在法庭上起诉的故事，斯密参加了这个演出，但具体扮演的角色我们不得而知。

小小的柯卡尔迪市立学校人才辈出，在这群演出戏剧的演员中，很多人在未来的世界大舞台上扮演着重要而杰出的角色：斯密亲密的家乡好友、比他年长8岁的海军财务官员詹姆斯·奥斯瓦尔德阁下；斯密的同学、奥斯瓦尔德的弟弟、后来担任了拉佛主教的约翰；设计了伦敦的阿德尔菲、波特兰大街和爱丁堡大学的著名建筑师罗伯特·亚当。

达尼基阿的詹姆斯一家住在小镇上，他们和斯密一家保持着亲密的关系，詹姆斯的父亲曾经负责斯密父亲的葬礼一事。斯密和詹姆斯的友谊是除了母亲之外，在柯卡尔迪得到的最珍贵的礼物。罗伯特一家也住在小镇上，他的父亲是个有名的建筑师——苏格兰国王的泥瓦匠。在小镇的不远处他们还拥有一个相当大的庄园。罗伯特四兄弟都是斯密童年时代的密友，并延续了一生。斯密的同学中还有一个牧师的儿子、罗伯特兄弟的妹夫、很有名气的约翰·德赖斯代尔，他是继罗伯逊之后的温和派，后来成了爱丁堡的牧师、神学博士、国王的牧师、教会团体的领袖，并两次担任长老会大会的主席。然而正是宗教事业上的成功使他在后来默默无闻。在斯密的众多朋友当中，没有一个人能像德赖斯代尔那样被斯密所喜欢并时常亲切地说起。

只有1500多个居民的小市镇柯卡尔迪，是一个了解社会的极佳平台。这里鱼龙混杂，生活着各色人群，每个人的追求、烦恼、习惯与性情都在这里淋漓尽致地展现。成长在这样一个小天地里的斯密是一个极敏锐的观察家，不管是小镇的贵妇人达尼基阿夫人，还是失去人身自由、贫穷的煤矿工人或制盐工人都在斯密的观察范围内。小镇里还流传着与波罗的海各国引进贸易的商人、海关官员等人之间的有趣的走私故事。

镇上有一两家制钉工厂，是斯密的童年乐园，他喜欢在那里玩。斯密从中发现工人们获取的报酬是钉子，他们把钉子当作流通的货币去商店购买东西。也是在这里，斯密对劳动分工价值有了最粗浅的认识。

斯密在学校表现优异，他勤奋好学、博闻强识。14岁时，因为他在古典文学和数学方面的突出表现，已完全具备了进入格拉斯哥大学学习的能力，甚至还能获得斯内尔奖学金进入牛津大学。

第2章 格拉斯哥大学：意气风发的大学生涯

1737～1740年 14～17岁

1737年10月～1740年春天，斯密在格拉斯哥大学学习。在大学的三年里，他学完了拉丁语、希腊语、数学和道德哲学的课程，由于需要5个学年才能学完文科的课程，因此斯密没有修满获得学位所需的全部课程。但三位杰出教授的教诲却让他受益终生，他们用独特的个人魅力把学生从遥远的地方吸引到小小的西部大学来，并使校园充满活力。他们是：有着渊博的知识、很高的品位和引人入胜的教学方法的希腊语教授亚历山大·邓洛普；苏格兰数学家、精通希腊数学、曾校订欧几里得的《原论》、创意颇多但行为古怪的天才、以古代几何学的复兴者著称于欧洲的数学教授罗伯特·西姆森；一个拥有非凡独创能力的思想家、举世无双的学术演讲家的道德哲学教授弗朗西斯·哈奇森，他的伦理学说对斯密和休谟有一定的影响。

亚历山大·卡莱尔，一个从爱丁堡大学文科毕业而到格拉斯哥大学讲授神学的博士曾说道，他从格拉斯哥大学学生的身上看到了爱丁堡大学学生身上所欠缺的、敢于质疑的精神和广泛学习的热情。毋庸置疑，这种理性的觉醒主要得益于三位著名教授。

在邓洛普的指导下，斯密的希腊语水平有了一定程度的提高，但并无长足的进步。第一学年邓洛普用弗尼编的语法书作为教材，大部分时间在讲授希腊语法的基础，并提供给大家一两本提高练习的入门读物。然而刚入学的学生大部分不懂希腊语，于是，他用了三个月的拉丁语课本，教学生希腊语语法之后，才用希腊语课本。第二学年学生们已经能够通读一些主要的希腊语著作，但并不能读得更深入。此时，斯密已经明显表示出对数学的偏好。

斯密在格拉斯哥时的同班同学爱丁堡的马修·斯图尔特教授，曾经对儿子杜格尔德·斯图尔特回忆说，在他刚开始认识斯密的时候，斯密就在攻克著名的西姆森博士布置给他的难解的几何题目作为练习。

曾翻译过德国新教徒、神学家莫斯海姆的著作，自己还写过几本神学著作的麦克莱恩，是斯密在格拉斯哥时的另一个同学。麦克莱恩同杜格尔德·斯图尔特曾谈到斯密在早年很喜欢数学。斯密对数学老师罗伯特·西姆森教授，始终怀有一种深切的崇敬之情，在1790年他临终前出版的新版《道德情操论》中对这位名人的才能和人品给予了高度的赞扬。他认为相对于诗人和画家，自然科学家不介意社会公众的批评，也不在意是否受到欢迎或被人忽视，因为他们工作的好坏很容易就可以得到评判，而诗人或者是画家的作品好坏取决于很不确定的品位判断，他以罗伯特·西姆森为例证明了这个观点。他说："数学家确信他们的发现具有真理性和重要性，因此并不在意公众如何对待他们。曾经我有幸认识了两位最伟大的数学家格拉斯哥的罗伯特·西姆森博士和爱丁堡的马修·斯图尔特博士，我认为他们是当代现存的最伟大的两个数学家，他们从不会因为人们出于无知而忽视他们一些颇有价值的发现而感到丝毫不快。"在和法国数学家、启蒙思想家、哲学家达朗贝亲密交往很久后，斯密还能这样赞扬西姆森，可见对他的崇敬之情。

在格拉斯哥，邓洛普帮助斯密提高了希腊语水平，西姆森的悉心教诲燃起了斯密对数学的热情，但哈奇森对斯密的影响却是最大最持久的。半个世纪之后，在斯密被格拉斯哥推举为名誉校长时，他回忆母校对自己的恩情时称呼哈奇森为"永远难忘的哈奇森"。

对斯密来说，不管是教育家还是作家，任何人都不能像哈奇森那样启迪他的智慧，指引他的思想。斯密常常被认为是休谟的学生、魁奈的学生，但从真正意义上来说，他只是哈奇森的学生。

哈奇森能够在思想上塑造和激发年轻人。他的课常常能给人留下最深刻的印象。他是格拉斯哥大学第一个不用拉丁语而改用母语授课的教授，他思维活跃，讲课不用笔记，课程灵活多变，生动活泼。不仅他的言论能够鼓舞人心，他的思想也总能激励人们。无论他论述什么问题，都有鲜明而独创的见解，并且他言论中蕴含着学者的自由精神，而这正是青年学者能够自由呼吸的全部力量和生命之所在。在格拉斯哥大学并不算长的授课生涯里，他的思想对人们的冲击很大，遭到校外的老一辈人的严厉批判，觉得这充满危险的"新思想"是对传统观念的挑战；而校内的年青一代却喜欢它新颖的内容，感谢他所带来的新思想，将他奉为偶像而崇拜。被誉为苏格兰哲学之父的格肖·卡迈克尔教授是哈奇森的前任，卡迈克尔是个纯粹的清教徒，信奉无为的加尔文主义，为奇迹始终没有出现而十分沮丧。哈奇森却与此相反，他属于一个全新的时代，一个回归到本性指引的时代，他认为上帝在18世纪是仁慈和善良的，他是为了造福人类而生，人们不会从神迹和天意中感知他的意志，而只能从"最大多数人的最大幸福"中得到理解。哈奇森创造了这句名言。

对于那些卫道士来说以上理论当然是他们不能接受的。在斯密入学格拉斯哥的第一年，当地长老会指控哈奇森违背了长老会教义，教给学生两个错误甚至是危险的学说，即：道德上善的标准就是促进他人的幸福；在不知道上帝或者知道上帝以前，人们就可以辨别善恶。这个指控激起了学生的义愤，他们找到长老会，以口头和书面的形式激烈地为他们心目中的英雄辩护。作为一个一年级的新生，斯密当时也许没有扮演领导者的角色，但是他不可能对同学们最激烈的辩护无动于衷。当他听哈奇森讲授自然神学，或者参加他每周日的神学研究私人讲习班时，斯密真诚地接受了哈奇森所宣扬的宗教乐观主义，这种影响持续了他的一生。

哈奇森的课程在政治上对学生们的思想产生了重要的影响。当时人们并不领会宗教自由和政治自由的原则，甚至很多人不接受这些原则，并视宣扬它的人为异端。利奇曼校长说，哈奇森的课程留给学生最深刻印象的是他对这些原则的阐述说明，很多学生受到他的感染，心中充满了对自由的热爱。斯密当然也不例外，他深切地热爱一切合乎情理的自由，虽然不能说他性格中对自由的热爱，完全是被哈奇森点燃的，但与哈奇森的接触极大地鼓舞了他。

哈奇森对斯密的影响远不止这些。斯密曾经当着杜格尔德·斯图尔特的面承认，他以前在法学课上用未出版的讲稿讲授的关于财产权的理论就受到了哈奇森演讲的启发。此理论认为财产权建立在人类普遍的同情心之上，人们期望可以占有和享受自己获得或者发现的事物。很可能他的整个道德情操论都是在哈奇森讲课的启示下提出的，或许在斯密学习这门课程的时候整个轮廓就已经形成了。哈奇森曾经在他的课堂上明确提出：我们能够将道德情操归之于同情心吗？当然不能，因为我们常常赞同那些与我们没有相同情感的人的行为，例如说我们的敌人。而斯密则独具匠心地提出了人们对公正的第三方怀有相同情感的理论，从而克服了前面言论中的缺陷。

虽然哈奇森的名字并没有出现在政治经济学的历史中，但恰如斯密后来所做的那样，他把政治经济学作为自己自然法学课程的一个分支进行了系统的研究，因为关于契约的讨论要求他必须考察价值、利息及货币等方面的问题。这些研究虽然断续、不完整，但依然能够反映出他对当时及之前经济问题的非凡把握能力，并清醒地认识到了它们的重要性。而且，斯密一些典型的观点就是受哈奇森的影响得出的。

在货币问题上，当时占据主流地位的是重商主义，哈奇森却没有陷入谬误中去。他对于价值的论述犹如斯密对使用价值和交换价值论述的雏形。他把劳动看作是财富最伟大的源泉与衡量价值的真实尺度，每个人都享有天赋的权利，除当公共利益需要时之外，在不损害他人与他人财产下，运用自己的才能去从事生产活动或消遣娱乐是完全可以的。这正是斯密自由学说体系中关于产业方面天赋的论述。与斯密一样，哈奇森认为为了公共利益应该对这种自由进行一定的限制。但不同的是，对于在具体执行过程中应该进行哪些具体的限制，哈奇森主张废除法定利息，斯密和魁奈认为应该予以保留，比如固定的法定利息。有人认为斯密的主张代表了法国重农主义者的观点，他的学说应该是从重农主义学派那里学来的。其实，要知道，斯密早在格拉斯哥大学哈奇森的课堂上就接触了此学说，而直到 20 年后一些重农主义学者才提出这方面的观点。在斯密最初接触的经济学思想中已经包含了关于自由、劳动和价值学说的萌芽，即最具活力的萌芽，在这些学说的基础上，斯密才建立了他的整个经济学说体系。

当时，虽然斯密仅仅 16 岁，但在哈奇森启发式的指导下，他已经能够有效地处理和容纳这些丰富的思想，并独立地进行思考了。斯密的天赋让哈奇森惊喜不已，他把年轻的斯密推荐给了大卫·休谟。1740 年 3 月 4 日，休谟给哈奇森写了一封莫名其妙的书信，苏格兰历史学家、以《休谟传》知名的约翰·希尔·伯顿先生说，信中提到的斯密先生就是后来的经济学家亚当·斯密。当时休谟的著作《人性论》刚刚出版，在哈奇森的班里学习的斯密为《人性论》写了一篇摘要，计划寄给一家杂志社希望发表。休谟很喜欢这篇摘要，他赠送了一本自己的作品给这位年轻的作者。休谟在信中写道："我的书商给斯密先生寄了一本我的作品，我希望你收到这封信的同时，他也收到了那本书。我并不知道斯密先生是否要发表他的那篇摘要。不过我在伦敦已经把它付印了，由于在我寄给该杂志这篇摘要之前，杂志刊登了一篇对我的书带点诋毁的文章，所以并没有发表在《学界论集》上。"假如这封信中的斯密先生就是亚当·斯密，从哈奇森是通过书信方式跟他联系来看，可以肯定他当时已经离开了格拉斯哥。虽然他 6 月份才动身去牛津，但当时可能他已经获得了牛津大学巴利奥尔学院的斯内尔奖学金，而后回到故乡柯卡尔迪，为到这所英国大学就读做准备。

斯内尔奖学金的授予权实际上掌握在格拉斯哥大学的教授们手里，当名额多的时候他们会考虑授予格拉斯哥大学最优异的学生。在斯内尔奖学金存在的两百年里，获奖者中有许多杰出人士，比如苏格兰哲学家、爱丁堡大学教授威廉·汉密尔顿爵士和洛克哈特爵士，以及泰特大主教和英格利斯枢密大臣。最初是一位虔诚的主教派信徒、格拉斯哥大学的老校友创立了斯内尔奖学金，他设立奖学金的目的是培养苏格兰人，为苏格兰主教派教会服务。他在遗嘱中说，获得斯内尔奖学金的人要承担"担任神职，回苏格兰为教会服务"的义务，否则将面临500英镑的罚款。人们据此推断出，斯密接受斯内尔奖学金是想成为主教派牧师。然而光荣革命期间的协定使"苏格兰教会"被长老会控制，主教派牧师所剩无几，所以创立斯内尔奖学金的初衷落空了，而原先订立的协议也从未被强制执行过。斯密获得该奖学金的时候还曾经做过最后一次尝试，但以失败告终。在斯密时代，斯内尔奖学金每年颁发给5个人，每人40英镑，一直持续了11年。1744年，牛津大学副校长联合各学院院长向大法官法庭提起诉讼，希望能够强制斯内尔奖学金的获得者"服从和遵守英格兰教会的教义和教规，并在英格兰教会教规的准许下担任神职"，但大法官法庭拒绝干涉，因此斯内尔奖学金的获得者仍可自由地选择自己的教派、职业和住所。

格拉斯哥大学同学中，斯密的好友有马修、斯图尔特教授和驻海牙大使馆的牧师麦克莱恩博士。斯密和斯图尔特一直保持着十分亲密的关系，斯密评价他是当时继罗伯特·西姆森之后最伟大的数学家。他非常珍惜能有和麦克莱恩博士重叙友情的机会，但由于麦克莱恩作为驻海牙的英国牧师，他退休前的大部分时间都在海外，所以这种机会并不多。但是从斯密和历史学家威廉·汤姆森之间的对话中可以看出，他们之间一直保持着某种联系。汤姆森、菲利普二世的历史学家沃森博士和麦克莱恩博士似乎都写过关于乌得勒支和平条约（指1713年西班牙王位继承战争后缔结的一些条约）的著作。斯密和他们三人相识，他说沃森与麦克莱恩彼此敬畏，但他告诉二人最应该敬重汤姆森。

第3章　牛津大学：略带遗憾的大学生活

1740 ~ 1746 年　　17 ~ 23 岁

1740 年 6 月，斯密骑马而行，从苏格兰前往牛津。后来他对英国诗人塞缪尔·罗杰斯说，当他跨越苏格兰与英格兰地区的边界时，当即被英格兰的富庶及其极为发达的农业震惊了。事实却是，1740 年，苏格兰到处是荒凉的土地，还没有农业，即便是洛西恩地区也没有。就像斯密到达牛津那天所强烈地感受到的那样，与英格兰膘肥体壮的耕牛相比，苏格兰的家畜显得是那么瘦弱可怜。斯密走神的故事被大家传为笑谈，《每月评论》的一位记者说，每当饭桌上出现大块牛肉时，斯密就开始给大家讲故事：他第一天在巴利奥尔学院餐厅吃饭，看到面前摆着在苏格兰从未见过的大块牛肉，他回味得出了神，竟然忘记吃饭，直到服务员提醒，他才恍然惊醒过来。事实上，与这些善意的嘲笑相比，他的民族性将会在牛津给他带来大麻烦。

索罗尔德·罗杰斯教授收集了一些研究斯密在牛津生活的正式记录，斯密的入学登记上赫然写着："巴利奥尔学院，绅士之子亚当·斯密，1740 年 7 月 7 日。"也就是说，他在 7 月 7 日正式到牛津大学报到的。斯密的字写得圆圆的，他的字体一生都没有改变过。犹如斯密觉得，虽然经验在不断增长，文学写作从来都不是一件容易的事一样，显然写字也不容易改变。

从 1746 年 8 月 15 日之后，在学院食堂的账簿上再没找到斯密的名字。他求学期间一直居住在牛津大学，远离家乡整整六年，即便是假期也没有回去，因为那时回苏格兰对他来说是件十分奢侈的事情，他的奖学金是 40 英镑，而返回柯卡尔迪一趟仅路费就要花去一半以上。几年以后，当格拉斯哥大学的罗伊特教授被派往伦敦，解决积攒在格拉斯哥大学与巴利奥尔学院之间长达 20 多年的斯内尔奖学金纠纷时，仅单程旅费就高达 11 英镑 15 先令，他每天 6 先令 8 便士的个人开支还得另说。一年 40 英镑的奖学金中有 30 英镑是斯密必需的伙食费。罗杰斯先生说，斯密第一个学期的生活费用为 7 英镑 5 先令，这是当时牛津最普通的生活费用。此外，还需付给辅导老师 20 先令的辅导费，虽然当时他们并没有给学生做任何的辅导。如此一来，斯密手头所剩无几，身上仅仅剩 5 英镑来应付其他方面必要的开支。1744 年，斯密在牛津上学那年，西蒙出版了一本著作《大学的现状》，书中指出当时的牛津学生，每年最少的费用是 32 英镑，而自费生开支往往在 60 英镑以上。

在布利斯编的牛津毕业生名单中，并没有斯密的名字。福斯特先生出版的《牛津毕业生》一书中虽然提到了有关斯密的事情，却没有关于他毕业的说明。不过罗杰斯教授对巴利奥尔学院食堂账簿的研究最终证明，斯密确实获得了学士学位。自从 1744 年 4 月 13 日以后，斯密的名字前面就被冠以当时对学士的称呼"Dominus"（拉丁语，意思是"先生""阁下"等，表示尊敬）一词。斯密在 1744 年 4 月就已经完成了 16 个学期的学习，这几乎是当时获得学士学位的一个必须要满足的唯一条件。可见，他的名字在正式的毕业生名册上被漏掉，很可能是他遗漏了正式毕业所需要的什么手续了。

斯密在牛津学习的时期，正处于学校教育陷入长期而全面衰退之时，这个黑暗的时期差不多持续了整个 18 世纪。在 18 世纪初期，克劳萨斯访问牛津时，他发现这里的教师和南洋未开化的人一样不懂新哲学。20 年之后巴特勒主教来到牛津读书，发现牛津到处充斥着"轻率的演讲"和"莫名其妙的争论"，丝毫不能满足青年人对知识的渴望。一位外国旅行者曾说，1788 年他在牛津参加一场公开的辩论活动时，充当主席的提案辩护人和三个反对者在辩论时竟然在阅读流行小说。

在斯密之后，英国著名历史学家、《罗马帝国衰亡史》的作者吉本也来到这里就读。吉本表示，他的导师从来没有想过或者引导他们学习本课程以外的知识。他是一名绅士出身的自费生，因此有权在公共休息室休息，从而听到了老师们的谈话，他们的谈话中充斥着学院事务、保守党政治、奇闻逸事和个人隐私，而从来没有涉及任何文学或者学术的东西。比吉本晚几年的英国伦理学家、法学家及资产阶级功利主义的主要代表、《道德及立法的原理》《惩罚与奖励的理论》的作者边沁也说过类似的话。他认为想在牛津学到真本事是一种奢望，在牛津的时光是他一生中最无聊、最无收获的岁月。

虽然《国富论》在 1776 年出版，但是斯密在其中谈到的英国大学的情况与他 30 年前在牛津大学的时候几乎一样。吉本认同这位"在牛津居住过的道德和政治圣人"所说的每一句话。

斯密描述说,当时的大学既没有教给他们学校应该传授的知识,也没有教给他们学习这些知识必备的方法;导师们自我满足于讲解那些陈旧而未加改进的传统课程中的某一部分,并且,讲的是那么敷衍了事,流于肤浅。

由于报酬与勤奋程度没有挂钩,有责任大家一起承担,很多人觉得如果别人允许自己逃避义务,那么自己也应当允许别人逃避义务。这样就导致人们对改革的厌恶和对新思想的漠视,使得这所富裕且有充足捐赠的大学成了"让世界各地所不容的荒谬理论体系和腐朽偏见得以藏身与保护的避难所"。具有讽刺意义的是,北方一所规模很小、条件并不富裕,但分配制度很合理的大学,人人都以非凡的精神钻研学问。斯密断定,这所富裕的英格兰大学之所以普遍存在着学术停滞不前的情况,应该归因于不合理的分配制度。虽然这些指责是正确和有益的,但一些人包括英国作家、《约翰逊传》一书的作者博斯韦尔却由此认为他是一个忘恩负义的人。尽管斯密言辞激烈地指责当时牛津存在的状况,但他并不像吉本和边沁那样,认为自己在牛津荒废了六年的光阴。对于在牛津学习的时光,斯密内心充满感激,他曾公开表达过这种心情。1787 年,在他给格拉斯哥大学校长回信表示愿意担任该校的名誉校长时,历数了对这所大学的种种感激之情,其中就明确提到了送他到牛津去读书这件事。斯密在牛津的时光并没有虚度,从某种意义上来讲,正是那些导师与教师的懒散给了他广泛深入大量阅读各门学科和各种语言书籍的机会。斯密用了六年的时间读书和思考,这对他来说是最自由最好的教育方式。

斯密觉得能够在巴利奥尔学院安静地读书是件幸福的事,虽然当时的巴利奥尔学院并不像现在这样适合读书。有人称牛津大学的一些学院即便是在 18 世纪最黑暗的时代也依然亮着学术的明灯,但以狂热地支持斯图尔特王室派而闻名的巴利奥尔学院显然不在此列。就在斯密离开几个月后,巴利奥尔学院的一些学生在校园里举行庆祝约克红衣主教诞辰的活动,他们冲向街头,殴打汉诺威王室派人士。造成了严重的社会骚乱,这些学生被英国高等法院判处两年监禁。巴利奥尔学院的院长西奥菲勒斯·利博士和其他负责人则对这种过错轻描淡写,认为在庆典活动中学生有权放纵一下,不应对他们严厉处罚。虽然巴利奥尔学院并不比当时其他的学院更加开明,但它拥有的图书馆却是牛津大学中最好的图书馆之一。牛津大学图书馆并不对所有学生开放,只有那些获得文学学士两年以上的人才有资格进入,斯密为了充分利用这一特权而过分努力,结果却损害了自己的身体健康。即便是这样，斯密直到离开牛津几个月前才取得了进入牛津大学图书馆的资格，所以他几乎没有利用到图书馆里那些最为丰富的藏书。不过在巴利奥尔学院自己的图书馆里没有任何限制，斯密在那里吸收到可用的知识。

在牛津，斯密放弃了在格拉斯哥大学爱上的数学，转而钻研拉丁语和希腊语的古典著作。这一转变也许是因为他在牛津找不到愿意教他数学的老师，而他却可以在巴利奥尔学院的图书馆自由自在地学习拉丁语和希腊语古典著作。他将此做得很出色，这使得他整个一生对拉丁语和希腊语文学著作的了解广博且精深。爱丁堡大学希腊语教授达尔泽尔是斯密晚年最亲密的朋友之一，他常常看到斯密的面前摆着古典作家的作品，斯密表示老年人最好的消遣方式是重读年轻时喜欢的那些作家的作品。达尔泽尔和杜格尔德·斯图尔特谈话时说，他非常钦佩斯密，因为斯密不仅精通希腊语法，而且对希腊作家的作品掌握得也很精确。这显然是斯密在牛津大学时学到的知识。斯密还阅读了大量的意大利语诗歌，并能够自如地引用它们。同时，斯密十分关注风格独特的法国古典作品，并花费了大量时间把这类作品译成英文。

在牛津这所校园里有一种东西是不能够随便触碰的，那就是理性主义的作品。在这方面流传着一个故事。有一天斯密在读休谟的《人性论》时被人发现（也许就是在哈奇森的建议下休谟送给他的那本书），那本书被没收，他也受到了学校的严厉批评。当时牛津正被愚昧无知的风气所主导，斯密阅读从格拉斯哥大学教授那里得来的近代伟大思想的著作，被认为是严重地冒犯了正统思想，这正切合了当时牛津的氛围。令人惊讶的是，斯密很轻松地逃避了处罚，要知道就在几年前，三个学生由于偷偷阅读自然神论的著作而被开除，即便是对一个学生相对较轻的处罚，也是延期两年授予学位，并要求他将莱斯利的《自然神论信仰者处理提要》全书翻译成拉丁语，从而感化他的心灵。

虽然在牛津学习资料很丰富，但斯密并不感到幸福。从布鲁厄姆勋爵出版的斯密书信摘要中可以看出，他的心情和健康在相当长一段时间里都不是很好。布鲁厄姆勋爵在给斯密作传时参考了大量斯密在 1740 ~ 1746 年间，即在牛津大学时写给他母亲的书信，他发现这些书信中几乎都是关于家庭和个人的事情，比如谈到内衣和一些其他的生活必需品，却没有令一般公众感兴趣的东西。但不可否认的是每封信中都充满着对母亲的热爱。布鲁厄姆对这些信做出的摘要却表明，斯密当时正遭受着根深蒂固的坏血病和头颤病的折磨，为此他开始服用一种新药冷浸剂，伯克利主教把冷浸剂当作一种可以包治百病的万能药加以推广而风靡一时。1744 年 7 月底，斯密在给母亲的信中说："我为没能够常给您写信而深感不安。我每天都在想念着您，但是往往直到邮政马车要出发了，我才想起要给您写信，这是因为有事或有人来访，但更主要的是因为我的懒惰。冷浸剂在我们这里是一种非常流行的、被称为能够治疗百病的万用药，它已经完全治好了困扰我多年的坏血病和头颤病。我希望您也试一下，我想它对您的病情会有所帮助的。"然而，在之后的另一封信中，他说即使是冷浸剂也没有治好他的病，坏血病和头颤病依然困扰着他。1743 年 11 月 29 日，他做了一次奇怪的表达："我刚从一场猛烈发作的怠惰症中恢复过来，它使我在扶手椅子上坐了整整三个月。"布鲁厄姆说这是忧郁症的表现，不过也可能是工作过度而造成的普通疲倦和劳累。休谟在和斯密此时这种年纪时，也曾经因为连续四五年辛苦读书而陷入过类似的境地，他那时也和斯密一样抱怨"性情懒惰"。但可以肯定的是坏血病、头颤病困扰了斯密一生。

然而，糟糕的健康状况只是斯密在牛津众多不幸中的一种。在当时的巴利奥尔学院里，苏格兰人是被人歧视的。他所感到的不舒服不仅仅是由于是毫无选择地和一群纨绔子弟在一起，还有学院领导对他们的歧视和不公平待遇。在巴利奥尔学院的 100 多名学生中，至少有 8 人是苏格兰人，获得斯内尔奖学金和华纳奖学金的各有 4 人。8 个优秀的苏格兰人一直被视作外来人和横插进来的一个小集团。为此事，斯内尔奖学金的获得者们甚至不断地向格拉斯哥大学评议委员会反映情况，匪夷所思的是，格拉斯哥大学评议委员会却很漠视。格拉斯哥评议委员会在 1776 年 5 月 22 日的一封信里，详细地描述了这些学生所遭遇到的不公正待遇，并明确地告诉巴利奥尔学院的院长和同学们，苏格兰籍的学生无论在哪都没有受过热情的接待，也从来没有感到过快乐。如果一个英格兰籍的学生犯了错误，院方会责罚他个人而不会牵扯到别人，但如果这 8 个苏格兰籍学生中有一个人犯了错误，其他 7 个人将会跟着受罚。这种不公正待遇引起了苏格兰学生的不满，激起了他们共同的抵抗，进而发展成"一种团结精神"，这给巴利奥尔学院和格拉斯哥大学双方造成了麻烦。

1744 年，斯内尔奖学金获得者们（包括斯密在内）给格拉斯哥大学评议委员会写信诉说他们的不满：希望学校能够作出努力，使他们的生活过得更加轻松一点，对他们的学习更加有利一点。巴利奥尔学院的院长西奥菲勒斯·利博士对格拉斯哥大学的人说，他会见一个斯内尔奖学金的获得者时了解到，他们一点儿都不喜欢巴利奥尔学院，而希望转到别的学院去。

转学的想法，一直都存在争议。1776年巴利奥尔学院的评议委员会向格拉斯哥大学校方提出建议，想把斯内尔奖学金获得者全部转学到赫特福德学院，而格拉斯哥大学则认为这并不能真正解决他们面临的问题，如果他们不是出自自愿，而只是像"固定资产"那样，被转移到赫特福德学院去，那么状况比在巴利奥尔学院也好不到哪里去。况且，整体转学的话，根本不能分开他们，他们还会聚在一起讲苏格兰方言。其实从广泛的意义上来说，这样做可以鼓励学院之间展开有益的竞争，从而提高所有学院的教育质量。

从信中可以推断出，巴利奥尔学院的苏格兰籍学生与他们院领导和其他学生之间的关系并不愉快。这正解释了下面的情况，斯密在牛津几乎没有一个长久交往的朋友。斯密是那种在性格上很善于结交朋友的人。在他其他的人生阶段里，他的周围总是聚集着很多朋友，好友给他带去了莫大的安慰与快乐。而在牛津的六年间，正是他与人建立深厚而持久的友谊的时刻，但是除了索尔兹伯里的、同是斯内尔奖学金获得者的道格拉斯主教以外，他却从未与牛津大学的任何同学有过交流或者通信。道格拉斯也是法夫郡人，他与斯密之间或多或少有些亲戚关系；他同时也是休谟、罗伯特的朋友，与斯密在爱丁堡的所有朋友都有交往；他和斯密一样是伦敦著名的文学俱乐部的成员；他的性格就像戈德史密斯在《复仇》一诗中描述的那样，"往往使骗子不寒而栗，使吹牛者望而生畏"。在福斯特编纂的《牛津毕业生》一书中，不难发现与斯密同时代的在巴利奥尔学院就读的人大多是默默无闻之辈，只有斯密和道格拉斯算是其中的佼佼者，并扬名世界。

获得斯内尔奖学金的学生都有点苏格兰口音，但斯密在牛津时似乎已经没有了纯粹的苏格兰口音，而又不像苏格兰法学家、批评家弗朗西斯·杰弗里那样学会了英格兰腔。当一个英国人在拜访完罗伯逊或者苏格兰牧师、诗人、爱丁堡大学修辞学教授休·布莱尔之后再去拜访斯密，就会震惊于他那毫不做作的纯正英语。

1746年8月，斯密返回苏格兰，不过在他离开后的几个月里，他的名字依然保留在牛津大学的名册上，这表明斯密还没有最终决定是否要回到牛津。家乡的朋友们都希望他能够留在牛津继续读书，这将给他从事宗教事业或教育事业带来光辉的前程，有人认为斯密命中注定是从事宗教事业的，有的人则觉得斯密天生就是教书的材料。事实上这两条路对于斯密来说都不具备吸引力，他拒绝担任神职。当时大多数牛津研究员的任职条件就是要担任神职，因此斯密觉得自己最好的选择就是回到家乡苏格兰。从那以后，斯密再也没有去过牛津大学。即便是后来他成为格拉斯哥大学的教授，并成为格拉斯哥大学评议委员会与巴利奥尔学院评议委员会之间的联系人，但除了偶尔因为公事需要与牛津大学有书信往来外，他同这所大学几乎完全断绝了关系。牛津大学方面也同样如此，他们对斯密毫无兴趣。哪怕是在斯密成了当时在世的最伟大的牛津毕业生之后，也没有授予他名誉博士学位。

第4章 爱丁堡大学：授课生涯

1748～1750年 25～27岁

斯密回到苏格兰后，希望在苏格兰的某所大学里获得教授职位，但他更想给年轻而富有的贵族当家庭教师，陪他到各地旅行，如同后来他辞去大学教授职务为巴克勒公爵当旅行教师一样。这是一份报酬非常丰厚而颇具诱惑力的工作。从1746年秋到1748年秋整整两年的时间里，斯密都没有正式工作，而是一直和母亲待在柯卡尔迪老家，不断寻找着他梦想中的工作。然而，由于他言语随便且爱走神的毛病，家长们并不愿意把自己家里那些年轻莽撞的年轻人交给他来照顾。

幸运的是当他去爱丁堡寻找工作时，他找到了一条获得教授职位的捷径，这为他以后的人生道路打下了良好的基础。1748～1749年冬天，他成功地开设了一门从没有人尝试过的英国文学公共课，并收集编辑了苏格兰诗人、班戈的威廉·汉密尔顿的诗，为英国文学研究奠定了基础。斯密能够取得这两项成绩，归功于爱丁堡法律界的头面人物、获得"凯姆斯勋爵"称号的苏格兰哲学家亨利·霍姆先生的鼎力帮助和指点。斯密的朋友和邻居达尼基阿的詹姆斯·奥斯瓦尔德是凯姆斯勋爵最亲密的朋友之一，斯密通过他认识了凯姆斯勋爵。

当时52岁的凯姆斯勋爵已经在北方的文学界享有很高的地位，尽管那时他还没有动笔写那些使他声名卓著的著作，伏尔泰曾经嘲笑他说，他试图在所有领域从长篇史诗到园艺学都取得成就，成为一切有趣问题的权威。他没有上过大学，对拉丁语知之甚少，对希腊语更是完全不懂，他在《短文集》中引用的古典著作都是 A. F. 泰特勒为他翻译的。英国文学在苏格兰流行之前，他下了很大功夫。不久后，他在形而上学问题上与巴特勒主教产生分歧，成为当时文艺评论方面新苏格兰诗人公认的领路人。

班戈的汉密尔顿公开承认自己是从早期的朋友凯姆斯的亨利·霍姆那里学会了如何评论诗歌。亨利·霍姆是第一个进行农业改良的人，他在农业方面的成就和他在苏格兰文学方面的成就一样伟大。斯密一直都很崇敬霍姆，当人们赞扬他是给苏格兰带来荣誉的伟大作家时，斯密说道："的确，我们每一个人都应该承认凯姆斯勋爵是我们的老师。"

当霍姆发现斯密和自己一样通晓英国古典文学时，就建议他开设《英国文学与批评》这门新颖而时髦的课程。虽然逻辑学教授史蒂文森也曾经同样用英语给他的学生讲过这门课程，却没有人向热爱古典文学的普通公众讲过这门课。课程开设后，收效显著。听课的人络绎不绝，除了数不清的普通大众之外，凯姆斯勋爵本人也参加了，此外还有法律系的学生，例如英国大法官亚历山大·韦德伯恩；以威廉·普尔特尼爵士身份长期在国会发挥重要影响的威廉·约翰斯顿；还有城镇青年牧师布莱尔博士，他自己后来也讲授了类似的课程。斯密通过讲课获得了100多英镑的收入，一个人的听课费用大概是一镑一先令，可见那时听斯密讲课的人至少在100人以上。从后来布莱尔虽然没有和校方建立任何正式的关系却被允许在校内讲授课程这点来看，斯密很可能是在学校里授课。

斯密在临终前，根据他本人的要求，把所写的那些英国文学的讲义全部都焚毁了。不过据说斯密曾打算过出版自己的讲义，但是，由于更加重要的事情占据了他的时间，他即使有这样的想法，也没有精力整理出版这些讲义。布莱尔不仅听过斯密讲课，还在他后来准备修辞学讲义的时候应用了斯密所讲的一部分内容。布莱尔表示在论述文体的简洁性时从斯密的讲稿中得到了启发。他说："关于文体的一般特征，尤其是简明性和简洁性方面，以及按这个标准划分的那些英国古典文学的作家的特征，一部分观点是从斯密的修辞学手稿中得来的，很多年以前我曾经看到过知识渊博而又富有创造精神的亚当·斯密博士的部分手稿，我希望他的这些手稿能够正式出版。"

布莱尔的传记作者希尔说，斯密曾经对此表示过不满。但这是不足信的，从苏格兰小说家亨利·麦肯齐告诉塞缪尔·罗杰斯的一段逸事中可以看出。麦肯齐说，斯密的话题很丰富，他常对斯密说你的话足够写成一本书了。然后麦肯齐说到布莱尔经常在讲课中引用他的关于法学的论述，斯密爽快地答道，"让他随便引用吧，我这里还有很多呢"。

斯密在自己打算出书的法学方面都不介意布莱尔引用他的观点，又怎么会介意布莱尔引用他在并不打算出书的文学和文体方面的观点呢？另外，从布莱尔对斯密感谢的那两章来看，布莱尔只根据自己浅薄的理解，引用了一些非常普通的内容，却把斯密思想的精华抛之脑后。其实，不管是出于什么目的，哪怕是借用一顶帽子，也需要两个人脑袋差不多大小才行。

从而，布莱尔的讲义并不能够正确代表或者反映斯密的文学理论，只是从他的著作或者是他朋友的回忆文章中获得他对文学的一些看法。华兹华斯在《抒情民谣集》的序言中称斯密是"最差的评论家，苏格兰这块土地似乎就适合这种杂草生长，但大卫·休谟除外"。

斯密的判断的确不适合现代人的口味，比起浪漫主义学派，斯密更喜欢古典主义学派。他和伏尔泰一样，认为莎士比亚以情节制胜，却不能算是好的戏剧，他在戏剧上的天赋超过英国诗人、剧作家、文学批评家约翰·德莱顿，但是作为诗人，莎士比亚却赶不上德莱顿。他不喜欢弥尔顿的短诗，更瞧不上珀西收集的那些古民谣。但是他十分赞赏英国启蒙运动时期古典主义诗人、《道德论》《人论》等哲理诗的作者亚历山大·波普，对于英国诗人托马斯·格雷，斯密觉得他要是能够再多写点诗出来，就会成为英国最伟大的诗人。他认为法国剧作家、法国古典主义代表作家之一拉辛的《费德尔》是世界上最伟大的悲剧。斯密对于文学作品的审美标准是他在文章《论模仿艺术》中提出来的原则：事物的美与感知到这种美要克服的困难成正比。

斯密在早年的时候曾经梦想有一天能够成为一名诗人，杜格尔德·斯图尔特十分震惊他对诗人的广泛了解，因为他的成就主要并不是在诗歌方面。斯图尔特表示，在英文诗歌方面，斯密时常会提到各种各样的英文诗歌，并且能准确无误地背诵这些诗歌，就是那些专门研究诗歌的人都对此惊讶不已。斯密早年希望成为诗人的雄心，如今只能从卡莱布·科尔顿的《伪善》一诗中得到暗示：

> 在艺术的道路上，我步履艰难
> 困惑于亚当·斯密在诗歌上的失败
> 他挥动手中的笔杆
> 流畅自如地写下《国富论》
> 而一旦要去作诗
> 则反复修改也难以如意
> 如他这般的人尚且如此，我们就更加徒劳无益
> 同他一样，我们也要量力而行

关于这一点，斯密晚年和一个年轻朋友的谈话也为此提供了一个确凿的证

据。1791 年《蜜蜂》杂志报道了斯密的一些谈话，在谈话中，他表示自己一直都不喜欢无韵诗（也叫素体诗）。1759 年博斯韦尔在格拉斯哥大学听过斯密的英国文学课，四年后他告诉英国作家、文学批评家塞缪尔·约翰逊说，斯密曾经在课堂上表达他非常反对无韵诗，喜欢押韵诗，虽然这些不同的诗也是根据美与感知这种美要克服的困难成正比的原则来判断的。约翰逊听了高兴地说："我曾经和斯密在一起待过，只是相处得并不愉快，如果我知道他像你说的那样喜欢押韵诗的话，我应该和他拥抱。"20 年后，斯密再次向《蜜蜂》杂志的一个匿名记者表达了他对无韵诗的蔑视，而弥尔顿的除外。他说尽管自己一生都没能做出一首押韵诗，但他可以出口成章地写出无韵诗。"无韵诗，妙就妙在被称作 Blank（空白），绝妙地说出了它的实质：就是没有什么实际内容，虽然我一直以来都没有写出过押韵诗，不过对于我来说，写无韵诗可以出口成章。"不需要公众的评判他就发现了自己的失败，也再一次表明他做一个诗人的愿望成为泡影。

事实上，斯密明白自己真正的兴趣是什么，虽然他连续三个冬天都在讲授英国文学，但至少有一年冬天他选择了讲授经济学。1749 年他就准备了经济学的课程讲义，而讲课的时间是 1750 ~ 1751 年，斯密在这门课程里，宣扬了受教于哈奇森的自由贸易学说，并于后来对此做了很多改进。他在 1755 年格拉斯哥的一次学术会议上宣读的论文陈述了这种观点，这篇论文后来落在杜格尔德·斯图尔特手中，斯图尔特还在他的《著作集》中选录过一两段。

斯密在其中明确地表述了天赋自由学说。他说自己在论文中的大多主张都曾经在一些讲义中详细地论述过，这些讲义是 6 年前（指 1749 年）由秘书记录下来的，至今仍然保留在他身边。包括了他离开爱丁堡前的那个冬天所讲课程的全部主题，并说，有众多的证人可以证明那些观点来自他。

在 1749 ~ 1750 年间，这种产业中天赋自由的思想十分活跃，它不仅存在于斯密的头脑之中，在当时苏格兰与斯密有直接交往的小圈子里也非常盛行。大卫·休谟和詹姆斯·奥斯瓦尔德经常通信讨论这个问题，而当时斯密与休谟之间是否有私人来往还不得而知，因为休谟有一段时间与圣克莱尔将军一起在国外，回来后没有住在爱丁堡。这段时间和之前两年，斯密第一次与他的朋友和同乡詹姆斯·奥斯瓦尔德敞开心扉，有了真正的思想交流。

奥斯瓦尔德尽管只比斯密大八岁，但他已经成为代表家乡的国会议员了，并于 1745 年担任了海军委员。他之所以能取得如此成就主要归功于他精通经济学，1744 年休谟在达尼基阿逗留了一周，发现他在经济学方面很有天赋，并表示如果他继续努力，将会取得更大的成就。后来，奥斯瓦尔德先后担任了通商及殖民关系委员、国家财政委员及爱尔兰的副财政大臣等职务，如果不是他在 1768 年——年仅 52 岁的时候去世，他肯定前途无量。

历任国防部长、内务部长的谢尔本勋爵曾经强烈建议布特勋爵（出身于苏格兰，是乔治三世的宠臣，也曾担任首相一职）让奥斯瓦尔德来担任财政大臣一职。斯密也和休谟一样，高度评价了奥斯瓦尔德。斯密曾经在与奥斯瓦尔德的孙子谈话中慷慨激昂、兴高采烈他谈论奥斯瓦尔德先生的不足和优点，并表示自己从这位多才多艺的政治家身上学到了很多东西，包括他的远见卓识和渊博学问。

杜格尔德·斯图尔特曾经看到斯密在文章中称赞奥斯瓦尔德："他不仅在经济学方面有着广博的见识，而且在更为一般的哲学性问题上也有自己独特的见解。"这篇文章大概就是前面提及的 1755 年的那篇文章。斯密在其中阐述了他早期主张的经济自由主义，从中可以看出，斯密和奥斯瓦尔德曾经就当时的经济问题进行过交流。

1750 年初，大卫·休谟把他著名的《贸易平衡论》（1752 年收录在他的《政治论文集》中出版）文章的原稿寄给奥斯瓦尔德，征求他的建议。10 月 10 日，奥斯瓦尔德回复了一封书信（收录于《考德威尔文集》）。他信中评价说，他的思想已经超越了当时占据主流地位的重商主义的偏见，对于经济的运行有了清晰的概念。他认为国家之间害怕产品与货币出口是不理性的，只要还有国民和工业，那样的事情就不可避免。禁止商品和货币的出口，往往会带来与期望截然相反的结果。这样做将会导致国内耕作的减少，进一步加剧货币的流出并抑制产品的生产。休谟把文章及回信一起寄给了对这个问题同样感兴趣的穆尔男爵。新思想就这样在苏格兰和其他地方的学者们头脑中萌发，而斯密也受到了这股思潮的影响。

斯密讲授英国文学和经济学课程之余，把收集和整理那些散落的汉密尔顿的诗歌看作是一种愉快的生活的调剂。班戈的汉密尔顿写出的《亚罗坡》被华兹华斯称为"优美的歌谣"。

早在 1724 年，这首歌谣就出现在了苏格兰诗人阿伦·拉姆齐的著作《茶桌杂录》中。1739 年，汉密尔顿为写出《沉思》一诗付出了巨大的心血。但是直到 1745 年，他为了支持斯图尔特王室派的人庆祝普雷斯顿潘斯战役的胜利而写了《格拉兹米尔之战颂诗》（斯图尔特王室派的人喜欢用格拉兹米尔之战来称呼这场战争）之后，人们才真正认识到他诗的价值。之后这首颂诗还被麦克吉本谱了曲子，被斯图尔特王室派的人广为传唱。人们也开始对汉密尔顿的其他作品产生兴趣，不管是那些早已经出版了的作品，还是一些并不完善的没有出版的作品，都开始进入人们的视野。而那首让他家喻户晓的颂诗同时也使他遭到了流放，他不得不和苏格兰一群年轻的流亡者生活在法国的鲁昂。由于在格兰扁区躲藏了三个月，他的身体由此受到了严重损害。作为流放的犯人，汉密尔顿当时无法干涉别人出版他的书。面对市场上他的诗盗版不断的情况，他最亲密的朋友们为了保护他的声誉，也可能是为了呼吁政府赦免他的过错，决定先发制人，在既没有得到作者的允许，也没有让作者知晓的情况下，于 1748 年格拉斯哥的福尔斯出版了一本尽量完善和准确的诗集。

从治学严谨、学识渊博的戴维·莱思那里了解到，当时收集和整理这些诗歌的任务落在了斯密的头上。1750 年汉密尔顿得到了国王的赦免，回到苏格兰，1752 年，致命的肺结核折磨着他，他为了对付这个比国王更加无情的"敌人"，再次离开苏格兰，两年后死于里昂。在苏格兰的短短两年间，他与斯密的友谊迅速加深。历史学家约翰·达尔林普尔先生曾经写信给出版商罗伯特·福尔斯说，斯密经常和汉密尔顿一起愉快地交谈。

当汉密尔顿的朋友们准备出版第二版诗集时，他们曾向斯密寻求帮助。1758 年诗集的第二版出版，献给格拉斯哥的商人威廉·克拉福德。他是约翰·达尔林普尔的叔父，也是汉密尔顿的朋友。在第一版的序言中曾经提到他提供了很多汉密尔顿未发表的诗歌。

约翰爵士曾经建议福尔斯让斯密为诗集写献辞。他在 1757 年 12 月的信中写道："关于汉密尔顿先生诗集的献辞，我希望写成'献给汉密尔顿的朋友们'，我赞同你的意见，多写一点赞扬克拉福德品德的话。我深知没有人能够比我的朋友斯密先生更能胜任这项工作，我诚挚地希望由他来写这段献辞，他能够以超越旁人的优雅和感情来写。由于是我推荐的，请详细告诉我他的答复。他和汉密尔顿先生以及克拉福德先生之间共同度过了很多愉快的时光，他一定不会懒于动笔，那对他来说相当于一种犯罪。今晚我没有写信给他，请代我向他致歉，我想在这个问题上给您写信和给他写信是一样的。"

斯密当然是盛情难却，他不大可能拒绝这样的请求，其实在献辞中很多地方可以看出是斯密的手笔。其中把克拉福德先生描述成"汉密尔顿的朋友，正直节俭、慷慨大方、和蔼可亲、心胸开阔、坚强执着、宽宏大量，热衷于学问和其他一切有创造性的艺术，当死亡的脚步临近时，他以乐观的精神面对身体的痛苦，直到生命的最后一刻，还全心扑在工作上"。伍德豪斯利勋爵也像其他人一样常常把威廉·克拉福德和班戈的汉密尔顿的另一个亲密朋友、死于1732年的、《德奎尔的草丛》《特威德河畔》诗的作者罗伯特·克拉福德搞混。

　　戴维·莱恩的说法还有一个证据就是，那时候斯密与汉密尔顿的朋友确实有着往来，正是在他们的建议下才出版了汉密尔顿的诗集。汉密尔顿在世时最亲密的朋友凯姆斯，非常关心斯密的前途。凯姆斯是当时那些花花公子们成立的新派别"时髦青年"的精神领袖，那是一群爱赶时髦又喜欢文学的年轻人。这些人在那个反叛的年代（指1715年及1745年斯图尔特王室派的叛乱）里充斥着整个苏格兰社会，直到这个世纪（19世纪）他们仍然活跃在爱丁堡晚餐后的餐桌旁。汉密尔顿说是凯姆斯最先教会了他评论诗歌，并为他写了《致议员阁下》一诗。此外，凯姆斯的邻居奥克特泰尔的拉姆齐表示，凯姆斯晚年最大的快乐就是回忆早些年与汉密尔顿在一起时的情景。汉密尔顿自己也曾写道他们常常在旧时爱丁堡的地下小酒馆里通宵达旦地开怀畅饮。

第5章 完美回归：格拉斯哥大学教授

1751～1764年 27～40岁

1750年斯密接任死去的逻辑学教授劳登先生的职位，开始了历时13年的大学教书生涯。他经常追忆这段时光，说这是他一生中收获最大、生活得最快乐最光荣的时期。

1751年1月9日斯密正式当选为教授，他宣读了《论思想起源》的论文，在格拉斯哥长老会面前签署了威斯敏斯特信仰声明，按照惯例向格拉斯哥大学宣誓效忠。然而，由于他在爱丁堡还有很多事情要处理，所以直到下一学期的10月份他才开始到格拉斯哥大学去讲课。他的课经评议委员会批准，由法学教授赫尔克里土·林赛博士代授到6月末。这段时期虽然斯密经常来参加评议委员会的会议，但从没有给学生上过课。尽管他在夏季相对比较清闲，但冬天他的工作量却是别人的两倍，除了要教授自己的课以外，还兼任克雷吉教授道德哲学的课程。克雷吉教授因病休假，并在开学几周后离开了人世。双重的负担使斯密压力很大，他使用在爱丁堡讲课时用过的讲义，才大大减轻了负担。

按照苏格兰大学中传统的学科划分方法，逻辑学包括修辞学和纯文学，道德哲学包括法学和政治学。斯密在爱丁堡讲过这四门学科，他选择这些方面作为他在格拉斯哥大学第一个学期的讲课内容。《英国政治史》的作者约翰·米勒教授，当时已经修完了大学的全部课程，鉴于这位来自爱丁堡的斯密教授的盛名，他重修了逻辑学，成为当年斯密班上的学生。米勒说课堂的大部分时间都是在讲修辞学和纯文学。而斯密出于对学生的尊重，他对代替克雷吉教授讲授的法学和政治学的课程特别用心。是苏格兰医生、格拉斯哥大学与爱丁堡大学教授威廉·卡伦提议让斯密代替克雷吉。卡伦觉得斯密曾经讲授过这两门课，是代替克雷吉上课的最佳人选。

斯密于10月10日开始了他在格拉斯哥大学的工作，11月中旬以前，他与卡伦已经深入地参与了大学的诸多事务。首先是因克雷吉先生的去世而导致道德哲学课程老师的空缺问题。卡伦希望斯密来填补这个空缺，斯密自己也希望从讲授逻辑学转到道德哲学。院长尼尔·坎贝尔博士赞同，并将他推荐给对这里所有的任命都有着巨大的影响力的阿盖尔公爵。阿盖尔公爵即阿奇博尔德公爵（任苏格兰财政部长，致力于英格兰与苏格兰的合并），以早先的封号艾斯莱伯爵知名。他常常被人们称作苏格兰王，因为他和后来的亨利·邓达斯（任苏格兰总检察长，后入下院，历任皮特内阁的大臣）一样，实际上支配着18世纪上半叶苏格兰的政治事务。为了向公爵申述自己的意见，斯密奔赴爱丁堡等待他的召见，最终被引见给公爵。假如斯密获得道德哲学教授职位，休谟就可能会成为逻辑学讲座的候选人。同时还有关于院长要退休的事情。卡伦正在为发明的使食盐纯度提高的新方法能得到一笔奖金努力，斯密当时正在爱丁堡找凯姆斯勋爵（这时还是霍姆先生）帮忙。几个月后凯姆斯勋爵就去了阿盖尔公爵那里去为卡伦游说。

1752年4月29日，斯密毫无争议地成为克雷吉的继任者。卡伦似乎从他的同事林赛教授那里听说埃利奥特先生可能会与斯密竞争这个职位。埃利奥特先生才华横溢，造诣很高，后来以吉尔伯特·埃利奥特爵士的身份获得了很高的政治地位。不过此时，他还只是爱丁堡律师公会下的一名年轻律师，他不喜欢法律，而爱好文学和哲学。斯密与埃利奥特是好友，因此知道他没有打算跟自己竞争这个职位，后来斯密被提名为候选人时果然没有竞争对手。

人们对斯密留下的那个逻辑学教授职位空缺，展开了持续一个冬天的激烈竞争。大卫·休谟是候选人之一，有传言说埃德蒙·伯克也是候选人之一。伯克的一个传记作者比塞特提到，伯克确实申请了这个职位，但申请得太晚了。另外一位传记作者普莱尔说，当时身在苏格兰的伯克，确实为此做过努力，但发现希望渺茫，就自动退出了。而后来此职位的继任者贾丁教授说，有一些评选人想到了伯克，但他本人没有提出申请。斯密曾经明确地告诉杜格尔德·斯图尔特说，不知道为什么此说法这么流行。他认为传言是由于自己的一句话而产生的。在伯克的《崇高与优美》一书出版时，斯密曾在格拉斯哥大学说过，如果该书的作者能够接任这个职位的话，那么他将成为我们学校一个难得的教授。

如果人们对于五年前伯克被提名为教授候选人的事情略有所知的话，那么在他那本著名的作品出版的时候，无疑应该有人会提到那件事情，可是那次选举相关的人们对伯克这个名字都很陌生。1759年当休谟在伦敦第一次见到伯克时，曾经写信给斯密，"伯克先生，一位爱尔兰的绅士，写了一本著名的书叫作《崇高与优美》。"

这次竞争因为一流哲学家休谟成为候选人而被广泛关注，作为休谟最要好的朋友，斯密更加关注这件事情。从给卡伦的信中看出他措辞非常谨慎。他充分地意识到，如果任命像休谟这样一个众所周知的怀疑论者为教授的话，将会招致苏格兰公众的批评，从而影响到学校的利益。从休谟致卡伦的信中看出，休谟提出申请之后，卡伦全力给予了帮忙。如果斯密是和卡伦一起提名休谟的话，那么斯密就不大可能会在游说活动中落在后面。然而，他们的游说失败了。休谟认为，由于阿盖尔公爵的干预，才把这个教授职位给了一个名不见经传、后来也籍籍无名的年轻教会牧师克洛。

斯密之所以偏爱讲授道德哲学这门课程，除了薪水比原来高以外，主要是因为他喜欢课程中所涉及的内容。尽管斯密在新学期开学之际的 10 月 10 日之前就正式成为了道德哲学的教授，但他依然按照当时逻辑学教授的标准领取薪水。道德哲学教授的报酬一部分来源于学校接受的捐赠，一部分来源于听课学生所交的听课费用，斯密认为这是最好的支付报酬的方法，这样老师的收入很大程度上取决于他的工作热情和工作成效。得自基本资产的收入一般认为不超过数学讲座的收入，而数学讲座的年收入为 72 英镑。托马斯·里德博士是斯密道德哲学教授职位的继任者，他在格拉斯哥大学任教两年后，在信中对阿伯丁的朋友说，虽然他的学生比斯密的学生还多，但一年也就 70 英镑的听课费用收入，如果全部的学生都来听课的话，那么那个学期将有 100 英镑的收入。

在 18 世纪，苏格兰教授的收入常常会随着学期的变化而有所变化。农业收成的好坏对听课人数的多少有很大影响，比如在 1772 年的大危机中，毁灭性的商业投机加重了一连串的农业歉收，爱丁堡大学的道德哲学教授亚当·弗格森那一年的听课费用收入减少了一半。

有一个令人匪夷所思的现象，教授们每年会因为货币的分量不足而大受损失。布鲁厄姆勋爵当年在爱丁堡大学学习化学时，向自己的老师、伟大的化学家布莱尔交听课费时，他竟然拿起桌子上的天平来称量交付的钱币重量，边观察边解释："我得称量那些新生所交的钱币，很多学生用分量不足的钱币来交听课费，如果我不想办法对付这样的学生，我每年将会损失不少钱。"

斯密偶尔也会因为收留房客而获得额外的收入。他每年从教学中获得的正规收入不超过 170 英镑，而在当时 170 英镑的年收入是一个高档的收入水平。1750年，教会的最高薪水是每年 138 英镑，整个苏格兰也只有 29 个牧师的年收入超过了 100 英镑。

此外，斯密在大学校园的教授大院内拥有一栋非常豪华的新式牧师住宅。这保证了他拥有稳定优越的环境，但奇怪的是，在 13 年的教学生涯中，他却三次搬家。按照当时的惯例，房子空缺时，教授们可以依照资历高低选择入住，当然不是强制性的。但斯密频繁搬家，有违常理。

斯密的朋友卡伦 1756 年搬到了爱丁堡居住，斯密比卡伦晚几个月获得教授职位，因此成为最有资格搬进卡伦房子的人选，但 1757 年他又退掉了卡伦的房子搬到了刚去世的自然哲学教授迪克博士的房子里。接着，又在 1762 年搬到了升任院长的利奇曼博士的房子里。如今，这些房子早已经和格拉斯哥大学其他的古老建筑一起被拆之殆尽了，因此我们无法窥知这一连串的搬迁是不是为了更加舒适的居住环境，也许这不是他本人的意愿，而是当时和他一起居住的母亲以及姨妈琼·道格拉斯小姐做出的决定。斯密十分孝顺，哪怕是她们微小的愿望，他都会竭尽全力地去满足。

在斯密所处的那个年代，格拉斯哥大学全校一共也只有大概 300 名学生，比如道德哲学这门课程，上普通班的有 80 ~ 90 人，进修班有 20 人。在欧洲大陆普通班的学生是不收听课费的，但对苏格兰的学生不仅收费，而且费用比进修班的要高，进修班的费用是一个几尼（过去的英国金币，合今二十一先令），而普通班的费用则收到一个半几尼。普通班讲的课，原本是为学生毕业或取得其他资格而开设的必修课程，而进修班则是在学校评议委员会同意的情况下，为了那些希望在某些方面进一步学习的人专门开办的。

其实有很多听斯密讲课的人都是不付费的，因为按照苏格兰大学的习惯，听课满两年的学生被认为是"市民"，以后随时可以免费听课。这个习惯保留至今。许多学生就这样听了四五门道德哲学的课程。里德博士说，其中有很大一部分人是传教士以及法学系和神学系高年级的学生。这位学识渊博的博士承认，给他们讲课必须要经过精心准备才行。

那时大学的学期很长，从 10 月 10 日一直到第二年 6 月 10 日，学生们很早就开始上课，直到很晚才结束。1791 年斯密的一个学生，以阿斯卡尼斯的笔名给《蜜蜂》杂志写了一篇回忆斯密的文章，从文中可以推断，斯密上午 7：30 ~ 8：30 为普通班同学讲课，然后在 11 点就上午讲课的内容做一个小时的测试，此时来的人往往只有上午上课时的 1/3；12 点给进修班的同学讲课，每周就不同的题目讲两次课。除此之外，斯密有时还像家庭教师一样给一些特殊的学生讲一个小时的课。

这位作者还说他是在修完了爱丁堡的圣安德鲁斯大学以及牛津大学的课程以后来格拉斯哥大学学习的，为了能够效仿古人，与斯密和米勒一起漫步在格拉斯哥大学的走廊上，沉浸在法学和哲学的各种原理之中，他在格拉斯哥大学的大部分时间都是和这两位一流的人一起度过的，斯密给了他阅读法学方面的私人讲义，并且在无拘束的交谈中给他讲解和练习，这给他的理智和情感增添了永恒的色彩和内容。

斯密的这位热诚的弟子就是行为古怪而又总是忙个不停的巴肯伯爵，他是厄斯金大法官、苏格兰司法界富于机智并深受人们爱戴的哈利·厄斯金的长兄。戈登公爵夫人曾对他说："阁下家族的智慧来自你的母亲，而这种智慧似乎完全传承给了你弟弟。"巴肯伯爵用各种笔名向《蜜蜂》杂志投稿，后来又把一部分稿件重新出版而广为人知。从他给历史学家平克顿的信中可以得知，他曾经在格拉斯哥大学听斯密讲课。信中，平克顿说他在斯密的私人藏书室里发现了一本在其他地方都找不到的书——克伦威尔的驻法使馆大使写的洛克哈特回忆录。巴肯伯爵曾经从他的舅父，经济学家詹姆斯·斯图尔特先生那里听说，这本书在著名的律师洛克哈特，即后来的科文顿勋爵的要求下被查禁了，因为他的家族转而支持斯图亚特王朝，不赞成跟共和政体结盟。

巴肯伯爵信中只提到 1760 年在格拉斯哥大学跟随斯密学习，但他肯定待了不止一个学期，因为他还选了米勒的课，而米勒是在 1761 ~ 1762 年的那个学期才到格拉斯哥大学授课的。1763 年 4 月亚历山大·卡莱尔博士在一次大型晚宴上看到一个年轻的贵族陪伴着斯密，而这个人很有可能就是巴肯伯爵。卡莱尔后来低声询问斯密，为什么如此看重这个呆头呆脑的青年。斯密说："虽然他看起来傻头傻脑，但他是学校唯一的贵族。"

巴肯伯爵说，斯密常常用一些私人讲义给他上课，而在公开讲课时，他使用的却是另外的讲义，也许他觉得私人讲义可以口头解释和举例说明，这样更方便一些。不光巴肯伯爵，斯密以前的学生中还有很多人都通过与斯密的交谈获益匪浅，对他充满感激。布鲁厄姆说，杜格尔德·斯图尔特不喜欢和学生争论他所教的学说是否正确，他发现这些学生太爱争论问题，因此常常谢绝他们的拜访。相对而言，人们认为斯密非常平易近人，他常常从学生中挑选出一些有能力的人，邀请他们去家里，讨论课堂上的内容或者其他问题，他还很关心学生们的人生理想和价值观念。斯密最喜欢的学生之一约翰·米勒在他的《英国政治史》中提到斯密时说:"我很荣幸能够在青年时代接受这位杰出哲人的指导,我从他讲授的文明社会史中学到了很多东西,我非常喜欢和他一起畅谈。"

后来米勒在母校获得法学教授职位,成为斯密的主要同事之一。斯密非常欣赏米勒独特的能够激发学生情感的讲课能力。斯密曾经把表弟大卫·道格拉斯送到格拉斯哥大学读书,为的就是让他跟着米勒学习,同米勒接触。杰弗里说,格拉斯哥大学里最令人振奋的训练就是在米勒家里一边吃晚餐,一边争论问题。而单单阅读他的优秀作品是难以感受那种直面交谈和听课所获取的欢乐气氛的。虽然米勒一直都没有接受斯密的自由贸易理论,但他却是那时苏格兰自由主义最有影响力的人物。杰弗里的父亲一直后悔把儿子送到格拉斯哥大学学习,虽然他严明禁止儿子选修米勒的课程,但儿子受到米勒潜移默化的影响,变成了一个自由主义者。

通过米勒,我们对斯密讲课的内容和特点有了一个全面的了解。米勒说:"斯密刚来时被任命为逻辑学教授,很快他发现有必要对前任留下的教学计划进行大修改,引导学生去思考比经院式的逻辑学和形而上学更加有趣和实用的自然问题。他对人脑的功能作了一般的介绍,并解释了大学的学者们耗费了大量心血研究的古逻辑学,以满足学生们对这种人类创造的推理方法的兴趣。除此之外,他把剩下的时间都用来讲授修辞学和纯文学。"

斯密的学生、当时颇受欢迎的二流诗人、格拉斯哥大学的古典文学教授理查森也对斯密的课程怀有深深的感激之情,他特别提到斯密讲到过的"罗马帝国衰亡以后的政治制度的性质,其中包含了现代欧洲一些主要国家的兴衰和演进的历史过程"。

理查森说,斯密在教授完道德哲学课程以后,也会讲到美学和哲学史,还有纯文学。他无论讲什么都喜欢扯到文学批评上来。斯密的学生都能愉快地回想起他即兴发挥讲到的"离题"的案例,既有意义又充满了批判性。哲学著作也是道德哲学课里有用而重要的部分,在讲解哲学著作时,他也会以他那渊博的见识发表一通言论或举一些生动的例子。

关于斯密的讲课风格,米勒描述说,作为一个教授给学生讲课,也许是最能发挥斯密先生才能的工作了。他讲课几乎全凭现场发挥,风格说不上优雅,但清晰明了,不矫揉造作。他总是对课程充满激情,兴致勃勃,从没有使听众失去兴趣过。每一节课他都会分成几个命题,然后对命题进行证明、解释与论证,有时不免会自相矛盾。斯密总是尽量去解释,开始显得把握不大,讲起话来磕磕巴巴，但他越讲越顺，表达从容流利，热烈生动。对于一些有争议的看法，他常常会在不经意间为自己树立一个对立面，然后花很大的精力和热情来证明它。但绝非同一观点的不断重复，这些问题在斯密手中逐渐展开，并追溯问题的本源和其中蕴含的一般真理，使学生们对问题不断深入思索，牢牢吸引学生的注意力，给学生带来了无穷的乐趣，并使他们学到了知识。

阿奇博尔德·阿利森长老曾经告诉已故的辛克莱副主教，斯密常说，他在讲课时比较在意听课学生们的反应，这与一般教授显然不同，他常常选取一个表情丰富多变的学生来检验自己讲课的成效。有个学期，一个看起来很普通但是面部表情丰富的学生，对他判断自己讲课是否成功有很大帮助。学生坐在一个柱子前面，如果他身体前倾，专心听讲，斯密就知道一切都好，他已经吸引到全班同学的注意力了；如果他身体后靠，情绪低落，斯密就马上调整改变讲课的内容或讲课方式。

斯密的大部分学生都是将来准备成为长老会牧师的，他们中大约 1/3 是被本国大学无理拒之门外的爱尔兰非国教徒，他们在格拉斯哥大学表现并不好。虽然斯密没表达过不满，但哈奇森和里德都认为他们很难对付。里德觉得自己给这些"爱尔兰笨蛋"讲课犹如圣安东尼对鱼传道。

哈奇森在给爱尔兰北部的朋友的信中说，他的爱尔兰学生对学习一点不感兴趣，其中有五六个来自爱丁堡学习法律的年轻绅士，聪明富有，但在爱尔兰人眼中，他们只不过是可怜的书呆子。斯密比哈奇森拥有更多这样学习法律的学生。亨利·厄斯金兄弟俩都曾经是斯密法律班的学生。在 1759 年临近期末时，博斯韦尔从导师那里获得写有"詹姆斯·博斯韦尔先生品行端正"的一张证书都自豪不已。

《道德情操论》出版以后，更多地处遥远的学生都慕名而来。谢尔本勋爵非常赞赏此书，把弟弟托马斯·菲茨莫里斯阁下送来跟随斯密学习，1761 年又把弟弟送到牛津大学跟威廉·布莱克斯通爵士学习法律。菲茨莫里斯先生和奥克尼伯爵夫人结婚后，成为奥克尼家族的祖先，获得崇高的政治地位，若不是他壮年病魔缠身，并于 1793 年去世的话，他将会取得更高的地位。他从来没有忘记自己跟随斯密学习和寄居在他家的日子。据他的主治医生、《伯恩斯传》的作者、著名的柯里博士说，菲茨莫里斯常谈起他早年的生活，尤其是在格拉斯哥大学斯密家里那段快乐的日子。1762 年两个俄罗斯学生因战争不能收到家里的汇款时，斯密两次从大学基金中借给他们每人 20 英镑。

1761年日内瓦著名的医生、伏尔泰的朋友、卢梭的敌人特朗钦特意把儿子送到格拉斯哥大学跟随斯密学习。他儿子在离开日内瓦时，从当时住在牛顿的埃德蒙斯通上校那里，取得一封给穆尔男爵的介绍信，从这封介绍信里，我们知道了这件事情的来龙去脉。

特朗钦被伏尔泰赞誉为"头脑清醒的伟大医生"，他非常欣赏斯密的作品《道德情操论》，因此才不远万里把自己的儿子送到斯密那里求学。

正是这个年轻人，成为卢梭与休谟之间那场著名争论的导火索。他和格拉斯哥大学的罗特教授住在伦敦埃利奥特小姐的公寓里，休谟于1766年1月带着卢梭来看望他们，当卢梭看到他宿敌的儿子住在房间里时，立即断定这个年轻人是来刺探消息的，休谟不动声色，假装和善地对待他，但心里却在编织着一个阴谋。

作为任课老师的斯密在学校越来越受学生欢迎，似乎另一个更加伟大的哈奇森就要出现在格拉斯哥大学了。1764年，斯密的继任者里德来到格拉斯哥大学，他在给阿伯丁的朋友斯基恩博士的信中说，格拉斯哥大学的年轻人充满了探索精神，这是斯密教学成果的最好证明。在斯密的影响下学生们学会了思考。斯密的观点成为大家讨论的主题，他的话题流行于整个城镇，尽管许多富家子弟不是为学位，而是为了听斯密讲课而来到格拉斯哥大学。他的半身雕塑摆放在书店的橱窗里，人们竞相模仿他说话的腔调。

奥克特泰尔的约翰·拉姆齐说，唯一令人不满意的是，他是"无神论者休谟"的朋友，他在宗教问题上常常保持沉默，而不像哈奇森那样在周日举办主日诵经班；他在学校教堂做礼拜时常常公然地发笑（这应该源于他爱走神的毛病）；他在刚被任命为格拉斯哥大学教授时，曾向学校评议委员会提出申请，希望在开始上课之前不做祷告，但学校没有同意。他的祷告被认为带着强烈的自然宗教味道；他在讲授自然神学时过分强调人类的自尊心，使得那些狂妄的小伙子认为神学上那些伟大的真理，以及人们对上帝和邻居所负有的义务，不需要特别启示，就可以自然而然地被发现。

拉姆齐担心年轻人因幼稚无知而把宗教真理看作是自然的产物。学校的档案中并没有斯密请求开课前不做祷告和学校拒绝他请求的记载，所以拉姆齐的话也不足信。但从另一个侧面可以看出，斯密当时和其他教授们的工作，是在一种充满了嫉妒与挑剔的宗教氛围中进行的。

斯密从一开始就在法学和政治学课上讲授自由贸易理论。他在格拉斯哥大学

13 年的教书生涯中，取得的一项非凡成就就是使全城的人都相信了他的自由贸易理论。当时克莱德最著名的商人詹姆斯·里奇先生明确地对杜格尔德·斯图尔特表示这件事的真实性。

1763 年，科尔特尼斯著名的经济学家、英国重商主义后期代表之一、《政治经济学原理研究》的作者詹姆斯·斯图尔特在结束了长期的政治流亡生涯后，回到格拉斯哥，以极大的热情投入到工作中，试图让人们接受他落后的经济观点，然而他发现很难让人们相信贸易保护将会使他们获益。他坦承，他放弃向他们反复宣传自己的贸易保护思想，是因为他发现斯密已经成功地使他们相信了会从玉米的自由进口中获益。要知道，詹姆斯·斯图尔特先生是一个口才极佳的演讲者，斯密说他对詹姆斯·斯图尔特的思想的了解主要是通过他的演讲，而不是他的著作。

由此可见，斯密彻底地让格拉斯哥的商人接受了他的自由贸易理论，使得斯图尔特难以动摇他们的信念，不得不放弃自己的念头。可见，斯密还在格拉斯哥大学担任教授时，也就是说早在《国富论》出版前，他就已经提出了自由贸易理论思想，并在现实世界里赢得了第一批信仰者。1815 年法国资产阶级庸俗政治经济学的创始人、《政治经济学概论》的作者 J. B. 萨伊访问格拉斯哥大学的时候，坐在斯密当年讲课的座位上，简短的祈祷之后，他充满热情地说道："上帝啊！让您的仆人安息吧。"

据 1752 年或 1753 年在格拉斯哥大学学习道德哲学的学生们说，杜格尔德·斯图尔特进一步指出，斯密早在那个时候的课堂上就提出了《国富论》中的基本原理。在 1755 年爱尔兰经济学家、重农主义的先驱者理查德·坎蒂龙的《论商业》出版时，即魁奈发表第一篇经济学论文的前一年，斯密向学生详细介绍了天赋自由学说，并在格拉斯哥经济学协会（大概是世界上第一个经济学社）公开声称自己是这个学说的创始人。斯密发表声明的那篇论文后来在斯图尔特的手中，侥幸逃过了劫难（斯密在临死前一把火烧掉了所有文章），但斯图尔特不想为此而引起纷争，认为把整个手稿拿来出版也不合适，他最终授意儿子将这篇文章毁掉了。现在人们对这篇论文的了解，仅限于斯图尔特引用的斯密早期政治经济思想发展的只言片语，他表示《国富论》中的大部分观点在这篇文章中都有详细的说明。从片段中看出，在这篇文章中提出的天赋自由学说，比他 20 年后在《国富论》中提出的学说更加极端。

斯密在格拉斯哥的一个学会上曾宣读："通常来说，人们往往被政治家和规划者看作是达到某种政治目的的工具。规划者们扰乱了自然对人类事务的正常作用。假如放任一切顺其自然，让它自由发展，自然必将会建立起自己的秩序……要使一个国家从最野蛮发展到最富裕，需要的仅仅是和平、宽松的税制和宽容的司法管理，其他的都任其自然发展。那些阻碍自然进程，阻挠事物的发展方向，或妄图让社会停滞发展的政府，都是非自然的。为维持自己的存在，将不得不采取压迫和残暴的手段……从我到格拉斯哥的第一个冬天教克雷吉教授那一班开始直到今天，这些观点都一直是我讲课的主题，从没有改变。这是我在离开爱丁堡前的那个冬天里讲课的主题，我可以从那里（爱丁堡）或这里找出很多人来证明，这些观点是我最先提出来的。"那时，斯密一共参加了两个协会，一个是文学会，另一个是为了讨论经济问题而建立的经济学会。在文学会出版的论文目录中并没有这篇论文，可见，斯密的这篇文章不是在文学会上宣读的，而可能是在经济学会上宣读的。

关于写这篇文章的背景，斯图尔特说，斯密当时急于建立对一些主要的政治学和文学原理的排他性权利，为防止一些竞争者把自己的观点据为己有，斯密作为一个教授，讲课的内容是公开的，在私人交流中也往往毫不隐瞒，这致使他的观点很容易被人剽窃。当得知自己的率直和坦诚被人利用时，斯密充满了真诚和愤怒。

这说明，当时似乎有人通过斯密的讲课或与他频繁交往了解了他的思想，并打算写成文章出版。《每月评论》月刊在1790年刊登的斯密死亡的讣告宣称，在格拉斯哥大学期间，斯密一直生活在害怕自己的思想被人剽窃的恐惧当中，以至于当他看到有学生在课堂上记笔记时就去制止说："我讨厌字迹潦草的人。"但这与斯密曾经的学生约翰·米勒教授说的恰恰相反，米勒教授明确地指出，斯密允许学生自由记笔记，以至于这一特权常被人滥用。米勒说："由于允许学生记笔记，修辞学和文学讲义中包含的许多观点和看法都被人在学位论文中剽窃去了，或者被人收集并整理成书加以出版。"

当时常常有人从学生的笔记中整理出那些知名教授的讲义，做成原稿的副本放在书店出售。布莱尔的修辞学讲义就以此方式在社会上流行了很多年，后来基皮斯在《大英人名辞典》中引用了流传的布莱尔抄本中对艾迪生的批评，才促使他最终把自己的讲稿正式出版了。可见教授们会面临那些没有著书发表的思想被人剽窃而毫不感激的风险。因此，即使斯密时常提防别人剽窃自己的思想，也情有可原。但他决不会像人们指责的那样，怀有不适当或者过度的戒备心理。假如

1755 年因为权利受到侵害，他在宣读那篇文章时"充满了真诚和愤怒"，那其中必有原因。

　　詹姆斯·博纳先生认为斯密 1755 年的那份声明是针对亚当·弗格森的。卡莱尔博士曾说，弗格森 1767 年出版《文明社会史》时，斯密曾经指责弗格森借用了自己的思想。弗格森回应没有从斯密那里借用任何思想，而是借用了一个不知名的法国人的思想，而斯密也借用了那个人的思想。这是 1767 年的事情，弗格森在 1755 年触怒斯密似乎不太可能。在那之前弗格森作为随团牧师一直生活在国外，回到苏格兰以前不可能着手编写《文明社会史》一书，而从他返回苏格兰到斯密发表声明的时间很短，几乎没机会招致斯密的抗议。斯密声明发表后的几年间，弗格森和他一直保持着亲密的关系，根据斯图尔特介绍的情况，斯密不可能那么快平息愤怒。另外，由于当时弗格森是皇家学会非常活跃的会员，如果弗格森招致了斯密的愤怒，斯图尔特在给英国皇家学会的文章里会完全避免谈到此事。

第6章 尽职尽责的大学管理者

由于斯密常常独自走神及单纯的性格，人们往往误认为斯密处理实际事务的能力很低，有时候更像一个未长大的孩子一样。爱丁堡的一个邻居曾告诉罗伯特·钱伯斯说，虽然他写出的关于商品交换的文章非常好，却连给马买饲料这样的事情都不得不求助于朋友。但不可否认，斯密拥有异常敏锐的洞察力得益于他单纯的性格，不过他爱走神的毛病并不严重。在斯密逝世前一年，塞缪尔·罗杰斯曾经在爱丁堡和斯密一起居住了一个星期，没有发现斯密有过走神的现象。

在格拉斯哥大学的13年时间里，那些繁杂的学校行政事务斯密干的比任何教授都多，大学评议委员会也没有发现他处理日常事务有什么过失或无法胜任。斯密核查过会计账目，检查过校园的排水设施，察看过学校花园里那些灌木丛是否已被清除，调查过学校在莫兰迪纳尔伯思的土地被侵占的情况，从来没有在中途忘掉自己的工作。斯密还常年负责处理学校的财务工作，如果没有可靠的商业习惯，稍有疏忽就会使学校在金钱上蒙受损失。

同时，斯密还被任命为学校两个校舍管理员之一，管理着校园里的40栋宿舍楼。当遇到麻烦或者需要谈判时，斯密常常被推举为代言人。当时苏格兰的学生通常在学期开学时，从家里带来整个学期所需要的麦片，学生们把食品带入学校自己食用，作为大学历来享有的一种特权，是不需要纳税的。但1757年，食品市场的征税官员却要求学生纳税。学校认为此行为是对大学特权的一种侵犯，于是任命斯密和米尔黑德教授一起去向市长反映情况，要求8天之内退还学生所交的税款，否则将诉诸法律。在随后举行的评议委员会会议上，斯密汇报说，他已经把此事告诉了格拉斯哥市长，市长答应将所征税款如数退回，因此征税官员把所征税款退还给了学生。

学校常常委托斯密到爱丁堡办理学校事务。比如和安德鲁·斯图亚特律师商量如何在议会上通过提案，为使学校财务报告获得批准而去拜访财政部高级官员；同时，他作为学校评议委员会与巴利奥尔学院之间的联系人，负责解决长期存在的关于斯内尔奖学金和斯内尔奖学金获得者问题上的争论。

1758 ~ 1764 年斯密离开这里，他就一直担任财务主管的职务，负责管理图书馆基金等事务，后来此职务由代理人和图书馆馆长二人担任。迪克森教授表示，教授们担任此职务任期一般是二到三年，而斯密的任期却超过了此数。1763年5月19日评议委员会达成共识：鉴于斯密多年从事财务管理工作，特允许他招募一名抄写员作为助手。1760 ~ 1762 年，斯密担任教务长职务，不仅负责监督大学的教学工作和学位的授予，而且作为三名监察员之一，监督整个学校的事务是否遵从了 1727 年的法令。在担任这两个职务的同时，他又被另外任命为了副校长。任命他担任此职务的是学校校长、苏格兰的总检察长（后来成为民事法庭大法官）的斯密的好朋友托马斯·米勒先生。

托马斯·米勒先生由于在伦敦与爱丁堡各有职务，所以经常不在学校，斯密就以副校长的身份负责主持学校的评议委员会会议、学校代表大会及校长理事会等所有会议。教授之间的矛盾问题突出，使得这工作非常棘手。同时，校长理事会是由校长和教授们共同组成的一个司法与行政部门，掌握着学校的生杀大权。据 1829 年的会议记录，在过去的 50 年里，校长理事会曾将失职的几个人囚禁在学校的尖塔内。托马斯·米勒被任命为大学校长时曾亲自宣誓就职前不任命副校长，由于别处事务太多，所以迟迟没到学校就职。那一段时间，斯密被大学的同事们推选为大学委员会的主席这个难做的职位。

斯密在校期间格拉斯哥大学里纷争众多，副校长可不是一个简单的职位，斯密的继任者里德博士在任职的第一年里，给阿伯丁的一位朋友写信抱怨说，他每周必须要参加五六次学校会议，那些有害的党派情绪，使人们陷入了激烈的争论当中，使得每次会议都不欢而散。

《绅士杂志》一位撰稿人在 1790 年斯密去世时写到，这些派别都是由于学校的政策产生的，斯密常常站在城市里权贵们的一方。

其实，格拉斯哥大学评议委员会内部陷入了长久的混乱，与斯密的态度关系不大。这些矛盾不是因为观点不同造成的，而是由于大学本身的组织结构造成的。

从组织结构上来看，当时的格拉斯哥大学在同一个名称下有两个完全不同的管理机构：一个是由校长、教务长、教授会会长、13 位大学教授和 5 位皇家教授组成的管理学校的评议委员会；另一个是由 13 位大学教授组成的教授委员会，他们宣称自己是大学原有捐赠资产的所有者和管理者，因而只有他们才有权选举新教授。这13位教授又划分为礼服教授和其他教授。礼服教授代表了早期的五位学校董事，他们班里的学生上课时穿着大学礼服，而其他的班则不穿。穿礼服上课的课堂有古典文学、希腊语、逻辑学、自然哲学和道德哲学。这些班级有自己独立的会议和记录，一直保留至今。

评议委员会举行的会议由校长负责主持召开，叫大学会议或者校长会议；教授委员会举行的会议由教授委员会会长主持召开，叫教授会议或者会长会议。5位礼服教授还同教授委员会每周六在学校礼堂一起举行单独的会议，有部分学生参加，其他教授无权参加，会议内容是对礼服班里违反学校管理规定的同学进行处罚。斯密既是大学教授，又是教授委员会教授，也是礼服教授，因此同时属于这三个机构。在这样复杂的管理体系下，即使人们在教育政策上没有严重的分歧，也会在其他小事上争吵不休。在此情况下，很难划分大学和学院的职能，皇家教授和教授委员会教授的权限，以及校长和教授委员会会长的权力。1762年8月13日，斯密参加的一个很小的委员会向格拉斯哥大学评议委员会提交的一份长篇报告被采用了，但有两位教授表示反对，他们认为教授委员会会长的权力太大了。

虽然格拉斯哥大学领导层在机构权限划分和财产管理这类小问题上争论不休，但在学校发展方向上却很有见地，尽力促进学校的进步。斯密来学校之前，学校为了自然科学的发展决定建立一个化学实验室。斯密在校期间，苏格兰化学家、格拉斯大学和爱丁堡大学教授约瑟夫·布莱就是在这间实验室里发现了潜热。1756年，当格拉斯哥的同业公会不允许詹姆斯·瓦特在城市里建立工厂时，格拉斯哥大学为他在学校建了一个车间，让他为学校制造制图仪器。正是在这个车间里，瓦特在修理纽克曼的蒸汽机时反复思考如何改进它，1764年的一个早晨，他路过洗衣房时产生了单独制造冷凝器的灵感。

为提高印刷技术，学校为印刷商罗伯特·福尔斯建立了一个印刷所，印刷荷马和贺拉斯的作品，最终超越了过去的竞争对手埃尔泽菲尔印刷所和埃蒂斯印刷所。同时，学校任命苏格兰天文学家亚历山大·威尔逊为大学的铅字铸造者，并为他在学校里建立了一座"铸造间"，在卡姆莱奇建造了一座铸字工厂，福尔斯就是从这里得到他印刷《伊利亚特》所需要的铅字的。此前不久，他们还任命这位多才多艺的铸字大师为学校第一任天文学教授，并为他修建了天文台，后来由于他对太阳黑子的观察，给学校及个人都带来了荣誉。1753年为了实现福尔斯建立一个工艺美术学院的计划，学校另外给了他几间房子。福尔斯的工作室可以说是英国第一所工艺美术学校，当时还没有皇家艺术学院和国立美术馆，也没有南肯辛顿博物馆和技术学校。热心的印刷商福尔斯，梦想着建立一个机构，能够整合上述几个机构的职能，并靠自己的正常经营收入维持生计，他的这个想法得到了学校方面的大力支持。巴肯伯爵为了缓解哲学课程的压力，就是在福尔斯的工作室里学习了蚀刻技术。这所大学里不仅开办了古典文学和数学课程，还有绘画、雕刻及雕版等课程。苏格兰宝石雕琢师詹姆斯·塔西和苏格兰画家戴维·阿伦就是和专攻医学和法律的学生一起接受教育的。

格拉斯哥大学通过种种方法，竭力来扩大大学教育的范围，以满足当时的需求。同时，他们还预见到了大学发展的一个趋势，开办了夜校。约翰·安德森教授个性好斗，但他积极主动，富有改革精神，是一个值得人们尊敬的人，在同事的鼓励与支持下，他在学校内开办了夜校，为那些身穿工作服的工人们讲授一系列关于自然哲学方面的课程。这种做法提高了当地高级工匠的技术水平，为苏格兰西部艺术和制造业的发展做出了巨大的贡献。

斯密对新事物产生了浓厚的兴趣，他积极地参与，极力促进计划的实现。二十岁的詹姆斯·瓦特，刚从伦敦来到格拉斯哥，想以制造制图仪器为生。但由于他不是当地人的儿子与女婿，也没有在此地当过学徒，铁匠工会拒绝了他建厂的要求。格拉斯哥大学的教授在大学校园内的土地上享有绝对独立的权力，他们解决了瓦特的苦恼，让他为大学制造制图仪器，给他一间房子做工作车间，另外一间在学校门口的房子让他出售自己的产品。对于这些措施，斯密非常乐意参与其中，并由衷地表示赞同。这正好符合了斯密所主张的产业自由学说，是对行会专制的直接对抗，而斯密在《国富论》中则强烈地批判了行会专制精神。斯密非常反对行会利用行业制度压迫别人。他说："劳动所有权是一切其他所有权的根基，此权利是最神圣不可侵犯的。一个穷人所有的世袭财产，就是他的体力与技巧。不允许他们以正当的方式，在不侵害他人的条件下，使用他们的体力与技巧。不但侵犯了劳动者的正当自由，也侵犯了劳动雇用者的正当自由。"

在大学期间斯密很喜欢去瓦特的车间，瓦特谈吐不凡，见解独特，对周围的人有很大的吸引力。瓦特对斯密一直保持着很深的敬意。1809 年他新发明的雕刻机问世，他用这部机器完成的第一件作品就是亚当·斯密的小型象牙头像。当他将机器雕刻的作品送给朋友时，朋友称这是一位刚刚跨入 83 岁的年轻艺术家的作品。

斯密对福尔斯的印刷所和工艺美术学院兴趣浓厚。斯密喜欢书籍，喜欢精美的印刷和豪华的装帧。一次，印刷商斯梅利看到斯密藏书室里的几本书，非常欣赏，斯密说："我别的什么都不喜欢，只喜欢书。"杜格尔德·斯图尔特表示，斯密对于优秀的艺术作品总是怀着审慎的态度，斯密对艺术品的兴趣，不在于从中直接获得的艺术享受，而在于其中所包含的在生产艺术品的过程中体现出来的人类的本性。只要是有关工艺美术学院的事情，事无巨细，都是斯密为主要顾问。比如，供学生临摹要选择什么样的画，从布鲁塔克或其他一些古典作家的作品中选择什么样的素材进行创作，什么题材更适合现代人的口味等。

福尔斯事业的主要支持者之一约翰·达尔林普尔爵士，积极地关注着工艺美术学院的作品在爱丁堡商店里的销售情况。1757 年 12 月 1 日，他在给福尔斯的信中写道："关于应该选送什么样的历史画出售的问题，你可以采纳斯密先生和布莱克博士的意见。你要选送那些销售情况最好的作品，而不是你认为的最好作品。作为工艺美术学院的院长，在什么样的作品是好作品鉴赏方面，您肯定是专家；但如果要谈到什么样的作品能够畅销，相信他们两位的意见对你帮助很大……再者麻烦您一下，希望您能尽快将您的作品的目录编制出来，最好将胸像、素描集和版画包括进来；告诉我您雇用了多少工人、是如何雇用他们的；有多少学生跟随您学习工艺美术；估算一下您对国家工艺或者美术作品方面做出的贡献。把上面这些以备忘录的形式寄给我。我将会让这里一些同样对您怀有美好祝愿的人看到这些。春天的时候我会去伦敦，届时会同韦德伯恩先生和埃利奥特先生一起商议采取什么样的措施对您最为有利。斯密先生或者太忙而懒于动笔，大概不会帮您完成备忘录，布莱克先生一定将乐于承担此项任务。如果今年冬天有机会见面的话，希望您能告诉我结果。我没有机会去格拉斯哥，希望您或您和斯密先生一起，在圣诞节前来这里。"

这份备忘录显然是要提交给政府的，这是塞尔扣克伯爵和福尔斯的一些朋友共同谋划的一个活动，以证明福尔斯在管理这样一所对于国家有着巨大利益的工艺美术学院时所付出的心血，政府应向他支付报酬。从整封信可看出，斯密和布莱克是福尔斯在格拉斯哥的两位好朋友，他们互商议事。达尔林普尔让一个商人去找这位哲学家，请教商业上的实际问题。纯粹地判断一件艺术品的好坏福尔斯是最好的专家，但什么样的艺术品才是最畅销的则关系到为福尔斯争取固定报酬的举动能否成功，达尔林普尔认为最好还是接受斯密的忠告。尽管斯密所学的专业并不是关于实际生活的，但他的判断非常符合实际生活，他具有解决实际问题的头脑和能力。

早在斯密来到格拉斯哥以前，他就和福尔斯有联系，而真正的友谊开始于格拉斯哥大学出版社出版了班戈的汉密尔顿诗集。1750 年以后福尔斯重印了很多早期经济学著作，都和斯密有着很大的关系。比如英国重农主义经济学家乔赛亚·蔡尔德，英国晚期重商主义最重要的代表托马斯·孟，苏格兰财政家约翰·劳和英国资产阶级古典政治经济学的创始人、统计学家威廉·配第等人的作品。

由于和多才多艺的铸字师既是好友，又是同事，斯密在大学里对铸字工场也很感兴趣。威尔逊专业是内科医生，但他放弃了自己的专业而成了一名铸字师，同时，他对天文学颇有研究，而斯密正好也在关注天文学。杜格尔德·斯图尔特说，斯密那时确实正在撰写天文学史，是他当时构思的整个科学历史全书的第一部分，也是他最早的作品，但直到去世这部分作品也没有发表。威尔逊花费了大量的心血为格拉斯哥大学印刷荷马的作品而铸造了一套希腊铅字，但只有学校印刷厂一个客户。1759 年他奔赴伦敦，希望在那里可以找到客户。斯密写了一封信，将他推荐给居住在伦敦的休谟。7 月 29 日休谟写信说："两三天前你的朋友威尔逊来拜访我，恰好我不在，他留下了你的推荐信。今天我见到了他，他看上去是一个谦逊、聪明和机灵的人。我对米勒先生提到过他，米勒先生愿意帮忙。我特别建议米勒先生，像他那样杰出的出版家，应该出版一套一流的古典文学著作，这将会使他与奥尔都斯、史蒂文斯和埃尔泽菲尔齐名。而威尔逊先生将是这个世界上最适合帮助他完成这个愿望的人选。米勒对我说，他也有过此想法，但最大的困难是找不到一个精通希腊文字的校对人员。我把此事转告威尔逊，他说格拉斯哥大学里一个拒绝宣誓效忠政府的牧师里昂是目前最合适的人选。我希望得到您对他的看法。"

威尔逊被任命为天文学教授后，于 1762 年搬进学校居住。为了照看铸字工场，他不得不往返于学校和卡姆莱齐之间，极不方便。于是他向学校评议委员会申请，希望在校内建立一个铸字间。威尔逊估算了一下，整个铸造间的建造成本不超过 40 英镑，他愿意为此支付一定的租金。4 月 5 日，评议委员会开会讨论他的申请，斯密提出了一个方案，并最终获得了通过。方案的大概内容是：学校在校园内最方便的地方为威尔逊先生建造一间铸字间，建设成本不超过 40 英镑，条件是：威尔逊先生支付合理的租金；在学校没有收回成本以前如果该建筑变得对学校没有任何用处，那么威尔逊或者其继承人应当给予适当的补偿。铸字间在学校的花园内建立起来了，紧挨着药草花园，整个建筑的费用超过预算 19 英镑，租金费用是每年 3 英镑 15 先令。由此可见，当时学校认为所谓合理的租金约占建设成本的 6.5%（不考虑地基使用费）。

大学评议委员会积极促进各个学科的发展，几年时间里，先后新建了哈奇森和斯密的讲课教室、布莱克的实验室、瓦特的车间、福尔斯的印刷所，还有绘画、雕刻和雕版学院及威尔逊的天文台。此外，曾经有人还建议在学校里建立一所舞蹈、剑术和马术的学院。斯密被评议委员会选为代表在 1761 年 12 月 22 日向校长埃罗尔勋爵汇报计划，请求给予支持。但似乎没有成功。跳舞是学校要求学生适度参与的一项活动，虽然没有严格禁止，但学校在 1752 年通过了一项规定，限制每个学生每学期参加舞会或类似集会不得超过三次。

评议委员会曾经试图禁止戏剧艺术。1762 年，以谢特尔斯通的罗伯特·博格尔为首的当地五个知名富商，准备自己出资建造剧场。据卡莱尔博士说，1745 年，在格拉斯哥大学的话剧《加图》中博格尔曾扮演"塞姆罗涅斯"这个角色。卡莱尔扮演了主角加图，另外一位神学院的学生，海牙的麦克莱恩博士，扮演了一个配角。作为业余爱好者在教授们面前演出戏剧是一回事，但建立公共剧场迎合当时的低级趣味，却是另外一回事。这个计划引起了当时的公众、市议会以及大学同样的惊慌。市议会拒绝在市内给他们批场地，他们不得不把剧场修建在离市镇一英里以外的地方。但人们的怒火也燃烧到了那里，1764 年剧场打算以贝拉米夫人主演的戏剧开张前，一名狂热的传教士煽动一伙暴徒纵火烧毁了剧场，传教士说，他在前一晚梦见自己参加了一场地狱宴会，主持人不停地在恭祝那个为恶魔的新殿堂提供地基的啤酒制造商米勒先生健康长寿。

从新剧场开始建立到被焚毁，两年间格拉斯哥大学评议委员会一直处于高度焦虑当中，斯密也不例外。1762 年 12 月 25 日，斯密与院长和另外两名教授奉命组成了一个委员会，与当地官员协商阻止在格拉斯哥修建剧场，看牛津大学拥有哪些特权可以阻止在它的地界内修建这一类建筑，以及如何行使这些特权。在该委员会的提议下，格拉斯哥大学决定向总检察长提交申请，并邀请当地政府官员加入行动中。而总检察长对于格拉斯哥大学是否拥有这样的特权存有疑虑。斯密他们又奉命组成了一个特别委员会，调查该大学享有的一些古老的特权，院长把调查的结果向总检察长汇报，并表示格拉斯哥大学强烈希望能够阻止剧场的建立。同时，当地政府官员在大多数居民同意的情况下，通过了一项法律以阻止演员在新建立的剧场演出。格拉斯哥大学在一次会议上决定和当地政府官员一起进行起诉，斯密作为此次会议的主持人对这项提议没有反对。1764年斯密辞去教授职位后，反对新剧场的斗争仍在继续，但随后不久，便因没有任何的法律依据而渐渐平息了。

在这场斗争中，斯密原本不反对进行戏剧表演，他深知戏剧在生活中发挥着有益的作用，还在《国富论》中特别建议国家应该鼓励戏剧演出，他明确表示自己与那些痛恨戏剧甚于其他任何类型的娱乐活动而煽动公众的狂热者不同。

斯密说的国家的鼓励措施完全不同于今天人们所想要的捐资建立国家剧院，他想要的只是对于人们凭着自己的兴趣去演出，只要没有丑闻或不体面的内容，能够通过绘画、诗歌、音乐、舞蹈及其他各种戏剧表演使人们愉悦，都应该给予他们完全的自由。

在表达这种自由的同时，斯密深信"大众经常开展娱乐活动"，对于国家来说是有益的，它能够矫正国内一切小教派道德上的任何不合人情及严肃到可恶程度的缺陷，能够消除滋生大众的迷信及狂妄的忧郁或悲观情绪。斯密似乎是一个小教派同盟，试图限制戏剧演出的自由。

从1762年斯密试图阻止在格拉斯哥修建剧场，到1776年在《国富论》中呼吁应该建立剧场这些年，他的观点并无任何改变。据斯图尔特说，当格拉斯哥的反剧场斗争进行得热火朝天时，斯密和他的一个学生在法国常常去剧场看演出，并非常赞赏法国的戏剧。在反对剧场斗争开始的几年前，斯密同约翰·霍姆的其他朋友一样，对悲剧《道格拉斯》怀有浓厚的兴趣，也非常支持霍姆的事业。但他确实没有观看1756年霍姆在爱丁堡公演的悲剧，也没有参加女演员沃德夫人家里举行的预演。据说霍姆、大卫·休谟、卡莱尔、弗格森和布莱尔都观看了预演。

大卫·休谟完全了解斯密的观点，那一年，大卫·休谟在给斯密的信中写道："虽然这出戏剧在科文特加的演出不如在这里的演出理想，但它似乎取得了很大成功，听到这个消息你一定会很高兴。它冲破了重重困难，现在已经显示出了其内在的价值。剧本如果出版（不久后就出版了），一定能赢得极高的评价，法国评论家赞赏它是英语中的唯一一部悲剧……我刚刚收到从伦敦寄来的一本《道格拉斯》，我将立即把它送到出版社去。我希望能够附上献词寄一本给你。"这些话清楚地表明斯密对于戏剧的看法与休谟及其他一些爱丁堡的朋友们的观点是一致的。但是不久之后，他就试图维护大学那些陈腐的特权，阻止新剧场的建立。

斯密之所以这样做，是因为他为戏剧获得完全的自由限定了条件，比如没有诽谤和不体面的内容。如果商业自由和公共道德产生冲突，商业自由则必须让位。他反对在格拉斯哥修建新剧场，是因为新剧场缺乏保证其上演的戏剧内容健康的措施。那时在英格兰上演了很多不合时宜的戏剧，有些甚至是低级庸俗的，引起当地居民的极度不满。格拉斯哥曾经有一个没有得到政府批准的、古老的木质结构的剧院，秩序混乱，要靠军队去维护，戏剧爱好者不顾公众反对去那里观看庸俗的戏剧。如果一个人认为有安全保障的剧场对社会有利的话，那么很有可能他也会认为缺乏这种安全保障的剧场将会成为社会的公害，尤其是在一个有大学的城镇里。

斯密是一个认真而坚持原则的人。1757 年，安德森大学的创办人、时任格拉斯哥大学东方语言学教授约翰·安德森，成为自然哲学课程教授的候选人，后来他担任此职位多年，并赢得了声誉。这项任命由教授们做出，作为一名选举人，安德森有权为自己投票。但斯密认为不应该掺杂个人利益，并连续提出正式抗议，反对这位杰出而固执的教授参与相关的选举。即：反对安德森参与会议决议草案的表决；反对安德森参加自己的选举；希望选举之后，明确地在会议记录上写上"斯密没有在选举安德森为自然哲学教授的活动中投票，不是因为他反对安德森当选教授，而是他认为选举过程不合理，极有可能开创一个很不好的先例，因此他拒绝投票"。斯密认为，每一个人都应该遵守一条不成文的原则，克己奉公，至少不能以权谋私。斯密也曾有权推选自己主持道德哲学课程，他也有出席任命他自己的会议。

1759 年神学和文明史学教授威廉·罗特，以家庭教师的身份和霍普顿勋爵的长子霍普勋爵一起出国旅行。可当霍普勋爵写信替罗特教授请假时，评议委员会的大部分人却拒绝了这一申请，斯密也在其中。而罗特教授不顾学校的反对，坚持出国，学校便以擅离职守为由，免除了他的教授职位。英国王室认为剥夺罗特教授的职位不合规定，拒绝任命新的教授。布特勋爵对校长埃罗尔勋爵说，国王的命令是重新调查此事，否则学校将承担最严重的后果。学校采纳了两位著名律师比德福的弗格森和芝博迪的伯纳特的意见，准备接受最严重的后果，最终这场纠纷以 1761 年罗特主动辞职而宣告结束。当时斯密是奉命组建的一个小规模委员会的成员，该委员会负责反驳评议委员会中少数反对派的意见；尽管那时他不是副校长，也不是教导主任，但是校长埃罗尔勋爵还是把布特勋爵的话告诉了他。正是他和米勒教授奔赴爱丁堡同上述两位著名律师商量解决办法。

斯密和罗特的关系很好，他既是大卫·休谟的好朋友，又是他们共同的好友穆尔男爵的表兄弟。在当时的苏格兰大学里，教授请假并以家庭教师身份陪同主人出国旅行是一件极其平常的事情。比如，在亚当·弗格森担任爱丁堡大学道德哲学教授时，曾经作为切斯特菲尔德勋爵的家庭教师离开英格兰；达尔泽尔担任爱丁堡大学希腊语教授时，也曾经作为梅特兰勋爵的家庭教师居住在牛津；担任格拉斯哥大学东方语言学教授的约翰·安德森，曾陪着爱尔兰大主教的儿子在法国待了一个冬天。但是安德森的请假是为了履行已经存在的约定，就像斯密在被任命的第一年获准不在校一样。斯密却认为像罗特这种类型的请假纯粹是为了自己方便和个人的利益，他们的做法有损于学校利益。斯密的想法与他在《国富论》中所批评的英国大学的精神完全一致。

第 7 章　友情：格拉斯哥的优厚馈赠

斯密在格拉斯哥做过学生，也做过教师。格拉斯哥是对他成长极为有利的地方，随着克莱德河畔的贸易日益兴旺，城镇里富有进取心而又聪明的商人每天都在讨论相关的问题，这些促使斯密成长为一名伟大的经济学家。可以说，如果他当时留在牛津大学，很有可能不会成为一名经济学家；如果不是在格拉斯哥生活那么多年，对当地的商业生活洞若观火，他就不会成为一名如此著名的经济学家。

18 世纪中期的格拉斯哥从规模上看，只是一个拥有 23000 个居民的小城镇。但它宁静优美，满是金雀花，河面上零零星星漂浮着几只平底小渔船，城镇里一些青年喜欢来到河边向水面上甩石子。河对岸简陋的小码头上，渔夫在辛勤地捕捞鲑鱼，他们在绿色的河岸上拖曳着满网的鲑鱼。那时，整个格拉斯哥一年的船吨位税只有 8 英镑，河面上看不到带桅杆的船，直到 1768 年克莱德河才被加深。圣·伊诺克广场也仅仅是一个私人小花园。阿盖尔大街只是一条坑坑洼洼的乡村小路。城里的牧民迎着晨曦吹着号角，把牛羊群从德伦盖茨和索特马基特赶到公共牧场上去，如今那里已经成为人口稠密的居民区。

格拉斯哥这座青春阳光的城市，美丽的景色让旅行者流连忘返。英国作家、18 世纪争取妇女参政权运动的领导人伊丽莎白·蒙塔古夫人称它是全英国最美丽的城市。英国小说家、《鲁滨孙漂流记》的作者达尼尔·笛福说它是除伦敦以外，最清洁、最美丽和建得最好的城市。1764 年贝拉米夫人为新剧场的建立而来到格拉斯哥时，曾赞美说那些华丽的建筑和优美的河流，让人心情舒畅。

斯密在伦敦的一次宴会上赞美这座城市的迷人魅力时，既不喜欢斯密也不喜欢苏格兰这座城市的约翰逊先生不以为然地说："请问先生，您去过布伦特福德吗？"同样以格拉斯哥为豪、称其为"一座美丽的城市"的博斯韦对约翰逊粗暴打断斯密的话非常不满，劝诫他说："先生，你不觉得你的行为很无礼吗？"要知道布伦特福德市那时因为它的沉闷与肮脏而成为笑柄，汤姆森在他的《怠惰之城》中称其为"一座泥泞的城市"。不过，具有讽刺意味的是后来约翰逊访问格拉斯哥时，也不得不开始由衷地赞美格拉斯哥的美丽。

此时，格拉斯哥已经开始了从小城镇向商业发达的大城市的转变，在深刻思考的观察者斯密眼里此发展阶段具有特殊的价值。格拉斯哥安静而又独特，它拥有一座大教堂、一所大学和两条美丽安静的大街，在街上运输商的门前可看到四海为家的商人们做贸易时留下的成堆的干草。格拉斯哥的商船遍布世界各个海域，它的商人至少在与西印度群岛的烟草贸易这片商业领域中占据了世界的首位。商人们每年都在以极大的进取心建立新的产业。苏格兰与英格兰的合并催生了格拉斯哥的繁荣，殖民地的市场向苏格兰的商品开放，克莱德河畔的商人利用有利的地理位置同美国的种植园进行贸易，从而获得巨大的商业利润。在 18 世纪中期以前，各个国家还不允许直接进口烟草，格拉斯哥人从美国进口烟草的3/4 在刚刚运进来之后马上就转运到地中海、波罗的海和北海的一些港口。因此，克莱德河畔成了美国烟草在欧洲的贸易中心。

与世界各国贸易的不断拓展，使格拉斯哥当地的产业获得了很大的发展。他们开办了史密斯菲尔德炼铁厂，从俄国和瑞典进口生铁，制造锄头和铁锹卖给美国马里兰州的黑人。1742 年建立了格拉斯哥制革厂、皮洛克肖亚麻布印染厂。英国动物学家、以所著的《苏格兰旅行记》闻名于世的托马斯·彭南特说制革厂规模很大，有 300 个工人为种植园生产马鞍和鞋子。1747 年开办了炼铜和炼锡工厂，1748 年开办了德尔菲尔德陶器制造厂。1750 年开办了格拉斯哥第一家银行——船舶银行，1752 年开办了第二家银行——徽章银行。1759 年开始生产地毯和丝绸，1763 年开始生产皮手套。并根据 1759 年法案首次对克莱德河进行改造。1762 年在格拉斯哥港口建立了一座干船坞；1768 年疏通了克莱德河，使它直接通到格拉斯哥市里，并开始挖凿通往福斯河的运河以加强同波罗的海的贸易。此时的格拉斯哥正处于一个商业贸易发展和膨胀的独特时期。格拉斯哥历史学家吉布森表示，1750 年以后街头难见一个乞丐，甚至是孩子们都开始忙碌起来了。斯密将格拉斯哥和爱丁堡与其他地方作对比的时候，曾说居住在一群锐意进取的商人周围，要比居住在一群无所事事的贵族的周围更好。

这些锐意进取的商人在格拉斯哥的发展过程中发挥了巨大的作用，格拉斯哥城市的发展对斯密的成长产生了重大影响。那些"弗吉尼亚绅士"或"烟草大王"，被现代人描绘成身着红色斗篷、头戴三角帽、手拿金把儿手杖的富翁，每天趾高气扬地前往格拉斯哥的交易市场，路边的普通民众恭敬地给他们让路。但是隐藏在华丽服饰背后的是他们的精明与豁达。

1767年访问格拉斯哥的蒙塔古夫人写信给米切尔大使说，在她所见过的所有商业城市中，给她印象最深刻的是格拉斯哥，财富的增加并没有占据他们全部的精力，科学、艺术和对于农业的喜爱都获得了发展，她为此而深深爱上了这座城市。

据约翰·达尔林普尔爵士估计，当时格拉斯哥最富有的三个人（当时城市的首富是约翰·格拉斯福德）的总财产大概是25万英镑。在1765年，美国的危机引起了格拉斯哥人的担忧，当时格拉斯哥商人在美国种植园拥有约总计40万英镑的财产。这些数字意味着要进行大量的管理和交易活动，所付出的精力与脑力比现在要多得多。至今，格拉斯哥的商人还在怀念约翰·格拉斯福德和安德鲁·科克伦，并把他们当作克莱德河畔最伟大的商人。

安德鲁·科克伦是斯密的至交。卡莱尔博士说，斯密博士在为《国富论》收集材料时，科克伦帮了很大的忙，为此他深怀感激。在科克伦时代之后的年轻商人们怀着崇敬的心情说，正是科克伦最早开阔了他们的眼界。为了探究贸易中各个领域的性质和原则，彼此之间交换意见和看法，科克伦在18世纪40年代建立了一个每周聚会一次的政治经济学俱乐部。斯密是其中的会员。这也许是世界上最早的政治经济学俱乐部了。1743年卡莱尔来到格拉斯哥，当时他还不认识科克伦市长，但这个学会的会员都高度赞赏他的学识和才干。

科克伦确实是当时一位杰出非凡的人物。英国小说家托拜厄斯·乔治·斯摩莱特在小说《汉弗莱·克林克》中称赞他是"苏格兰王国最贤明的人之一，是真正具有罗马精神的爱国者"。叛乱时期他是格拉斯哥的市长，当时政府和皇家骑士团都按兵不动，听任查理王子从高地向爱丁堡，再向英格兰中心地带进军。此时科克伦已经在格拉斯哥招募了两个团的士兵，准备抵抗查理王子的入侵。但是腐败的政府怀疑苏格兰人的忠诚，禁止他们发展武装。查理王子从英格兰回来时，占领了格拉斯哥，并对市民课以重税。科克伦既没有屈服于王子的阴谋，也没有激起他的愤怒，而是凭借巧妙的方法带领城市渡过了危机。

在梅特兰俱乐部出版的他的书信集中，简明地描述了他当时所承受的巨大压力：两个月来日复一日地奔走在各个权贵间，希望政府能够因为查理王子对格拉斯哥的横征暴敛而给予一定的补偿。

科克伦开办的银行科克伦和默多克公司，创造了用6便士硬币应付银行挤兑的方法。它所发行的银行券上印有格拉斯哥城市的徽章，被人们称为徽章银行。1759 年，苏格兰银行集中收集了徽章银行大量的银行券，然后突然要求银行立即兑现，企图整垮徽章银行。12 月 14 日，苏格兰银行的代理商突然拿出 2893 英镑的银行券要求徽章银行兑现，然后连续 34 天去催。然而最终他们仅仅兑现了 1232 英镑的银行券，因为银行的职员总是通过算错账等一些低级的手段来拖延时间，后来他们感到厌倦，干脆就让他们的门房来充当出纳。

关于科克伦建立的政治经济学俱乐部，据卡莱尔博士讲，俱乐部会员除了斯密和科克伦以外，还有神学和文明史学教授怀特博士。俱乐部每周举行一次聚会，讨论当时的商业问题，其中一个问题就是消除贸易限制的问题。格拉斯哥商人所关心的消除贸易限制是针对进口制造业所需要的原材料的限制，例如生铁和亚麻纱等。生产制造商并不一定都是自由贸易主义者，他们想要的自由贸易仅仅是针对原材料的。原来的重商主义者也和现在的自由贸易主义者一样强烈主张这样做，因为进口小小的增长，却可以大规模地扩大出口。

1750 年，科克伦市长与斯密的朋友、下议院议员詹姆斯·奥斯瓦尔德通过书信，讨论在议会中采取什么措施可以完全消除从美国进口生铁所征收的进口税。格拉斯哥铁厂，即格拉斯哥制钉厂每年要消耗 400 吨生铁，由于当时苏格兰境内还没有发现铁矿，这些铁只能够高价从俄罗斯和瑞典进口。根据对英格兰制造业者有利的不公平特惠关税法，美国的生铁运到英格兰的各个港口都是免关税的，但是苏格兰的港口不享受这项优惠。科克伦希望奥斯瓦尔德能够修改这项法律，以使殖民地的条形铁可以免关税地进口到苏格兰。因为这将会为国家节省大量的资金，而不会伤害到地主的利益。生铁的价格以及所有制造品的价格都将会降低，从而生产的产品价格也会降低，这样将能够促进消费，增加销售量；对于从北美回来的商船，如果烟草的数量不足，生铁还可以起到压舱的作用，弥补烟草的空缺；这样做还会增加出口，而不会影响到南方邻国的利益。

1756 年，在废除国外亚麻纱的进口税上，格拉斯哥的商人们取得了胜利，他们想到的只是作为商人最为明显的商业利益，而不是什么贸易自由主义，他们从来没有想过要废除对本国生产的亚麻布织物的出口补贴，或者废止 1748 年通过的一项法律，这项法律规定给予本国亚麻布生产商相当多的补贴，并且禁止进口国外的亚麻布。例如，如果妻子穿国外亚麻布的衣服，那么她的丈夫将被罚款。斯密作为自由贸易主义者，并不赞成废除国外亚麻纱的进口税，他这样做是为了保护以纺纱为生的贫穷妇女，而并非是照顾亚麻种植者的利益。

斯密离开格拉斯哥后不久，商人兼银行家的科克伦先生和格拉斯福德先生就纸币问题同巴尔·穆尔男爵和经济学家詹姆斯·斯图尔特先生进行了交流。他们提出：发行纸币对于物价有什么影响？对通货有什么影响？对国际贸易有什么影响？对发行小额银行券有什么影响？对不承兑的银行券有什么影响？他们都非常了解货币的本质和作用，但观点并不一致。格拉斯福德认为，银行可以发行任何面值的银行券，当然也可以发行当时比较流行的 10 先令和 5 先令的小额银行券。科克伦先生则认为，应该废除一切小于 1 英镑的银行券。斯密则认为应该废除那些小于 5 英镑的银行券。

斯密参加的另外一个协会是格拉斯哥文学会，这是一个开展一般性讨论的协会，主要由格拉斯哥大学的教授们组成。斯密也是创建人之一。卡伦、布莱克、天文学家威尔逊、罗伯特·西姆森、神学教授兼院长利奇曼及米勒等几乎评议委员会的全部成员参加了该协会；还有一些爱好文学的商人和乡绅也参加了该协会，比如班戈的汉密尔顿的朋友威廉·克劳福德、伦弗鲁郡的下议院议员威廉·穆尔、西部地区的地主和历史学家约翰·达尔林普尔、古董商人克雷格福斯的约翰·卡兰德、曾任市长助理后来成为苏格兰法院副院长的托马斯·米勒、出版商罗伯特·福尔斯、自己承认从协会获得很大收获的詹姆斯·瓦特、剧场的发起人之一谢特尔斯通的罗伯特·博格尔、大卫·休谟，以及 1762 年在格拉斯哥学习时被选举为会员的巴肯伯爵。

文学会成立于 1752 年，从当年 11 月到次年 5 月，每周四六点半举行聚会。从梅特兰俱乐部出版的一部分会议记录中可以看出，斯密是该学会历史上最早发表演说的人之一。1753 年 1 月 23 日在一次学术会议上，斯密就宣读了一篇大卫·休谟刚刚发表的关于贸易理论的文章。这些论文还没有公开发表的时候，休谟就已经向斯密征求过意见并得到了他的回复。

文学会举行的辩论非常激烈，最有名的一场辩论是有关形而上学和神学之争。辩论一方是才华横溢的演说家米勒教授，另一方是被称为大众哲学之父的里德博士。有一次斯密为了一个问题几乎是与全体会员激烈交锋了一整个晚上，最后还是被多数压倒而败北，他小声嘀咕道："虽然我说不过你们，但是我还是坚信自己的观点。"虽然教授们之间的争论非常激烈，甚至有些粗野，但争论结束后，他们又非常友好地到"罗宾·西姆森俱乐部"去开怀畅饮。著名而受人爱戴的数学教授罗宾·西姆森先生以重新发现了欧几里得的系论而闻名于世。他待人热诚、心胸宽广、为人正直、举止优雅、言语充满智慧。由于对西姆森的良好印象，斯密觉得数学家都具有一种和蔼可亲、乐观向上的气质，他们超然于尘世，没有嫉妒和虚荣心，也不会耍弄阴谋诡计。

西姆森50年的教学生涯几乎都是在格拉斯哥大学度过的。西姆森终身未娶，从不参加一般的社交活动，每天结束教学课程后，都会到学校门口的小酒馆里玩上一会儿纸牌。开始人很少，后来圈子慢慢扩大，逐渐发展成为安德斯通俱乐部，即罗宾·西姆森俱乐部。他们每周五晚上在小酒馆聚会吃晚饭，周六去安德斯通吃午餐。

原本安德斯通只是一个小村庄，后来詹姆斯·蒙蒂斯在这里创办了棉纺织厂才逐渐兴旺起来。安德斯通有舒适安逸的小酒馆，里面可以提供当时流行的只有一道菜的简单正餐。安德斯通的饭菜永远千篇一律，每周都是鸡汤，它和烩羊杂碎、烤羊头、浇汁鱼和炒肉片被斯摩莱特并称为苏格兰五大名菜。喝鸡汤的时候还附带一大杯红葡萄酒，吃喝完毕后，大家把桌布撤掉就开始玩牌，此时店主还会端上一大碗甜饮料。据奥克特泰尔的拉姆齐说，斯密打牌时突然想到什么，就会瞎垫牌或忘记叫牌，因此大家都不愿意和他一伙，他的这种行为使和蔼可亲的西姆森也有些愤怒，虽然他也有独自出神的毛病，但玩牌时他总是聚精会神，还不允许自己的队友有半点疏忽。玩牌结束后，大家开始唱歌，西姆森永远是唱歌的主角，他常常唱那些配有现代曲调的希腊诗歌，他优美的声音和身心投入的演唱，使人们对他演唱的歌曲百听不厌。罗宾的学生、爱丁堡的罗比森教授曾经两次听到西姆森唱歌，他唱的是一首用拉丁语写的献给伟大的欧几里得的颂歌。这位可敬的老人唱歌的时候眼睛里噙满泪水，神情很是投入。西姆森谈话的时候生动有趣，内容丰富。在讨论中，他总是提出一些学习中出现的疑难问题，并绘声绘色地讲一些逸闻趣事，语言幽默风趣。但他们从不讨论宗教信仰的话题。特雷尔教授说，在俱乐部里任何试图谈论宗教的行为都将引起激烈的争论，破坏和平的气氛，所以这个话题一直是被严格禁止的。西姆森是俱乐部的主席，俱乐部与他密不可分，随着1768年西姆森的去世，俱乐部也就解散了。

在安德斯通小酒馆里享受快乐时光的年轻人中，至少有三个人——亚当·斯密、约瑟夫·布莱克和詹姆斯·瓦特对人类的进步产生了重大影响。瓦特和斯密的谈话除了年轻人必然谈论的一般的话题之外，还涉及了文学话题、宗教、道德和纯文学等方面。瓦特说在这些方面他们都是自己的师长。按瓦特的说法，宗教话题好像没有被禁止，但特雷尔教授说的很明确，可能是瓦特记错了。格拉斯哥大学的教授们思想都很开明，他们平等地和当时只是一个机械师的瓦特一起讨论问题，他们认可瓦特的聪明才智。卡莱尔博士在 1743 年受到西姆森邀请加入俱乐部，他说那时俱乐部的两个主要人物是法学教授赫尔克里士·林赛和希腊语教授詹姆斯·穆尔，在斯密时代，他们两个还都是会员。就是林赛代替斯密成为逻辑学教授的，他能力卓著，有独立精神，他曾经因为拒绝使用拉丁语这种旧方式授课而遭到爱丁堡律师公会的强烈抨击。穆尔曾经担任他堂弟罗伯特·福尔斯出版的《古典著作全集》的主编。杜格尔德·斯图尔特认为穆尔是一个不合社会潮流、性情快活而举止轻浮的人，他总是衣冠楚楚，搽着香粉，但他在随机应变方面很有天赋，喜欢一语双关的表达方式。俱乐部里最能给大家带来欢乐的是形而上学方面的大家威廉·汉密尔顿的祖父、解剖学教授托马斯·汉密尔顿博士。

第 8 章　小时代：爱丁堡之纪

在格拉斯哥居住期间，斯密仍同他的爱丁堡老朋友们保持着密切的联系。他常常坐着四轮大马车花费 13 个小时去拜访他们；在大部分假期里，他都与老朋友一起为推动文学、科学与社会进步等事业的发展而努力。1752 年他的资助人亨利·霍姆升任为审判官，成为凯姆斯勋爵，闲暇时间专心撰写评论和思辨性文章，并享誉欧洲。格拉斯哥落选后的大卫·休谟，在律师公会的图书馆管理员职位上工作，并在卡农加蒂昏暗的公寓里写作《英格兰的历史》一书。亚当·弗格森在 1754 年放弃了他的牧师头衔，来到爱丁堡，于 1757 年成了休谟在律师公会图书馆的继任者，并在 1759 年成为该校的教授。罗宾逊和他的邻居约翰·霍姆离开苏格兰之前，两人每周一起进城，晚上与大卫·休谟等文学家们一起谈论到深夜。吉尔伯特·埃利奥特 1754 年担任下院议员，离开此地，但总在休假期间回来给大家讲说首都的新闻。

斯密的朋友——海尔斯的戴维爵士和库斯兰德的约翰爵士两位达尔林普尔都在努力撰写历史方面的著作。《后继者》的作者威尔基是拉托教区的牧师，也是斯密特别喜欢的朋友，此人特立独行，居住在离城几英里的地方。威尔基常说斯密比休谟更具有创造性，休谟拥有的只是实干精神和判断力，而斯密拥有的则是勤奋和天赋。在二者中间，斯密的头脑更具有创新能力。而斯密引用埃利班克勋爵的话说，不管是跟有文化还是没文化的人在一起，只要一提到威尔基，大家都会兴致勃勃，谈论他的奇闻趣事。威尔基常常穿着普通农夫的衣服亲自到农田里去耕作。化学家罗巴克博士还曾经为此被一个苏格兰朋友戏弄了。当他们路过拉托教区的田地时，朋友说苏格兰的教会学校几乎让每一个农民都学习了古典著作，比如这里正在耕作的农民。他们将他叫了过来，罗巴克跟他谈了一些自己对农业的见解。那个农夫说得头头是道，并引用了古希腊诗人、牧歌的创始人忒俄克里托斯的话来加以说明，使罗巴克感到万分惊讶。

威廉·约翰斯顿是斯密在爱丁堡的主要朋友也是他过去的学生，长期以威廉·普尔特尼的身份活跃在公众眼中，享有最尊贵的地位和巨大的影响力。他的父亲是韦斯特霍尔的詹姆斯·约翰斯顿爵士，舅舅是埃利班克勋爵，他在苏格兰法庭担任见习律师，后来成为下院议员，他娶了当时最富有的财产继承人、巴思伯爵的侄女普尔特尼小姐。苏格兰著述家、善于撰写回忆录纳撒尼尔·威廉·拉克索尔说，他是一个具有男子气概、独立正直的人，他对经济和财政问题有着浓厚的兴趣。他和斯密之间亲密友好的关系保持了 40 多年。当时普尔特尼要在伦敦作短暂的停留，斯密就为他写了一封介绍信给刚刚在商务部任职的詹姆斯·奥斯瓦德。

尽管斯密预言普尔特尼将成为著名的律师，但遗憾的是他后来放弃了律师职业，也没有改掉过于认真的毛病，然而正是由于他做事过于认真，才使他在英国下议院占据了重要的位置。他在议会时候的同事约翰·辛克莱尔爵士说，普尔特尼之所以拥有很大的影响力是因为人们都知道他从来不会违心地去投票。普尔特尼生活俭朴，不喜炫耀，在他年收入两万英镑时，还在过着和年收入两百英镑一样的俭朴生活，有人认为他吝啬贪财，但事实上他却一直在慷慨地资助着别人。

在爱丁堡，斯密最主要的朋友是大卫·休谟。两人的友谊开始于 1739 年，斯密定居格拉斯哥之前，他们之间并没有机会见面。1748 年斯密到爱丁堡时，休谟正在国外担任圣克莱尔将军的秘书，在驻维也纳和都灵的大使馆工作。1749年休谟辞职回到贝里克郡的家乡奈因韦尔斯居住了两年，直到斯密搬去格拉斯哥以后才定居在爱丁堡。虽然有时斯密还会去爱丁堡，但在他搬到格拉斯哥不到一年，就和年长的哲学家休谟开始了书信往来。随着他们之间这种罗马式的友谊关系不断深化，他们之间的称呼从"亲爱的先生"变成了"我亲爱的朋友"。休谟曾经多次允诺要去格拉斯哥看望斯密，但始终没有成行。倒是斯密经常去爱丁堡拜访休谟，他们的友谊逐渐加深，后来休谟的住处几乎成了斯密在爱丁堡的家。

休谟早在 1752 年就已经把斯密当成了写作顾问，向斯密请教关于新版《道德和政治论文集》，以及其他历史著作的意见。

1752 年，因叛乱事件而停止活动的爱丁堡哲学协会重新开始活动，斯密在这一年加入，大卫·休谟是协会秘书，此协会最终于 1784 年并入了皇家学会。

当时还有一个著名的古老的协会叫兰肯协会，其活动地点在兰肯咖啡馆，一些著名人物比如科林·麦克劳林等都是该学会的会员。其中一些会员曾因哲学问题而与贝克莱辩论，据奥克特泰尔的拉姆齐表示，他们被这位善良的主教说服，跟随他到百慕大群岛进行了一次乌托邦式的旅行。虽然兰肯学会一直到1744年都还存在，然而斯密从来都没有加入过。1754年斯密在创建著名的择优学会的过程中发挥了主要的作用，择优学会在一段时期内使爱丁堡哲学协会与兰肯协会黯然失色。

择优学会是仿效当时在法国大城市中非常普遍的民间团体建立起来的，它是一个讨论时事的学会，也是一个旨在促进苏格兰艺术、科学和制造业发展的爱国组织。

最先想到创立择优学会的是大画家阿伦·拉姆齐，1739年他跟议员詹姆斯·奥斯瓦尔德一起到法国旅行，对那里的民间团体印象深刻。拉姆齐最先同斯密商量了建立学会，得到斯密的全力支持。1754年5月23日，拉姆齐正式为建立新学会召开了15人参加的第一次会议，斯密是成员之一，并且受拉姆齐委托介绍了会议的目的和学会的性质。

据参加这次会议的卡莱尔博士说，这是他唯一一次在公开场合听斯密演说，斯密声音刺耳，吐字不清，略带口吃。这很可能因为斯密是在毫无准备的情况下发表演说的。斯密在开始讲课的十几分钟里，表达往往不流利，不过一旦他进入状态后，就会流畅自如，雄辩有力，滔滔不绝。

择优学会建立后受到了大家的欢迎。会员由最初的15人迅速增加到130人，达官贵人和学界名流争相加入，比如凯姆斯、蒙博多、罗伯逊、弗格森、休谟、卡莱尔、约翰·霍姆、布莱尔、威尔基和统计学家华莱士；以及后来担任苏格兰最高民事法庭的庭长伊斯莱·坎贝尔和托马斯·米勒；萨瑟兰、霍普顿、马奇蒙特、莫顿、罗斯伯里、埃罗尔、阿博因、卡西利斯、塞尔扣克、格拉斯哥和劳德戴尔等各位伯爵；埃利班克、加里斯、格雷、奥金莱克和黑尔斯等各位勋爵；建筑师约翰·亚当；卡伦博士、银行家兼市议员约翰·库兹；机智的政治家查尔斯·汤申德；以及其他一些苏格兰的著名人士。这些社会名流作为会员，常常参加学会内的会议。他们在每周五的晚上六点到九点在律师公会图书馆的一间房子里举行集会，后来人数越来越多，房间显得拥挤不堪，于是就在从共济会分会那里租借来莱弗会馆楼上的一间房子里进行。在学会的讨论中，年轻的律师和牧师扮演了主要的角色，比如韦德伯恩和罗伯逊，他们所展现的才华令苏格兰长老会大会和帝国议会望尘莫及，这也使得该学会在苏格兰境内声名远扬。

休谟于1755年写信给定居罗马的阿伦·拉姆齐说，择优学会已经引起了全国范围内的广泛关注。不管年轻年老、高低贵贱、聪明愚蠢、俗人还是牧师，都希望能入学会，大家的热情就像要加入议会下院一样。年轻的朋友韦德伯恩由于出色的表现已经获得了盛誉，而威尔基牧师从一个默默无闻的小人物变成了颇受欢迎的非凡之人。古怪的蒙博多带给人欢乐；热情的戴维勋爵（黑尔斯勋爵）让人感动；杰克·达尔林普尔（写《回忆录》的约翰爵士）的华丽修辞让人回味无穷，而使那些讲话啰唆之人感到自愧不如。爱丁堡民众对择优学会的热情，比伦敦人对议会下院还要强烈。而相比之下，罗宾汉学会和撒旦学会等其他一切开展辩论活动的学会都显得黯然失色，自叹不如。

在 1754 年 6 月 19 日举行的第二次例会上，斯密作为会议主席，提出了下次会议要讨论的主题：一是普遍接受国外的新教对英国是否有利；二是对谷物出口进行补贴是否有利于贸易、工业和农业的发展。坎贝尔勋爵表示，第二个主题是斯密自己提出来的，按照学会的惯例，上一次会议的主席可以选择下一次会议讨论的主题。如果真是如此，将可以看出斯密早期思想发展的轨迹。

然而不知是由于斯密的影响，还是当时的人们本来就对经济问题感兴趣，该学会讨论的问题大都是经济问题。从 1757 年《苏格兰杂志》刊登的讨论题目可以看出，他们讨论的问题都有着经济学的性质。比如："畜牧业、谷物生产可以给公众与国家带来什么好处？国家最应该鼓励什么产业的发展？大农场还是小农场对国家有利？地主采取什么样的措施才有利于自己庄园的产业发展？地主亲自经营农庄的利弊是什么？苏格兰的土地租赁期限定为多少年才算最为合适？佃户除缴纳一定的租金外，对运输和其他劳务，栽培和保护树木，维修院墙和房屋，挖掘砂石、石灰石、煤炭或其他矿石，修建围栏，整理地界，排涝及挖排水沟等方面还要承担什么义务？对于这些佃农，在农场饲养家畜，冬季放牧，耕种土地，出售肥料、麦秸、干草或谷物，碾压谷物，从事农业以外的职业，比如铁匠与商人，转租土地，转让租赁合约，租期届满时移居他处等方面应该进行哪些合理的限制？佃农应该把多大比例的农产品交给地主作为地租？在什么情况下应该缴纳货币地租？什么情况下应当缴纳实物地租？应当何时缴纳地租？谷物应该按容量还是按重量出售？建造和维护公路的最佳措施是什么？是对公路进行立法收费，还是像郡县与教区那样，征收公路税，或是否有其他更好的办法？雇用仆人最公平合理的办法是什么？废除小费制度的最适合的办法是什么？"

学会还有一个特别的农业分会，农业分会每月聚集一次，讨论的主要是家畜和土地的管理问题。学会的会员大部分都与土地有着密切的利益关系，所以促进农业的发展成为他们关心的话题。

　　虽然斯密很少参与讨论，然而他还是经常去参加学会的会议，从而直接听到那些熟悉农业的人对农业问题最为详尽的讨论，正如他在格拉斯哥经济学会上听商人们讨论经济问题一样。当然，学会有时候也会讨论文学和艺术问题，或者那些历史争议问题，比如布鲁特斯应该不应该杀死恺撒？事实上，除了有关天启教或者神权论者的话题外，没有什么明确禁止讨论的话题。不过他们讨论的内容大多集中在经济与政治方面，比如，院外救济、限定继承权、银行业务、亚麻布出口补贴、威士忌酒税及孤儿院等问题，奴隶制的存在对自由人是否有利？与爱尔兰的合并对英国是否有利？有时候一个晚上讨论很多问题，也有时接连几周都讨论一个问题，直到问题解决。讨论中每人有三次发言机会，第一次不得超过十五分钟，其余两次不得超过十分钟。

　　当然，择优学会不只是一个讨论团体，它们也做一些实事，以促进苏格兰艺术、科学、制造业和农业的发展。学会建立十个月以后，他们依靠私人捐款对那些在社会各行各业做出巨大贡献的人们给予奖励。这样做是仿照国外的先例，学会每年设立两个奖项，一个是纯文学方面，一个是科学技术方面，根据优胜者的品位和知识对社会的贡献程度进行奖励。文学艺术领域的成就，只给予荣誉奖励，在科学技术领域，获奖者可以得到物质奖励。技术的最高奖项是发现奖或发明奖，这也是一个纯粹的荣誉奖励，因为人们认为金钱与科学工作的尊严极不相称。比如对在一定时期内出版的印刷质量高、错误少的书籍给予荣誉奖励；造纸业是苏格兰急需奖励的技术，当时苏格兰用纸都是从国外进口，根据在一定时间内收集的破烂亚麻布的数量和质量，给予前五名以奖励；对一定时期内生产出来的印染精美的衣服给予一定的物质奖励；由于画图技术与印染技术密切相关，所以对于那些16周岁以下的男女少年的最佳图画给予物质奖励。

　　当时苏格兰每年都要进口大量的加工过的花褶、手工编织的绦带及花边等产品，择优学会认为，经过适当的鼓励，这些产品都可以在国内生产。因此学会决定对在这方面做出贡献的人给予物质奖励和荣誉奖励，对穿着国内这类产品的时尚妇女给予荣誉奖励，对为这一产业发展做出巨大努力的人给予物质奖励。苏格兰长袜当时以做工精细而闻名，但是做袜子用的精纺毛纱不是很好，于是学会设立奖项鼓励人们制造更好的毛纱。

　　苏格兰对英格兰毛毯的需求量很大，学会觉得苏格兰也能够用自己的羊毛纺织出精美的毛毯，于是奖励那些能够很好地模仿生产出英格兰毛毯的人。当时在苏格兰的一些地方已经有人开始生产毛毯了，对于质地优良图案精美的毛毯进行奖励，将促进各个生产商之间的竞争。

苏格兰的烈性淡色威士忌酒在国内外都享有很高的声誉，但是威士忌酒在质量和味道方面都还有改进的余地，而淡色啤酒的交易量也将大有发展，学会决定设立奖项奖励最好的威士忌酒和最好的烈性淡色啤酒。

学会的9名会员实际执行此计划，他们每年改选一次，每月向学会汇报计划进展或接受新指示；为了使新业务与旧业务有所区别，爱丁堡的择优学会改为"促进苏格兰科学技术、制造业和农业发展的爱丁堡学会"。9名执行委员被称为"爱丁堡学会的普通理事"，另外有9名特别理事协助他们工作。其实爱丁堡学会只是择优学会下面的一个特别委员会，而不是一个独立的学会。他们每月一次的例会，与择优学会的例会时间是错开的。其会员大多是关注农业问题的贵族和乡绅，因此他们讨论的话题几乎都是农业问题。1756年他们通过一项决议，决定吸收一部分真正的农民加入学会。

学会创始人阿伦·拉姆齐对学会业务范围的扩大并没有表示出赞同，他认为过问毛毯的生产和烈性淡色啤酒的酿造将有损学会的尊严，同时，他还担心这样做会导致一批没有素质的人成为会员，影响学会内部的讨论。虽然拉姆齐很看不起这项计划，但是帮助他建立学会的亚当·斯密却觉得这项计划非常重要。当时的苏格兰正需要刺激工业的发展。斯密全身心地投入到这项计划中，对这项计划的实施起到了至关重要的作用。斯密不在9个委员之列，后来这项工作被分给4个独立的委员会承担，每个委员会有5名成员，由另外一个五人提名委员会任命，斯密是其中一员，其他4名委员分别是：解剖学家亚历山大·门罗、塞尔扣克郡议员吉尔伯特·埃利奥特、《埃皮格尼德》的作者威廉·威尔基牧师，还有罗伯特·华莱士牧师，曾在一定程度上刺激了马尔萨斯去研究人口问题。根据学会的规定，这5个人可以任意选择加入另外4个执行委员会，斯密和休谟加入了文学批评委员会。从斯密在学会上提出的问题和他在格拉斯哥文学会上讨论的主题可以看出，他的兴趣已经发生了转变，但他仍然以文学批评家著称。

此时，学会收到了大量捐款，休谟在给拉姆齐的信中说，已经有100英镑了，另外还有不少贵族答应捐助大笔资金。1755年4月10日，报纸上刊登了一则广告，提供了诸多奖项。

这些奖项物品要在12月第一个星期一之前交给大卫·休谟当图书管理员时的助手——律师公会图书馆的沃尔特·古德尔先生，8月19日，又增加了几个奖项。

第二年，学会把奖项增加到 92 项，1757 年增加到 120 项，1758 年增加到 138 项，1759 年增加到 142 项，各种有发展前途的产品比如手套、草帽、毡帽、肥皂、干酪及用苏格兰柳条编制的摇篮等都得到了鼓励。甚至，学会还给"为满足他人的要求而改造冒黑烟的烟囱最多的人"颁发了奖金。

获得了最佳文学作品奖的是阿伯丁的杰勒德教授，学会出版了他的论文，至今一些学习形而上学的学生还知道他的大名。弗朗西斯·霍姆博士是最佳植物学和农学论文奖的获得者。

东洛锡安郡德尔顿的织布工人彼得·布拉泽顿，在织机上织出了一块和马赛布的质量一样的亚麻布，因此获得了最佳发明奖，得到 20 英镑的奖金。1757 年福尔斯的《霍勒斯》（以罗马文字排版）和《伊利亚特》（以希腊文字排版）因印刷精美而获奖。1759 年杰勒德教授因为一篇有关文体的文章再次获奖。

择优学会对开发和利用苏格兰的工业资源产生了极为有利的影响。比如毛毯生产，在奖项设立后的第二年，其产值增加了 1000 英镑，显然是奖项刺激的结果。然而这个著名的学会却并不长命，在成立不到十年就解散了。通常人们认为这是查尔斯·汤申德的一句讽刺话造成的。

一次，该学会热情邀请汤申德来听他们精彩的辩论，并把他当作是爱丁堡的新荣誉，甚至还选举汤申德作为他们的会员。在听完辩论后，汤申德说，他不得不承认演讲者拥有雄辩的口才，不过遗憾的是，他一句都没有听懂，演讲者的讲话在他听来，无疑是天方夜谭，就像在说外国话。而且他毫不客气地质问道："既然你们已经学会了用英语写作，为何就学不会用英语说话呢？"

汤申德的话刺痛了自认为很有教养的苏格兰人敏感的神经。虽然当时英格兰语已经开始流行，但是在苏格兰，苏格兰语仍然是上流社会交流的通用语言，就像伯恩斯与弗格森那种很重腔调的苏格兰语。甚至在一些庄重严肃的场合，比如教堂和法庭上，他们也使用苏格兰语。不过，一些年轻人和有雄心壮志的人已经开始尽力去掉自己发音中的苏格兰腔调。

据说，一些伟大的作家，比如像休谟和罗伯逊就费了很多功夫才避免在写作时使用苏格兰方言，而韦德伯恩虽然也下了很大功夫来纠正自己的苏格兰方言，然而在年纪大的时候，他又故态重萌，习惯性地说起了苏格兰方言。在此情况下，汤申德的话无疑是一声惊雷，掀起了一场语言改革运动。

当时一个叫托马斯·谢里登的人发明了一种方法，可以让外国人借助于自己母语的发音，正确地掌握英语的发音，他在给韦德伯恩上课时，试验了这种新方法。1761年他来到北方圣保罗大教堂，给当时英国最杰出的人物——大约三百名绅士上课，课程一共有十六次。

不久后，择优学会组织了一个特别协会，用以促进苏格兰人在写作与说话时使用英格兰语，他们还从伦敦请来了一位英格兰语发音纯正的老师。虽然斯密不是这个新协会的会员，不过罗伯逊、弗格森、布莱尔，还有一些贵族、准男爵、法官和大律师都是这个新协会的会员。尽管这项推行英格兰语的计划获得了很多知名人士的支持，然而最终还是以失败告终，因为在当时它伤害了苏格兰人的虚荣心。那时英格兰人正大肆污蔑苏格兰人，英格兰政论家、政治家约翰·威尔克斯出版了《北大不列颠人》；英格兰诗人、讽刺作家、威尔克斯的盟友查尔斯·丘吉尔在写讽刺苏格兰人的文章，这都极大地惹怒了苏格兰人。此时在苏格兰推行英格兰语，无异于是在承认苏格兰民族是一个劣等民族。

当推行英格兰语的广告刊登在爱丁堡报纸上时，马上引起了人们的反感与奚落，即使是受人尊敬的择优学会，也开始受到人们的冷落，会员人数和收到的捐款日渐减少，不久后，择优学会便分崩离析，土崩瓦解了。这就是人们对于择优学会解散的一般解释。

择优学会也曾经辉煌过，并于1762年达到了事业的顶峰，从那之后，捐助者们渐渐不愿意透露姓名，或拒绝继续捐款。到1765年，学会的资金只够维持六个奖项了，于是最终迫不得已，自行解散，学会自己的解释是人们已经失去了对新奇事物的兴趣。他们说："人们捐助资金的减少证明，在苏格兰，那些服务于公众利益的无私的社会计划，一旦失去了作为新奇事物对于公众的吸引力，人们马上就会漠视它的存在。"

此时期斯密参与创立了一个名叫《爱丁堡评论》的文学杂志，不过只出版了两期便解散了。第一期1755年7月出版，第二期1756年1月出版。它的建立是出于苏格兰人的爱国热情。人们感觉到虽然苏格兰正在经历一场文学和科学的革命，但是苏格兰出版物与英格兰文学评论比起来毫不起眼，而且在国内由于没有好杂志。杂志的发刊词写道，"如果国家的发展也有年龄的话，那么苏格兰还处于青少年时期，它需要得到更加成熟、更加有力的兄弟国家的指引和支持。如果还有一样东西可以促进苏格兰发展的话，那就是科学。苏格兰文学发展的障碍有两个，即印刷技术的不足和对英格兰语的不熟练。第一个障碍已经完全清除了，第二个障碍根据最近作家们的表现来看也是可以克服的。因此，处在国家这个特殊发展阶段的人们，应该更加努力地学习，促进科学技术的进步，做出成绩，为国家争得荣誉"。

　　杂志的主编是亚历山大·韦德伯恩，他在1755年才获得律师资格，后来成为英格兰大法官和罗斯林伯爵。罗伯逊曾向该杂志投稿，他写了八篇文章评论新的历史著作；布莱尔写了一两篇无关紧要的评论哲学著作的文章；爱丁堡的牧师贾丁，写了几篇文章对埃比尼泽·厄斯金的《布道集》、一些神学小册子和克里兰夫人的烹调书进行了评论。亚当·斯密在创刊号上发表了一篇对约翰逊博士的《词典》的评论，投给第二期的稿件是一封致编者的著名的公开信，信中建议杂志拓宽视野，并详细回顾了欧洲各国现代文学的发展情况。斯密的这两篇文章是《爱丁堡评论》发表过的最好的而且最有影响力的文章。

　　斯密很赞赏约翰逊的《词典》，认为它是一本很有价值的书，他希望作者在以下两个方面加以改进：一是更多地关注那些未被公众认可的词汇；二是把词汇的主要意思和辅助意思区分开来，而不是仅仅罗列。斯密刊登在第二期附录里致编者的公开信，建议《评论》扩大自己的视野，介绍一些国外出版的优秀作品，向读者介绍这些十分有价值的书籍将会赢得读者的尊重，而不应该让那些无聊的文学新闻充斥版面，因为这些东西在两周以后几乎就不会在读者心中留下什么痕迹了。他回顾了当时大陆文学的发展状况，其中主要是法国的文学状况，当时意大利已经没有文学了，而德国则只有科学。

　　斯密并不像一些人认为的那样，竭力贬低英国的伟大作家，而盲目崇拜法国的伟大作家。他对两国作家的优缺点有着十分公允的评价。

　　然后，评价又从诗歌转到哲学上。他表示，法国的百科全书派放弃了他们本土的笛卡儿学说体系，反而开始研究起英国的培根和牛顿的学说体系，并试图证明他们是比英国人更好的阐释者。在形而上学的作品中，他举出了卢梭刚刚出版的《论人类不平等的起源和基础》。卢梭"借助他的文笔和一些哲学的分析，把放荡的曼德维尔主义的理论和精神描绘成了简单而朴素的柏拉图道德理论。具有真正的共和主义精神，只是稍微有些偏激"。他概括地介绍了这本书，并总结说："卢梭把这本书献给了他的祖国——日内瓦共和国，他写的献辞是一首对正义的颂歌，读来使人倍感亲切与鼓舞。"

　　之后有人以《爱丁堡评论》为名发行杂志，并获得了盛誉，此后，詹姆斯·麦金托什爵士于1818年重新出版了斯密时代的那两期《爱丁堡评论》，他强调，该杂志的投稿人早在那个时期就表明了自己坚定的政治立场，他们在发刊词中大胆地赞扬了乔治·布坎南"毫不气馁的自由精神"。斯密热情地赞美了日内瓦共和国，认为成为它的公民将是令人骄傲的。斯密在理论上从来都是一个共和主义者，他具有真正的共和主义精神，热爱一切理性的自由。他的学生和终生朋友巴肯伯爵说："在政治主张方面他接近于共和主义，认为共和制是王位世袭制的基础，王位世袭制的存在是为了防止由于个人野心或者党派斗争导致独裁政权的出现。"

伍德豪斯利勋爵是很多杂志撰稿人的好朋友，他说，《爱丁堡评论》解散是由于该杂志对一些狂热的宗教信徒出版物的严厉批评，受到了当时人们的责难——"为了社会和自身的安宁，他们决定停止刊物发行"。两期刊物上关于神学方面的文章看起来似乎都不能够惹出任何麻烦，它们不是出自年轻人之手，而是出自教会中稳健派老谋深算的领导者贾丁博士。德雷霍恩勋爵在诗中形容他是"蓟花教长"，因为贾丁博士通过他当市长的岳父，控制了城市和教会的事务。

这个狡猾的政客尽量使自己的神学评论文章公平中正，不偏不倚，甚至到了乏味的地步，但即便如此，也并不能拯救他自己与他的杂志，反而招致狂热信徒们更为猛烈的抨击。贾丁评论分裂派领袖埃比尼泽·厄斯金的文章，激怒了厄斯金的儿子，厄斯金的儿子写了一本语气犀利，措辞严厉的小册子，指责这些评论家在宣扬荒谬的神学观点，因为这些评论家们觉得在某种情况下撒谎是合法的，从而把人类放在了造物主的面前，还嘲笑《圣经》和《威斯敏斯特信仰声明》，并指责杂志与大卫·休谟这样的无神论者搅在了一起。不过这也是猜测而已。

这个文学评论杂志是休谟的几个朋友在爱丁堡创办的，然而，休谟作为他们当中唯一一个在文学方面卓有成效的人，而且是苏格兰当时最杰出的文学家，令人惊异的是，他们竟然没有向休谟征稿，甚至都没有告诉他创立这个杂志的消息。当第一期出版的时候，休谟非常惊讶，爱丁堡的学者们创办了这样一本有希望的刊物，而他自己却没有得到一点风声。更为惊奇的是，该杂志甚至还故意避免提到休谟的名字及作品。1754年年底，休谟的《斯图尔特王朝史》出版，这无疑是苏格兰人写出的一本十分重要的作品，然而作为一本专门介绍苏格兰人作品的杂志，连休谟的名字都没有被提到过，这有点令人匪夷所思。

休谟的朋友们是在互相联合起来抵制他吗？这又是为什么呢？亨利·麦肯齐表示，他听到了两个原因：一是休谟作为批评家，太过和善了，如果邀请他当批评家的话，他会坚持己见，这样会致使逼迫他与同事们发生冲突；二是休谟不能保守秘密，所以朋友对他保密。这个解释显然牵强附会，不太成立。如果休谟性格过于和善，他就不会是一个难以对付的人了；并且休谟一直担任着公使馆秘书一职，还即将升任副国务大臣，而从没被人指责有过泄密的行为。

值得信服的理由是：神学家们极其痛恨休谟，新创办的《评论》杂志想获得社会认可，必须断绝与休谟的一切关系。那时苏格兰正因为休谟神学上的异端邪说而骚动不安，在一些有知名度的牧师支持下，苏格兰教会提出要审判这个伟大的怀疑论者，谴责他的著作《道德原理研究》，并准备把他驱逐出教会。

聪明的教会法庭自然不会给自己招致麻烦，因此并没有通过教会的提案，只是通过了一项决议，表示将关注日益增多的有害思想，允许教会采取一切行动。而就像韦德伯恩预料的那样，休谟态度依然强硬，还嘲笑教会把他逐出教会的想法。

休谟写信给在罗马的画家朋友阿伦·拉姆齐说："您可以告诉尊敬的教皇先生，我们这里有人在骂他，如果他们真的有能力的话，将会进行更加残酷的迫害。他们上次的大会是针对我的，他们没有对我施以火刑，是因为他们没有权力这么做。他们打算把我交给魔鬼撒旦。然而，我的朋友们取得了胜利，我的灾难被延缓了一年。但可以肯定，他们下一次的大会还是会把矛头对准我的。"事实正是如此，在下一次的大会上，有人提出要采取行动对付大卫·休谟，他如此肆无忌惮，公然承认自己就是那些猛烈地公开抨击基督福音书籍的作者。还有人建议成立一个特别委员会，"调查他的作品，叫他到教会来受审，为下一次大会准备材料"。然而这个建议再一次被拒绝了。这些搜寻异端的人把注意力转向了凯姆斯勋爵，他们把他《文集》一书的出版商和印刷商都召集到爱丁堡长老会，让他们说出作者的名字，因为这本书是匿名出版的，"按照福音书中的法律和这个教会以及其他所有纪律严明的，教会的惯例，书的作者和这些人都应该受到严厉的谴责"。

可见，休谟的朋友这样做只是迫于形势的权宜之计，目的是躲避当时的风暴。就像在暴风雨的海面上驾驶一艘脆弱的小船，如果邀请乔纳（旧约圣经乔纳记的主人公，他违背上帝的命令前往他地，途中遇到难船，被当作这次灾难的根源投入海中，留在鱼腹中三天三夜）加入他们的队伍，他们将立即被风暴吞噬。但是，当他们发现无论怎样谨慎，也无法避免风暴时，就会返回港口，不在狂怒的风暴中进行不理智的冒险。

还有一种看法认为，他们在发刊词中树起了拥护宗教的大旗，宣称创办杂志的目的之一就是反击无神论者的进攻，因此才拒绝与休谟合作。然而他们把杂志的控制权牢牢地掌握在自己手里，作为休谟多年的挚友，一般来说绝对不会因为一些不必要的顾虑而为难休谟。但他们不让休谟知道自己创办杂志的秘密和最终停办杂志的真正原因是他们希望安静地工作和生活。他们不愿意"激情的铁链叮叮当当"地在耳边响个不停。再者，休谟是一个喜欢出头，并以引起轰动效应为乐的人，如果他成了撰稿人，其他人就黯然失色了。

就在此时，斯密在牛津大学的朋友、时任希罗普郡教区长的道格拉斯主教的《奇迹标准的考察》在伦敦出版社出版了。该书采用写给一位匿名朋友的书信的形式，这位匿名朋友尽管"判断力强、公正直率、很有学问"，但是他"自己的许多并非来自书本的独特的见解"，使他对基督教的证验论产生了怀疑。从查默斯的《人名辞典》来看，这位匿名的朋友"一直以来都被认为是亚当·斯密"。而这本书是为使亚当·斯密相信基督教神奇的证验论而写的。后来这种说法一直存在，但是不管是查默斯本人还是他的继承者，都没有说出这个消息的来源。另外，道格拉斯的女婿兼传记作者麦克唐纳在谈到这本书时，根本没提到斯密的名字，他表示，这本书是为当时作者的几个朋友写的，他们受到休谟和其他一些人的影响，对福音书的真实性产生了怀疑。这使得为斯密而写的说法又变得悬而未决，扑朔迷离起来。

斯密的著作证明了他的确是一个有神论者，不相信基督教的奇迹。假如道格拉斯的书是针对他而写的，那么原因一定是斯密觉得世界上不存在一种确定的标准可以来区分真正的奇迹和假的奇迹，因此人们不会在拒绝世俗历史上的奇迹的同时接受基督教的奇迹。

斯密的学生巴肯伯爵为他深感惋惜，他说："令人尊敬的人啊，您为什么不是基督徒呢？"他试图从最好的方面给斯密找到借口，对宗教奇迹的不信任是因为斯密出于对休谟的同情而受到了他的观点的影响。其实，斯密与休谟的友谊并没有使得斯密成为一个托利党人，更不会使得斯密在宗教信仰上和休谟持相同的观点。

1756年，约翰·霍姆的悲剧《道格拉斯》的上演使整个爱丁堡的戏剧圈子都沸腾起来，大家陷入了兴奋当中。斯密并没有到现场观看演出。据亨利·麦肯齐的《约翰·霍姆传》一书的记述，斯密曾经饶有兴趣地观看过几场预演。当休谟得知这出悲剧在伦敦的演出获得巨大成功时，马上把这个好消息写信告诉了在格拉斯哥的斯密，说剧作冲破了重重困难从而正显示出其自身内在的价值。如果剧本能够出版的话（事实上很快就要出版）将会获得极高的评价，因为法国评论家说，这是用英格兰语写出的唯一一部悲剧。

他接着写道:"您知道最近那些牧师都做出了哪些疯狂而又愚蠢的事情吗?我期待着他们在下一次大会时庄严地宣布把我逐出教会的决定,这没什么大不了的。您的看法呢?"

斯密建议,休谟在写完《斯图尔特王朝》以后,不要再写后面的历史了,可以写斯图尔特王朝之前的历史。

此时,休谟非常希望他的朋友斯密能够离他更近一些,1758年,当听说爱丁堡大学的国际公法(即国际自然法)教授艾伯克龙比要辞去教授职位时,朋友们立即就想到了提名斯密为候选人,斯密虽然不是律师,却是一位杰出的法学家。国际自然法教授是大学收入最高的职位之一,每年除了听课费之外还有150英镑的收入。这个职位一开始是作为挂名职位设置的,担任这个职位的教授从来没有为学生上过一节课,因此律师公会反对这样做。

休谟认为,如果市政委员会以大学管理者的身份要求教授必须为学生讲课的话,那么现在的国际自然法教授将很可能会辞职。休谟觉得,斯密很容易得到这个职位,因为这个职位的任命权是由国王掌管的,而当时在苏格兰,任命权实际掌握在最高法院副院长、萨尔顿的爱国者安德鲁·弗莱彻的外甥弥尔顿手里,自从最高法院院长福布斯勋爵死后,他就成了苏格兰大臣阿盖尔公爵的首席顾问。他是通过自己女儿戈斯福德的韦德伯恩夫人认识斯密的,韦德伯恩夫人也是罗伯逊和约翰·霍姆的朋友。

斯密在爱丁堡的其他朋友也非常热衷地推进此事,尤其是忠实的约翰斯顿(后来的普尔特尼爵士),他居然还为这件事情和休谟一起给斯密写了一封信。

居住在哈丁顿附近的蒙克里格的赫伯恩小姐是一个很有文学天赋的妇人,据说约翰·霍姆的悲剧《道格拉斯》就是从赫伯恩小姐和她的姐妹身上得到了灵感创作的;历史学家罗伯逊在写《苏格兰史》时,则征求她的指点,并赠送给她一本样书还写了一封信:"玛丽皇后是您看着长大的,您了解她的生活,您是最有资格评价她的人。而您的高贵美丽和她的邪恶形成了何等鲜明的对比?正是因为她没有像您一样的美德才成就了我这本书。不然的话,里佐(意大利音乐家、苏格兰女王玛丽的宠臣,后取得政治势力)将只能是乐队里的第一小提琴手,每年获得一千马克的收入,每个冬天得到两次恩典;达恩利(苏格兰贵族,玛丽女王的第二个丈夫。因参与杀害里佐,招致女王的不信任,后来被谋杀)也只是个皇家警卫队队长;博斯韦尔(苏格兰贵族,玛丽女王的第三个丈夫。同达恩利的被杀害有牵连,后与玛丽结婚,招致贵族们的愤怒,逃往挪威,在丹麦去世)由于英勇善战，将会担任中部地区的指挥官，然而由于他放荡不羁，肯定会被禁止出入宫廷。假如这一切都是真的，我的苏格兰史该会变成什么样子呢？"

但是，斯密却好像最终拒绝了休谟的好意，可能是价钱问题，虽然休谟说这个职位的价格是 800 英镑，但艾伯克龙比却要价 1000 多英镑。不久后休谟开始努力为弗格森争取这个职位。但弗格森似乎也不愿意肩负这么沉重的债务。然而，斯密没有去爱丁堡也许是好事，使得斯密与格拉斯哥的商业又多接触了 5 年时间。

1762 年，著名的爱丁堡拨火棍俱乐部成立，斯密是创始人之一，也是最初的会员之一。这个俱乐部家喻户晓，人们认为它是一个社交团体或寻欢作乐的组织，伯顿先生说这个俱乐部除了喝红葡萄酒以外什么也没有做，更加深了人们的误解。

而事实上拨火棍俱乐部正如"反谷物法联盟"和"自治同盟"一样是一个政治鼓动组织。只是拨火棍俱乐部尊重当时人们喜欢饮酒的习惯，以每夸脱 18 便士或者两先令的价格向会员出售法国勃艮第红葡萄酒，然后每周或每两周组织一次聚会，通过积极的活动联络会员感情。俱乐部的建立是为了鼓动当时苏格兰的人们，尤其是上流社会的人们，关注一个那时候令苏格兰人激动不已的建立苏格兰国家民兵组织的问题。1762 年，德高望重的议会议员邓尼切的乔治·登普斯特，写信给卡莱尔博士说，如果成功地建立了民兵组织，那么他们应该进一步推动议会改革，最终使勤劳的农民和制造工人分享现在由大地主、大贵族和大官僚独享的特权。

然而它们最终也没能建立起民兵组织。而成立于 1786 年的新拨火棍俱乐部也没有做到这点，直到 1793 年苏格兰才建立起民兵组织。

1759 年海盗瑟罗特出现在苏格兰海域，引起了苏格兰人的极度不安，他们吃惊地发现国家居然没有防御能力，因此要求建立民兵组织的呼声很大。1760 年，两个主要的苏格兰议员前政府大臣詹姆斯·奥斯瓦尔德和吉尔伯特·埃利奥特提出在苏格兰建立民兵组织的议案，但由于 15 年前被平息的苏格兰叛乱事件留下的阴影，英格兰议员不愿意让苏格兰人再次武装起来，所以议案遭到了否决。这激起了苏格兰全国民众的愤怒，这是对他们所面临危险处境的漠视，更是对他们忠诚的否定。在这种民族情绪影响下，1762 年，以追求和英格兰平等的权利、建立足够的保卫国家的防御力量的拨火棍俱乐部应运而生。

俱乐部成员包括了当时苏格兰许多知名人物，一些大贵族、大律师、文学家等参与其中，还有一些爱国乡绅。他们声称，在苏格兰和英格兰合并以前他们就拥有自己的民兵组织，现在他们也应该享有此权利。

卡莱尔博士说，除了一些不赞同建立民兵组织和像审判官这样的由于政治职务而不便参加任何政治运动的人以外，择优学会的大部分成员都是俱乐部的会员。1774 年卡莱尔列出了俱乐部的会员名单：巴克勒公爵、哈丁顿勋爵、格拉斯哥勋爵、格伦凯恩勋爵、埃利班克勋爵、蒙特斯图尔特勋爵；总检察长亨利·邓达斯；穆尔男爵、休谟、亚当·斯密、罗伯逊、布莱克、亚当·弗格森、约翰·霍姆、布莱尔博士、经济学家詹姆斯·斯图尔特爵士、登普斯特、后来的最高法院院长伊斯莱·坎贝尔和埃尔丁的约翰·克拉克。

俱乐部的第一任秘书是威廉·约翰斯顿（威廉·普尔特尼爵士）。俱乐部还为休谟设置了一个被戏称为"暗杀官"的闲职，并派安德鲁·克罗斯比律师（苏格兰"普莱德尔"的原型）作为他的助手。俱乐部一开始是在克罗斯的汤姆·尼科尔森酒馆聚会，后来转移到印花税务局内著名的高档命运女神饭店，此饭店也是长老会大会主席举办招待会的地方。每周五下午两点至六点会员们在这里聚餐，然而也许是有人在幕后操纵，他们举办的活动很少，只发现了卡莱尔博士写的一个小册子和亚当·弗格森写的被过分赞誉的短文《玛格丽特案件始末》。

斯密是俱乐部的创始成员，却不是 1786 年成立的第二个拨火棍俱乐部的成员。他在《国富论》中表示，仔细而全面地考察了正规军和民兵之后，他还是倾向于正规军。不知他的看法是在 1762 年以后发生了改变，还是他在理论上从来就没有赞成过民兵制度，而鼓励民兵运动只不过是为应对苏格兰危机的权宜之计。

但斯密确实曾经相信民兵制度。而且民兵制度还激励了弗格森和卡莱尔，民兵制度也激励了俱乐部建立之初的那些会员。弗格森表示，俱乐部是建立在对民兵制度的热情和这样一种信念之上，如果不把英勇爱国的民众武装起来，这个岛国的自由和独立就不会得到永久的保障。1775 年在他到瑞士旅行期间，见到了真正的民兵在进行操练，他激动万分，写信给朋友卡莱尔说："他们是我见到的按照武装部队应该遵守的真正原则建立起来的民兵部队，我内心激动不已，眼泪都快要流下来了。"他为斯密后来在这个问题上的反对而深感失望。读了《国富论》以后，1776 年 4 月 18 日，他写信给斯密说："您书中说的那些激怒教会、大学和商人的话以及对他们的反感，我都支持；但您同样也反对民兵制度，这一点，我不敢苟同。这个国家的绅士和农民并不需要学者的权威，使他们忽视自身所拥有的能力，而在面临困境时无所作为。或许危险的压力离我们已经不远了，只有发挥自身的力量才能解决我们所面临的困境。"

然而，此时除了斯密外，很多鼓吹民兵制度的人也丧失了热情，或者改变了看法。1776 年蒙特斯图尔特勋爵提出新的苏格兰民兵议案，几乎没有苏格兰议员支持，被否决时也没有激起像之前那样的愤怒。然而，议会在否决苏格兰议案后，却通过了爱尔兰建立民兵的议案，这明显是对爱尔兰的偏爱与信任。

人们对于民兵制度的意见产生了分歧。索尔东的老弗莱彻认为，现在讨论的重点是在全面的义务兵役制基础上建立一支民兵武装，但很多人却反对义务兵役制，而另外一些比如凯姆斯勋爵，则反对全面的义务兵役制，支持芬西布莱斯的主张，即土地所有者有义务招募兵员，招募兵的人数应与他们收取的地租成比例。斯密认为，按照这种方式组建起来的民兵才是最强大、最有战斗力的，犹如之前的高原民兵。不过那种民兵一手持剑一手扶犁的时代已经一去不复返了。现在只有那些在满足和平艺术的劳动分工下建立起来的由职业军人组成的正规军队，才能更好地满足战争艺术的需要。

拨火棍俱乐部衰落的主要原因归结于会员们的不同意见和热情消退，但也不绝对。俱乐部的活跃分子卡莱尔博士说，自从把聚会地点改在命运女神饭店后，俱乐部就开始衰落了，因为消费太贵。坎贝尔勋爵则说"是英国为筹集对美战争费用而提高了对法国红葡萄酒的税收。为了惩罚政府，我们决定解散俱乐部，另外成立一家不需要消费征税商品的俱乐部"。葡萄酒税收的提高的确引起了人们不满，在俱乐部存在期间，法国葡萄酒的税收提高了五六次，但也不至于为惩罚政府而解散辛苦建立起来的俱乐部。但在 1786 年拨火棍俱乐部以第二拨火棍俱乐部的名称重新出现时，英国正好根据与法国订立的新通商条约而再次降低了对法国葡萄酒的税收。

第9章　名噪一时的《道德情操论》

1759年　　36岁

　　斯密早在以文学著作闻名以前，就已经在苏格兰享有盛誉了。1759年他的知名著作《道德情操论》一经出版，便获得了社会的一致认可，称赞他是苏格兰第一流作家。此书由伦敦的安德鲁·米勒以两卷八开本的形式出版。书中独到的见解、雄辩的语言、丰富有力的例证赢得了广泛的赞誉。他在《道德情操论》中提出和阐述了一个学说：道德上的认可与否，归根结底在于是否和假设出来的公正的第三方在感情上产生共鸣。斯密因为他要把时间和精力放在法学和政治经济学课上，认为书的实质内容已在课堂上讲过，书出版后就不必再详细地讲解这方面的课程了，斯密给伦敦的休谟寄去了一本，休谟回信说：

　　亲爱的先生：

　　收到您珍贵的礼物《道德情操论》，我非常感谢。好东西是要分享的，我与韦德伯恩把我们手中的几本送给了阿盖尔公爵、利特尔顿勋爵、霍勒斯·沃波尔、索姆·詹纽斯和伯克等人。他们是一些具有良好的判断力，并能够适当地传播这本书声誉的朋友。作为爱尔兰的一名绅士，伯克最近写了一篇关于"崇高"的精彩论文。米勒希望我们能够以您的名义送一本书给沃伯顿博士。

　　我之所以没有及时给您回信，是因为我想观察它的反响如何，是被人默默地遗忘还是被摆放在不朽殿堂时，再回信给您。不过在短短的几星期内，我已经预言到了这本书的命运。

　　一个从苏格兰来的鲁莽的访问者打断了我给你的回信。他表示，如果罗特陪同霍普勋爵出国，格拉斯哥大学就会宣布他的职位出现空缺。假如我们的朋友弗格森在爱丁堡大学谋职的计划落空，那么您应该能想到他。弗格森正在修改著作《论文雅》，经过这番改进，相信它会成为一本绝妙的好书，并展示出其超乎寻常的文学天赋，并希望看到续集。您现在一定还会翻看一些评论性的杂志，您将会在《文艺评论》上看到一篇评论那首诗的文章，请利用您的推断能力找出文章的作者，以此可以展示您根据线索推断事物的能力。

凯姆斯的《法律论丛》一书认为，把形而上学和苏格兰法律结合在一起，就像把苦艾和芦荟混合在一起就能够制作出美味的调料一样，创造出令人愉快的作品。虽然很少人去研究它，但我还是相信这本书有它自己的优点。

又有人来了，来的这个人非常有才华，我们谈论了很多文学问题。您曾说非常了解文学方面的奇闻逸事，我曾经向您提到过爱尔维修的《论精神》一书，他优美的文笔值得赞赏。几天前他曾经写信给我，说在这本书的原稿中有我的名字，但是巴黎的书籍检查员强行将我的名字删去了。

伏尔泰最近出版了一本叫《天真或乐观》的小册子，非常值得一读。为了表明您不仅是理论上的哲学家，还是实际中的哲学家，请考虑一下人们通常所认为的空虚、轻率和无力吧，在任何一个问题上，尤其是在哲学问题上，我们的判断很少受到理性的支配，而理性则远远超越了平常人的理解范围。

一个智者的王国就是他自己的内心。假如他自己可以看得更长远的话，那就只能是少数没有偏见、能够审查自己作品的人的判断了。世界上没有什么能够比公众的赞誉更给人以假象了。

想必您对所有这些反应都有了心理准备，下面我要告诉您一个令人振奋的好消息，您的书受到了热烈的欢迎。大家争相购买，文人墨客已经准备好了要高声赞美它。昨天三位主教去米勒的书店买书，他们对作者非常感兴趣。彼得保罗主教听到人们称赞这本书超过了世界上所有的书。阿盖尔公爵也是超乎寻常地喜欢这本书。他觉得书的作者对于他在格拉斯哥的选举会有帮助。

米勒兴奋地表示，这一版的书销量实在太好了，太出乎意料了，大部分书都已经卖出去了。商人以书能够带来利润来判断它的价值大小，从这个角度说，这确实是一本好书。

被认为英国最聪明的人查尔斯·汤申德也被这本书的成就所吸引，他对奥斯瓦尔德说，他会为斯密提供不菲的报酬，以此让斯密来照顾巴克勒公爵，为此我两次去拜访他，不愿意他用诱人的条件而让您放弃自己教授的职位，遗憾的是我并未见到他。汤申德先生缺乏主见，因此您不必将他的这些幽默的话当真。

您谦卑的仆人大卫·休谟

1759 年 4 月 12 日于伦敦

7 月 28 日，休谟就同一个问题，又专门从伦敦给斯密写了一封信：

我和埃德蒙·伯克关系非常亲厚，他现在住在爱尔兰。我以您的名义将书送给了他，他看后大加赞赏。并要走了您的地址，说要写信感谢您送给他的珍贵礼物。索姆·詹纽斯曾对贸易部的同事奥斯瓦尔德高度赞扬这本书。几天前米勒给我看了政治家菲茨莫里斯写给他的一封信，信中说他带了几本《道德情操论》到海牙作为礼物送人。查尔斯·约克（后来成为大法官的莫登勋爵）也很喜欢这本书。

据说您要出版新版本，进行增补和更改。冒昧地向您提一点建议，书中您详尽地论述并证明了您学说体系的核心：任何的感情共鸣都是令人愉悦的。现实中有令人愉悦的感情共鸣，也有令人悲伤的感情共鸣。这种感情共鸣是他人意志在自己身上投射的映像，具有和他人一样的特性，如果和你产生共鸣的人感情悲伤，你也会跟着悲伤。当你和一个心意相通的人交流时，那种心灵沟通产生的兴奋会远远超过感情共鸣引起的悲伤，并使得整个人变得愉悦起来。如果一个人干什么都疲倦劳累，悲观厌世、怨天尤人，也会使同伴情绪消沉，这就是一种令人忧伤的感情共鸣。

人们普遍认为，把快乐与悲剧中的眼泪、悲伤和同情区分开来异常困难，其实如果感情之间的共鸣都是令人愉悦的话，就不会如此了。那样的话，医院也就成为一个令人愉快的地方了。书中您似乎忘记说明这个问题了，或者是已经包含在您其他的阐述中了。"痛苦与不幸总是如影随形，人们都不愿意陷入其中。"我认为您有必要对这种情感进行说明或阐释，这样可以使它与您的学说体系更加和谐地融合在一起。对这本书赞赏有加的伯克，在《年志》中对这本书进行了高度评价：

"作者是一个具有非凡观察力的人。他在我们生活的最为普通与最被承认的情感中，寻找正确、合理、恰当与公正的基础，把能否引起公正的评判者的感情共鸣，作为评价道德与邪恶的标准。认为这一切都建立在情感共鸣的基础之上。他从朴素的真理中，建立起了一座前所未有的、最为壮丽的道德理论的大厦。书中例证精彩丰富且恰到好处。语言平实而富有感染力，把事物完美地展示在人们面前，与其说它是著述，还不如说它是绘画。"他把斯密的理论看作具有独创性的新理论，认为这个理论的所有本质观点都是建立在真理和自然的基础之上的。

伯克认为作者是一个具有非凡观察力的人，包括自己的精神状态，以及周围人们的生活方式。完全抛开这本书试图证明的理论不谈，仅用来修饰此书的、对生活与习俗的丰富多彩的讲解就具有很高的价值。

对于斯密的打算，查尔斯·汤申德比休谟所预想的要坚定得多。汤申德是一个才华横溢却有些轻狂傲慢的年轻政治家，正是他导致了英国与美国之间的纠纷。他是英国的殖民大臣，由于剥夺了殖民地居民选举自己的审判官的权利，而引起了"殖民地权利问题"。后来他作为英国财政大臣，在 1767 年强制征收茶叶税时引发了叛乱。

1754 年汤申德与达尔基思伯爵夫人结婚，达尔基思伯爵夫人是著名的阿盖尔公爵和格林尼治公爵的女儿和继承人，是巴克勒公爵长子的遗孀。她和第一任丈夫生下了两个儿子，长子在 1751 年继承了他祖父的爵位成为巴克勒公爵，汤申德读完了《道德情操论》之后，就拿定主意要聘用斯密担任公爵海外旅行时的辅导老师。

汤申德有一个绰号"风向标"，因为反复无常而备受诟病。汤申德对于自己关于斯密的计划十分坚定，同年夏天他访问了格拉斯哥，和斯密进行了多次接触，并邀请他到达尔基思的府邸，商议应该为年轻的公爵准备哪些书籍以供他学习之用，似乎还就斯密届时担任公爵家庭老师的事情达成了初步的协议。在他访问期间，汤申德在高度赞扬了每一个人之后离开了苏格兰。使格拉斯哥大学的教授们都很高兴。斯密在此期间担任了汤申德的主要向导。

1759 年 9 月，汤申德的弟弟去世，为此斯密给汤申德写了一封信：

先生：

带着万分的悲痛给您写信。您的弟弟在我们这里颇有名望，他的去世大家都深感痛惜与遗憾。这里的每一个人都以无比崇敬和友好的心情想念着您，关注着您。对于坚强勇敢、富有男子气概的您来说，任何安慰的话都显得微不足道。您的弟弟为国家而牺牲，他的去世是您莫大的荣誉，请节哀顺变。

您在苏格兰逗留的时间很短暂。本来打算在您返回伦敦之前到达尔基思拜访您的，但很遗憾您已经离开了。

两周以前已经把您为巴克勒公爵订购的书寄给了他的法律顾问、爱丁堡的坎贝尔先生。书款已在书籍配齐时支付。信中附有书目清单与购买价格，在书送达的时候请进行核对。坎贝尔先生会把这些书寄到伦敦的。

我永远是您最谦卑最顺从的仆人亚当·斯密

1759 年 9 月 17 日于格拉斯哥大学

休谟原本料想《道德情操论》第二版在 1759 年问世，但直到 1761 年才出版，休谟也没有看到他所期望的增补或更改，而《论语言的起源》却随着《道德情操论》第二版的发行首次出版了。其实作者在 1760 年就把修改的部分交给了出版商。但在 1767 年的第三版、1774 年的第四版和 1781 年的第五版中，都没有出现增补或更改，直到 1790 年出的第六版，才进行了大量的增补或更改。早期版本的书售价都是 6 便士，1790 年版的是 12 便士。这是作者生前发行的最后一版，在此后的一个世纪里曾再版多次。英国出版家威廉·斯特拉恩与休谟、斯密、吉本、罗伯逊等过往甚密，曾出版他们的著作。下面是斯密给威廉·斯特拉恩的一封信：

亲爱的斯特拉恩：

我把之前给您寄过的增补部分寄给了米勒先生，其中许多是我想要修正和改进之处。如果有什么排版错误，请予以改正。希望能够精确地按照我交给您的底稿进行印刷。我宁愿当一个虽有错误而自认为正确的作家，也不愿当一个虽然正确却总是怀疑有错误的作家。希望您能够通读我的书，把其中您要修改的地方标出来寄给我，我将不胜感激。我要保留自己独立判断的宝贵权利。

最近由于生病，所以一直没给您写信。几天前我通读了胡克的回忆录，此书的出版可能会影响我们建立民兵的计划。其实，没有什么比苏格兰的不满更值得原谅了。与英格兰的合并确实给国家带来了诸多好处，但是这种美好的前景比较渺茫，且充满了不确定性。合并的直接后果是国内各阶层的利益都受到了损害。贵族的尊严荡然无存了，他们曾经习惯于在本国议会中代表国家的利益，却永远无法指望能够在英格兰的议会中代表自己国家的利益。乃至商人的利益最初也受到了损害。虽然敞开了殖民地的贸易，但他们对这种贸易方式却一无所知；他们非常熟悉的与法国、荷兰和波罗的海沿岸国家的贸易却陷入了困境。这次合并几乎成了众矢之的，给各阶层的人都带来了直接的伤害。

热切地期盼您的回信。请代我向富兰克林问好。我将很快写好给富兰克林小儿子的信，以大学与我个人的名义对他赠送的心仪礼物表示感谢。同时也代我向格里菲斯先生问好，感谢他在评论中对我的书给予的至高评价。

我永远是您最忠实最真诚的朋友亚当·斯密

1760 年 4 月 4 日于格拉斯哥

信中的富兰克林一家即本杰明·富兰克林和他的儿子。富兰克林是在爱丁堡的罗伯逊家里吃晚餐时认识斯密的。斯特拉恩是富兰克林最为亲密的朋友，他们都以熟练排字工人而著称于世，彼此都以对方为骄傲。也许斯密是从斯特拉恩以前的信件中知道了富兰克林一家。

而格里菲斯先生是《每月评论》的主编，在 1759 年的 7 月份这本杂志曾经刊登过一篇称赞斯密作品的文章。

第10章　值得纪念的首次伦敦之旅

1761 年　　38 岁

　　1761 年 9 月，斯密第一次来到伦敦，当时休谟和其他一些苏格兰朋友也居住在伦敦。从巴利奥尔学院的食堂账簿可以看出，在牛津生活的七年时间里，斯密从没有到过伦敦。而他在格拉斯哥的十年间也没有到过伦敦，因为格拉斯哥大学根本没有相关记录。当时格拉斯哥大学有很多事情需要去伦敦办理，如果斯密去伦敦，肯定会委托他办理的。直至 1761 年 6 月 16 日，格拉斯哥大学评议委员会才委托要去伦敦的斯密办理了很多事情：向拖欠拨款的财政部索取该大学 1755 ~ 1758 年的正常收支账目；与乔舒亚·夏普会见，结清威廉斯图书馆的威廉斯博士捐赠给该大学的土地账目；调查斯内尔基金会在科尔伯恩农场不动产的分配情况及林肯的普雷本德家之事；弄清在斯内尔基金会和巴利奥尔学院诉讼案中应该支付给该大学的 500 英镑费用的问题。学校于 8 月 27 日将办理事情的文件交给了斯密。从伦敦回来后，斯密于 10 月 15 日向学校做了汇报，出具了一张带有财政部秘书签名的单据，显示该大学在上述四年中总共超支了 2631 英镑 6 先令 5 便士又 11/12。这些细节足以说明斯密在格拉斯哥大学任教期间，学校有很多重要而烦琐的事情需要到伦敦去办理，校方自然希望自己学校的成员能够亲自去办理这些事情，由此可见，斯密在格拉斯哥时只去过伦敦一次。

　　1761 年斯密的伦敦之旅是与谢尔本勋爵同行，这对于英格兰未来的首相来说，是经济学上的"大马士革之路"。他的游说使得这位年轻的政治家相信了自由贸易理论。在 1795 年谢尔本写给杜格尔德·斯图尔特的信中，他说："和斯密一起从爱丁堡到伦敦的旅行，使我在一生中的时间里能够辨明是非。他的理论新颖贴切，由于我的年轻与偏执，当时我根本不认同他的思想。然而他不厌其烦，耐心详细地向我阐明了他的学说，并最终将我折服。虽然直到多年以后我才信服他的理论，但它确实给我带来了幸福的生活，也使我赢得了大家的尊重。"

除了伯克之外，谢尔本勋爵是第一个理解并把自由贸易理论作为主要的政治原则加以宣传的英国政治家。他的传记作者埃德蒙·菲茨莫里斯将他的这种转变归功于莫尔莱，而事实上，莫尔莱只是一个灌溉者，斯密才是真正的播种者。

对于斯密来说，能够符合谢尔本年轻时期前往伦敦的时间很可能是1761年。因为那一年他的弟弟托马斯·菲茨莫里斯，正跟随斯密学习，并且还住在斯密的家里，这一年他要离开格拉斯哥前往牛津；那一年失去父亲的谢尔本忽然感觉自己肩上的担子更重了，他意识到自己对弟弟的教育与幸福负有责任，而去格拉斯哥接弟弟回来。

据资料显示，斯密在出版商斯特拉恩家里和约翰逊发生争执，应该发生在这次旅行期间。罗伯逊告诉博斯韦尔和画家阿伦·拉姆齐，1778年的一天晚上，他们在拉姆齐家里聚餐，受邀的约翰逊还没来到，大家的话题谈到了约翰逊。罗伯逊说："我和他之间相处愉快，我们的第一次会面是在斯特拉恩家里，那晚他刚刚和斯密发生了争吵，斯密走后，斯特拉恩责备他对人太过粗暴，说罗伯逊很快就来了，你不要那样对他。约翰逊表示，会同我很好相处。因此整个晚上他对我都温文尔雅、亲切友好。应该说我能够受到这样的礼遇真的要归功于斯密啊。"

毋庸置疑，正是这次不愉快的口角之争，演变成了一段流传许久的传奇故事，而将这个故事公之于世的是三个身份显赫的人物：沃尔特·斯科特爵士、杰弗里勋爵和威尔伯福斯主教。

斯科特将此事告诉当时正在编辑博斯韦尔的《约翰逊传》的克罗克，自己是从格拉斯哥大学的米勒教授那里知道的。而博斯韦尔先生刻意隐瞒了约翰逊与斯密曾经在格拉斯哥见过面的事实。但米勒教授确认他们确实在格拉斯哥见过面，斯密在离开和约翰逊发生争吵的宴会之后，去参加了另一个聚会，而当时米勒正好在场。当大家看到斯密情绪激动时，就关切地问他发生了什么事。斯密气愤地说："约翰逊这个畜生。"原来约翰逊一见面就批判斯密关于休谟去世写的那几封著名的信件，斯密进行了辩解。约翰逊说："你撒谎。"斯密愤恨地骂他是婊子养的！两个伟大的伦理学家就这样一见面便掐了起来。

可见，1761年9月，这两位著名的哲学家在伦敦斯特拉恩的家里第一次见面，他们之间发生了激烈的争吵，并且很不友好。晚宴的主人认为这件事情全都是约翰逊的错。

人们总是对这两个名人的争执津津乐道、念念不忘，然而，在两个当事人的心中，此事根本就不值一提，他们争吵之后也就完全忘记了。后来斯密在宴会上还常常与约翰逊会面，1775 年约翰逊还选斯密为他创立的一家著名的俱乐部的成员，要知道在一家小小的俱乐部里心存怨隙的两个人是没法相处的。由此可见，之前的那些争执他们两个早已释怀。当然，有时候约翰逊还是会对斯密粗暴无礼，就像他对待俱乐部里的其他成员一样，所以斯密与他从来就没有建立过像与伯克、吉本和雷诺兹那样深厚的友谊。

第 11 章　格拉斯哥大学：最后的授课生涯

1763 年　　49 岁

1763 年，作为罗金厄姆侯爵的私人牧师——布劳顿的威廉·沃德，出版了著作《论文法》，它被威廉·汉密尔顿先生赞扬为"现存的对英语最富哲理性的著述"。沃德的朋友乔治·贝尔德给斯密寄去了这篇文章的一份摘要。斯密在给贝尔德的回信中说：

亲爱的先生：

　　很高兴读完了您朋友的这本著作，希望我能够给予他最大的鼓励，这是他的才能和勤奋所应得的。非常感谢他对我的关注，我会竭尽全力来帮助他完成心愿。他关于理性文法的计划非常不错，以他的聪明才智和勤奋程度，这本书不仅会是最好的文法体系书，也是所有语言的最好的逻辑体系书，同时还是一部最好的自然进步史。目前仅仅从沃德先生寄给我的这篇简短的摘要上，尚不能对他的整本书做出全面的评价。如果我处理这个问题，我首先会从动词开始论述，因为动词是本源性的词类。然后我会尽力说明主语是如何分化形成定语的，以及宾语与它们之间有什么区别。应用这种方法，我将会试着去考察句子的每个部分的起源和用法，以及在一件事件中为了表达不同意思所必须进行的改变。沃德先生也许有充足的理由来使用自己的方法，当然如果是我，我也只能这么做。当前我只能对事物作一般性的思考，这就与对事物进行细致的描述产生明显的差别。

　　沃德先生在书中提到了作者对实名词的定义，但没有提及《法语正则》的作者吉拉尔神父所下的定义，也许是他没有看过这本书吧。我对这方面的问题感兴趣，就是因为看了这本书，我从中获得了很大的教益。同时，法国的《百科全书》里面的一些语法条目也对我的启发很大。不知道这两本书沃德先生是否已经看过，他对这个问题的思考会比我多，也会认为这两本书的观点不那么重要。请代我向贝尔德夫人和奥斯瓦尔德先生问好。

亲爱的先生，请相信我是您最真心、最忠诚的朋友。

亚当·斯密

1763 年 2 月 7 日于格拉斯哥

不久后，斯密觉得去督导年轻的巴克勒公爵学习的日期越来越临近了，他需要辞去教授职务了。于是写信给休谟，催促他赶紧兑现他早就许诺过的西部之旅，同时这封信也是为了向他推荐一位年轻的绅士、对斯密慕名而来格拉斯哥的英格兰学生卡纳冯伯爵。斯密在对罗杰斯讲起卡纳冯伯爵的舅父尼古拉斯·赫伯特时说，此人曾经浏览过一遍伊顿公学的男生名单，四年之后他竟然一字不漏地把这份名单背诵给他的侄子波切斯特勋爵听，足见其非凡的记忆力。

亲爱的休谟：

这封信将由年轻的绅士亨利·赫伯特先生带给您，他读过您的很多作品，十分渴望能够认识您。他打算和朋友一起在爱丁堡待上几天，并希望在您方便之时前去拜访您。希望您能够答应。

您早说过要来格拉斯哥访问，赫伯特先生也答应会尽力劝您和他一起过来。虽然您以前一直都拒绝我的请求，但是我希望这次不会。见到您将是我最大的荣幸。

我永远是您最亲切最真诚的亚当·斯密

1763 年 2 月 22 日于格拉斯哥

休谟回信道：

亲爱的斯密：

来信收阅，不胜感激，很高兴您介绍赫伯特先生给我认识，他是一个很有前途的年轻人。我们已经有很长时间没有见面了。我计划在 5 月置办一辆双轮马车，然后到各地自由旅行。旅行的第一站当然是格拉斯哥了。请问您是如何安排您的闲暇时间的？这里的朋友也非常希望我能够把您带到爱丁堡来。

最真诚的大卫·休谟

1763 年 3 月 28 日于爱丁堡

可是筹划已久的旅行最终却搁浅了。几个月后，两人因为新的工作需要，先后被派到法国去工作，于是，他们有了后来的巴黎之晤。

1763 年 8 月 9 日，休谟从爱丁堡写信给斯密，告诉他自己已经被任命为英国驻巴黎大使馆的秘书："准备工作有点仓促，我亲爱的朋友，我得向您道别了。短时期内我回国的希望不大。如果我们能在国外相遇，那将是我最大的荣幸。"

不久，休谟在 9 月 13 日的信中说，现在在担任使馆秘书职务的同时，还担任新上司长子比彻姆勋爵的家庭教师，他曾经听斯密说"那个严厉的批评家赫伯特"说起过这个人的一些事情，因此想从斯密那里了解一些他的新学生的情况。接着他谈起了布特勋爵通过谢尔本与皮特进行谈判之事，说谢尔本勋爵后来发现自己在这个谈判中扮演了一个很不光彩的角色后就辞职了。休谟说："我知道您对谢尔本勋爵的行为非常愤怒，但是他在提起您的时候总是充满了尊敬。我听说您的学生菲茨莫里斯已经在巴黎崭露头角了。"可见，斯密之前的回信中似乎包含着对谢尔本勋爵参与了宫廷和布特勋爵为了扩大国王在政治中的权力而策划的阴谋活动和谈判的强烈谴责。

斯密是一个坚定的辉格党人，强烈反对一切试图扩大王权的活动，他公开指责布特及其阴谋活动。1763 年 4 月，著名的《北不列颠人》杂志第 45 期出版了，斯密看完这本杂志，兴奋地惊叫着对卡莱尔博士说："太精彩了！不是这个家伙（威尔克斯）在六个月内被判绞刑，就是布特勋爵将受到弹劾。"谢尔本勋爵辞职以后在威尔克斯事件上投票反对宫廷，但是即便如此，在斯密这样具有强烈政治原则的人眼里，他的行为只能受到强烈的谴责。谢尔本是一个具有自由意志和改革精神的人，像他这样目光远大的人却做出那样的事情，斯密认为他更应该受到严厉谴责。

休谟到达法国一个星期后，写的第一封信，就是给斯密的。信中描述了他在法国遭遇到的离奇变化：这个曾经在正直的爱丁堡市民眼中被攻击、责备和迫害的对象，在法国却是宫廷中的权贵们无比崇拜的偶像。

"最近，我在枫丹白露受到了最多的恭维，这使我受宠若惊。对了，在巴黎我见到了霍尔巴赫男爵，他说有人正在翻译您的著作《道德情操论》。

您的老朋友菲茨莫里斯先生对此也非常感兴趣。您是否打算对这本书进行修改，希望把您的想法告诉我。"

斯密收到休谟的回信后不久，又收到一封查尔斯·汤申德如下的来信：

亲爱的先生：

公爵预定出国的日期日渐临近，我冒昧地再次征询您的意见，希望您与公爵一起出国旅行，如果您同意，我会把这个消息通知达尔基思夫人和公爵。公爵现在在伊顿公学一直待到圣诞节，之后会在伦敦作短期的停留，出席一些宫廷的活动。我们不希望他在伦敦停留很长的时间，以免受到那里的习惯和环境影响。

只要您同意担任公爵的家庭教师，报酬自然不是问题。同时也希望您和巴克勒公爵的这种关系能给您带来满足和好处。

巴克勒公爵最近在古代语言和文学写作方面都取得了长足进步，他对读书的乐趣和求知欲随之增长。公爵天资聪明、禀性豪放、心地正直，对于像他这样一个拥有显赫地位和财富的人来说，这些是他能够保持长盛不衰的坚实基础。如果您同意帮助他完成教育，让这些卓越的品质内化成为他自身的性格，他未来一定会大有作为。

下周五我会去一趟伦敦，期愿您能在此之前给我回信，亲爱的先生，怀着最真挚的感情和敬意，我是您最忠实最顺从的谦逊的仆人。

达尔基思夫人向您问候！！

汤申德

1763 年 10 月 25 日于阿德伯里

斯密接受了这份工作。待遇是每年 300 英镑的工资，以及出国旅行的费用和每年 300 英镑的养老金直到终老。此时他的收入达到了在格拉斯哥时的两倍，而且有了终生的保障。要知道，当时苏格兰的教授除了在离职时能够从继任者手中获得一大笔购买职位的收入以外，晚年几乎没有任何收入。斯密的优厚报酬是当时这种职位的通常水平。

和一个优秀而有才能的家庭教师一起出国旅行以代替大学教育，在当时非常流行。巴克勒公爵游学归来以后就没有再去大学读书，他回来后就结了婚，然后开始从事繁忙的公务。人们觉得与传统的大学教育相比，游学能够为年轻人提供更好的教育，为他们走向社会作充分的准备。但令人匪夷所思的是斯密在他的《国富论》中却极力反对此观点。

斯密在他的《国富论》中写道："在英国，青年人刚从学校毕业，父母就把他们送往国外游学，依然成了当时流行的风尚。孩子们游学回来后，才智大有长进。在游学的过程中，一般都会掌握一两门外语，不过这种知识很少能够使他达到说得流利、写得通顺的地步。这些年轻人回国以后，一般都变得更加骄傲，随便，放荡，不专心做事。年轻时到处漫游，远离父母亲戚的监督和管理，把一生中最宝贵的时光消磨在放荡无聊的生活中，以前的教育在他内心形成的一切好习惯都减弱，甚至消失。这样没有意义的早期游学风尚如此盛行，多归结于人们对大学教育的不信任。

斯密接受了汤申德的邀请后，马上写信将此事告诉了休谟，同时又向学校提出申请要在本学期休假一段时间。此时他并没有提出辞职，只是希望学校能够同意他对自己课程代课情况的特殊安排。

由于担任家庭教师的日期还没有确定，所以斯密做了暂时性安排。这个日期可能会突然确定下来，要求他迅速前去任职，因此预先休假三个月可以使他随时接受邀请，而不用过早地放弃教学。也留足了时间让他在休假期满后与学校之间做出长远的安排。然而直到圣诞节假期结束，事情还没有定下来。1763 年 12 月 12 日，斯密给休谟写信说：

> 亲爱的休谟：
>
> 　　就在收到您上次来信的前一天，我非常荣幸地收到了查尔斯·汤申德的来信，他在信中再次盛情邀请我担任公爵国外旅行时的家庭教师，并且告诉我公爵会在圣诞节离开伊顿公学，不久就会出国。我接受了邀请，但我也表示，我在 4 月初之前离开学校会有困难。如果确实需要我那时照顾公爵，请提前通知我一声。不过直到现在我也没收到回音，可能是因为公爵还没有离开伊顿公学，因此出国的具体日期无法确定吧。为了等这个出发的日期，以便能告诉您我们什么时候可以见面，便耽误了给您的回信……
>
> 　　　　　　　　　　　　　　亲爱的朋友，
> 　　　　　　　　　　　我永远是您最忠实的亚当·斯密

公爵在圣诞节假期结束回到伦敦后，家人决定马上送他出国旅行。1764年1月9日，斯密向格拉斯哥大学评议委员会宣布，他将根据去年11月8日由院长主持的教授会议上的准许，离开这里。他把学生的听课费全部都退还给了学生。同时他表示要把从去年10月份开始发给他的半年工资，交给代他讲完剩余课程的人。在斯密的推荐下，神学系学生托马斯·扬被选为代课人。学校还组织了一个委员会专门接收斯密道德哲学课的私人藏书。第二天，他以学校会计的身份跟学校结清了一切账目，并受学校委托，把一本福尔斯的《荷马》带到伦敦，以大学的名义送给詹姆斯·格雷先生，作为对曾经帮助过他们的西西里国王的礼物。从此以后，他与评议委员会再无纠葛。

斯密与学生离别的场景甚为感人。亚历山大·弗雷泽·泰特勒（伍德豪斯利勋爵）在他的《凯姆斯传》一书中描述道："结束了最后一节课后，斯密站在讲台上向他的听众们做最后的告别，告诉他们自己将告别课堂，不过已为他们做出了妥善的安排。然后他从口袋里掏出装在小纸包里的听课费，开始依次点名，想要把它们分发给学生。他把钱交给第一个被叫到的学生，这个年轻的学生怎么也不肯接受，并说他从斯密那里获得的教诲和欢乐已经远远超过了这些，他的话得到了全体同学的响应。但斯密坚持要退还大家的听课费。他对年轻人的尊敬之意表达了感激与谢意，他心情激动地对学生们说：'你们不能让我于心不安，看在上帝的份上，同学们，你们一定要收下。'然后他抓住一位学生的上衣，把钱猛地塞进了他的口袋。大家看到继续坚持下去已无意义，只得默默地接受了。"

斯密严谨认真，一丝不苟，不管是治学还是为人处世，都一贯坚持原则。他已经决定了不会要学生一分钱，如果学生坚持不肯收回退款，那么他就会把钱交给学校。很多人认为斯密办事过于认真拘泥于原则了，在大学，教授们因为生病或者其他原因请假时，请人代课是再正常不过的事情了，也没有学生会觉得这样安排使他们受到了伤害或损失而要求减少费用。但是在斯密看来，他与学生签订了讲课一个学期的合同，自己却为了更有利的职位而毁约，他感到深深的愧疚与良心不安，自己既然不能够履行合约，那么也就没有脸面再继续保留学生们给他的报酬。

斯密在到达法国之后不久就辞去了他的教授职位。他与学校商定只雇半个学期的代课教师，但斯密似乎一开始便有了辞职打算，他认为到那时自己的继任者就该上任了。在他提出辞职以前学校显然已经了解了这种情况，那时候有很多人为了谋取这个职位而进行了秘密的活动。曾经担任苏格兰大臣的掌玺大臣（布特勋爵的弟弟，尊敬的詹姆斯·斯图尔特·麦肯齐先生）在 1764 年 2 月 2 日，也就是斯密辞职前两个星期，写信给穆尔男爵，问他大学提名怀特接任斯密的职位是否属实，并提到他曾经和斯密本人谈论过此事。

在苏格兰，担任别人的旅行家庭教师只是一种暂时性的工作，从事这种工作并不一定非要辞去教授职位。亚当·弗格森在作为切斯特菲尔德勋爵的家庭教师离开英国时，为了保留自己的教授职位同爱丁堡市议会进行了斗争并最终取得了胜利；达尔泽尔一边担任着爱丁堡的希腊语教授，一边以梅兰德勋爵的家庭教师身份居住在牛津。斯密在成了别人的家庭教师以后，刚到法国就辞去了自己的教授职位。辞职信寄给了当时的格拉斯哥大学校长"尊敬的苏格兰检察长托马斯·米勒先生"。信的内容如下：

> 尊敬的阁下：
>
> 　　来到这里以后，直到昨天我才有空写下这封辞职信。在此，我将职位交还给阁下、教务长、院长，以及最尊敬的全体同事们，我将辞去格拉斯哥大学和所属学院的道德哲学教授职位，并放弃因此职位而获得的一切报酬、特权和利益。但是我将保留最近半年我的工资权利：有一部分是从去年 10 月 10 日开始发放的，其余部分是从圣马丁节（11 月 11 日）以后开始发放的。按照我离开前商定的方案，这部分工资将支付给代课的人。我真诚地希望，不管是谁替代了我的职位，他都能通过自己的努力为这个职位带来荣誉，还能正视自己内心的真性情，并为可能要与之相伴一生的同事们带来安慰。同时，我热切地盼望学院越来越好。
>
> 　　阁下，很荣幸能够成为您最顺从最忠实的仆人。
>
> 亚当·斯密
> 1764 年 2 月 14 日于巴黎

1764 年 3 月 1 日，评议委员会接受了斯密的辞职申请，并给予他至高的评价："我们对斯密博士的离开深表遗憾。他以他的正直、和蔼可亲的品格，赢得了同事们的尊敬；他的天赋、才能和学识，为这个社会带来了荣誉；他见解独特的《道德情操论》使他成为欧洲文学界令人尊敬的人物。他是一名杰出的教授，他给他的学生们带来了很多的欢乐和重要的指导。"

第 12 章　图卢兹的哲学思考

　　1764 年 1 月末，斯密在伦敦与他的学生会面，于 2 月初起程前往法国。他们在国外待了两年半的时间，这段时间斯密没有写日记，写的信也屈指可数，他们这次旅行的行程大致为：在巴黎待了十天，然后在图卢兹待了十八个月，在法国南部旅行两个月，日内瓦旅行两个月，最后又在巴黎停留了十个月。

　　在多佛，斯利特的准男爵詹姆斯·麦克唐纳先生与他们一起旅行。年轻的詹姆斯颇有才华，他以学识渊博和多才多艺而震惊巴黎和伦敦的文艺界。詹姆斯和巴克勒公爵是伊顿公学的同学，自从恢复和平以后就一直住在法国。詹姆斯爵士是艾尔斯名门望族的后裔，他的母亲及其代理人金斯伯曾经将查理王子和弗洛拉·麦克唐纳藏匿在斯凯。詹姆斯陪同斯密和巴克勒公爵一起于 2 月 13 日抵达巴黎。

　　他们在巴黎的时间不超过十天。因为从巴黎到图卢兹至少需要六天的时间，他们于 3 月 4 日抵达图卢兹。在巴黎短暂停留期间，斯密没有同任何文学界的名人有过交往，他们在巴黎的大部分时间都是和休谟、詹姆斯·麦克唐纳、休谟的学生，以及詹姆斯的主要朋友比彻姆勋爵一起。巴黎只是一个中转站，他们的目的是去法国的第二大城市图卢兹，这是除巴黎以外，生活最精致优雅，丰富多彩的地方，还保留着作为古代首都的风貌，是当时英国人最喜欢去的地方。那里有一座大主教的住宅、一所大学、一个议会，还有一个现代化的科学与艺术研究院，每年都会举办一次百花诗赛，乡下的贵族在城里置有房产，冬天他们会居住在那里。

　　大卫·休谟的表兄弟塞格尼莱·科尔伯特神父也居住在这里，他加入了法国天主教会，是图卢兹教区的代理主教。斯密从休谟那里给他带了一封信。3 月 4 日他给休谟写了回信，感谢他把斯密介绍给自己，并说，斯密看起来和休谟信中介绍的完全一样。"他刚到达这里，我和他相见时间不长。非常遗憾大主教在六个星期前去蒙彼利埃了，然后很快会从那里赶往巴黎。我恐怕我那黑色长袍会吓着巴克勒公爵，我会尽力使他们在本市逗留的日子能够舒适惬意。"

在和这些新朋友接触了一个月以后，4月22日他又写信给休谟说："斯密先生是一个卓越的人物。他的心地和头脑都令人钦佩。马尔科姆和克罗马蒂的厄克特先生此刻都在这里。斯密的学生巴克勒公爵是一个非常和蔼可亲的人，他学习很用功，在法语上已经取得了不小的进步。如果再有英格兰人或者苏格兰人向您询问到哪里学习才好的话，您可以向他们推荐图卢兹。这里有很好的学校，很多接触上流社会的机会，还能够见到一些非常有名的人。这里有很多英国人，是一个很适合居住的地方。"

科尔伯特神父是斯密在法国南部旅行时的主要向导。他是显赫的因弗尼斯郡卡斯特尔希尔家族的卡思伯特先生的长子，也是古老的高地家族的族长。卡斯特尔希尔家族由于在哈罗战役中表现英勇而获得纹章。苏格兰议会法案中证明的苏格兰的卡思伯特家族和法国的科尔伯特家族之间的联系，对于卡斯特尔希尔家族中那些移居法国、希望借此联系而获得高位的人来说显然是一条黄金纽带。而科尔伯特神父即是其中一员。1750年14岁的他来到法国，28岁时成为图卢兹代理主教，1781年担任罗德兹的主教。在担任主教期间，他因在其所在的教区内鼓励工农业发展而闻名。1789年，作为国会的一员，他成了当时巴黎的英雄，为了实现僧侣和第三等级的联合，人们把他举在肩上满大街游走。他拒绝服从僧侣的《公民章程》，回到罗德兹以路易十八秘书的身份在那里度过了余生。

法国大主教、著名的洛梅尼·德·布里纳，非常想认识休谟。据沃波尔说，他被认为是当时法国教会中最能干的人，休谟相信他是唯一一个能使法国复兴的人，但是当他获得这种机会的时候，他却没有能够做到像休谟预言的那样，反而以自己的无能促进了法国大革命的爆发。很显然，斯密在图卢兹逗留的时候见过这位大主教。这位大主教以不在自己的教区而闻名于世，他是一个进步的经济学家，曾经和杜尔哥及莫尔莱一起在索尔邦神学院学习，是新经济理论的强烈支持者，成功地在朗格多三级会议上通过了谷物自由贸易原则。

但他对斯密并不友好，当他的朋友莫尔莱请求他为自己翻译的《国富论》拿出点印刷费时，时任法国大臣的他竟直接拒绝支付这区区的一百法郎。

斯密到达图卢兹的前六个月并没有见到大主教，而且也很少见到别的什么人。斯密在这里非常沉闷，他们并没有收到期望中的来自舒瓦瑟尔公爵的介绍信，他们生活中的交际圈子也仅限于科尔伯特神父和一些英国籍的居民。为了排遣寂寞，他打算到波尔多去旅行，并建议詹姆斯·麦克唐纳先生来这里逗留一个月，一来可以扩大他们的交际圈子，二来詹姆斯先生的"影响和示范作用"对公爵也大有裨益。为了减轻孤独，斯密开始着手写《国富论》，这是一种十分重要而且有效的办法。

他们是在 3 月 3 日至 4 日到达图卢兹，但直到 7 月 5 日，斯密才给休谟写信：

> 我最亲爱的朋友：
>
> 巴克勒公爵计划不久后就到波尔多去，他会在那里停留两周甚至更久。希望您能把给黎塞留公爵、洛儒侯爵和市长的介绍信寄给我，我将万分感谢。汤申德先生曾经承诺，舒瓦瑟尔公爵会给我们介绍许多法国名人认识，可惜到现在都没有回音。我们在科尔伯特神父的帮助下竭力去扩大我们的交际圈，可他在这里也几乎是个陌生人，因此成效甚微。公爵到现在连一个法国人也不认识。我虽然认识几个法国人，但也没有深交。相比之下，倒是格拉斯哥的生活更显得轻松愉快。为消磨时间，我打算写一本书。如果詹姆斯先生能够和我们住上一个月，那我们会非常期待。请代我向比彻姆勋爵（英国大使赫特福德侯爵的长子）和特雷尔博士（大使的牧师，在赫特福德侯爵成为爱尔兰总督以后，成为当恩和康诺两个地方的主教）致以最崇高的敬意。相信我，我亲爱的朋友，我永远是您的
>
> 亚当·斯密
> 1764 年 7 月 5 日于图卢兹

8 月份斯密他们去了波尔多，科尔伯特神父也一同随往。在波尔多他们邂逅了言辞犀利的辩论家巴雷上校，他的抨击甚至令汤申德也为之恐惧。在那里，巴雷上校和他们一起旅游，并同他们一起回到了图卢兹。9 月 4 日巴雷从图卢兹给休谟写了一封信。信中说道："谢谢您从巴黎寄信给我，收到信时我正在波尔多和斯密、他的学生以及科尔伯特神父在一起，我们相处很愉快。科尔伯特神父是一个非常坦诚的人，适合担任主教，希望您能鼎力相助……您正在赢得胜利，为什么要说是受到沉重打击？您人缘不错，到处都有朋友。我和斯密都认为您犀利的笔锋被法国宫廷生活给软化了。遗憾的是，您从埃利奥特、里格比和塞尔温那里学会了要心计。"

巴雷是斯密在离开苏格兰之前认识的朋友，那时巴雷正在为谢尔本勋爵做事，担任斯特林城的城防司令这个肥差。如今，巴雷这个当了英国政治家的法国人和科尔伯特这个当了法国牧师的英国人可谓是斯密游览法国城镇最好的导游了，斯密对波尔多和图卢兹两地工人阶级生存状况的对比很感兴趣，就好比他对格拉斯哥和爱丁堡两地的对比感兴趣一样。波尔多的工人们生性勤劳、节酒和富裕；而在图卢兹和其他一些城市，工人们则比较懒惰和贫穷。波尔多是一个典型的商业城市，作为一个盛产葡萄酒的好地方，同时，又是葡萄酒的贸易中转站；而图卢兹与其他的一些城市则是比较适合居住的住宅城市，只有维持消费的资本。如此一来，生活在像波尔多这样的依靠资本生活的城市，比生活在像图卢兹这样依靠收入生活的城市的居民要富裕一些。

但是斯密认为波尔多的居民要比图卢兹的居民更加节酒和勤奋，但同时他又把法国南部省份的居民列为全欧洲最节酒的人，并把他们的节酒归因于当地葡萄酒价格的便宜。斯密表示，他们在日常生活中很少过度饮酒。当法国的部队从葡萄酒价格昂贵的北部省份，转移到葡萄酒价格低廉的南部省份时，那些士兵一开始会沉浸在低廉而新鲜的葡萄酒中，无法自拔，但在驻扎几个月之后，兴奋劲儿消失，他们便觉得索然无味，就会像其他居民一样变得节酒了。由此他得出结论，假如在英国削减葡萄酒、麦芽酒和淡色啤酒的税收，同样也会收到这样的效果。

在到处游览之余，他们也不忘社交，通过休谟请赫特福德伯爵写介绍信，前去拜访了一些显贵人物。他们前去拜访省长，遗憾的是，却未曾见到。由于公爵的弟弟正在从巴黎赶往图卢兹，他不得不返回去和他见面。他们见到了名气很大但声名狼藉，虽身经百战英勇无敌，但同时又丑闻无数的老元帅黎塞留公爵，他非常礼貌而隆重地接待了他们。

斯密一行的波尔多之旅非常愉快，他们计划 9、10 月份前往备受欢迎的海水浴场巴涅尔德比戈尔。他们打算第二次去波尔多旅行，然后再到蒙彼利埃去。同时，斯密给休谟写了一封信：

亲爱的休谟：

　　多谢大使把我介绍给黎塞留公爵。借此库克先生前往巴黎的机会，向您及大使先生表示我最诚挚最衷心的谢意。我们都受到了公爵最殷勤热情的接待，他非常友好地接待了巴克勒公爵。市长当时不在波尔多，而我们又要赶回图卢兹去看望公爵的弟弟，我相信不久就有机会将大使的信交给他。

公爵的仆人库克先生去卡昂迎接巴克勒公爵的弟弟斯科特先生，然后他们一起来到图卢兹。会途经巴黎，希望他到达巴黎以后您去看望他一下，并把他介绍给大使先生，带他四处转转。也拜托詹姆斯先生如此。库克先生在到达巴黎后会通知您的。斯科特先生非常优秀，我深信他加入我们的队伍对他的哥哥公爵先生会有所帮助。我们到波尔多以及后来到比格尔的考察，一路下来公爵改变很多。他现在已经能够熟练地和法国人进行交往了。我们以后一定会愉快地一起相处的。

与斯科特先生会合后，我们计划去看一看在蒙彼利埃举行的朗格多三级会议。恳请您能把我们介绍给德厄伯爵、纳尔邦的大主教和市长。这些经历对于公爵来说将非常重要与有益。

我亲爱的朋友，

我永远是您最忠诚的亚当·斯密

1764 年 10 月 21 日于图卢兹

不久后，斯密再次给休谟写信，向他介绍一位居住在图卢兹的英国人克罗马蒂的厄克特先生。这个人可能是托马斯爵士的后裔。可以看出斯密非常喜欢那些优秀的青年人。

亲爱的朋友：

这封信将由厄克特先生带给您，他为人非常和善，容易接近。我真诚地希望您能够给予他指导与保护。他是一个朴实、聪明和容易相处的人，没有一点儿骄傲自满的习气，我相信通过接触您会越来越喜欢他的。

亲爱的朋友，

我是您最忠诚的亚当·斯密

1764 年 11 月 4 日于图卢兹

在朗格多三级会议正在召开之时，斯密和他的两个学生开始了他们的蒙彼利埃之行，在那里布伦特福教区的牧师霍恩·图克访问过他们。这是人们所知的他们之间仅有的一次会面。图克当时去意大利游历了一番，回国途中在图卢兹停留了几天。塞缪尔·罗杰斯告诉他的朋友约翰·米特福德神父说，图克似乎不认可斯密,他觉得《道德情操论》纯粹是胡言乱语,《国富论》则是为了一个邪恶的目的而写的。

虽然斯密去蒙彼利埃参观的省三级会议规模不大,然而它却吸引了法国所有思想家和改革家们的视线,很多一流的人物认为,此方式为当时的政治问题提供了解决办法。朗格多三级会议是法国境内仅存的自由体制。朗格多省是一个大省,辖区内有 23 个教区,面积比比利时王国还要大,三级会议对省内的事务处理得非常好,经济发展一片繁荣,成为法国其余各省羡慕赞扬的对象。他们开凿运河、疏浚海港、治理沼泽、修桥铺路,阿瑟·扬对之大加赞美。当其他的法国农村还在被沉重的徭役压得喘不过气时,朗格多已经取消了徭役。为避免向一般公众横征暴敛,他们还自己承担了国家的税收征收事务。他们废除了贵族们享有的不公平免税特权。在王国的其他地方征收人头税,而在这里只征收公平的土地税。由于他们出色的管理和经济的繁荣,使得三级会议在市场上享有盛誉,甚至连中央政府都自愧不及。国王在借款时为了获得更优惠的条件,有时甚至借用朗格多三级会议的名义出面担保。

此种情况下,也难怪法国人认为解决政治问题的最好方法就是"要格拉顿议会,不要城堡"。即恢复省级三级会议,限制省长权力,省长杜尔哥也赞成这种解决办法。而就在法国路易十六时期的财政大臣雅克·内克要将它付诸实施时,突然爆发的大革命却扫荡了这一切。

斯密热烈赞成地方事务由地方自治机构,而不是省长来管理这种制度。因此,斯密对正在蒙彼利埃举行的三级会议兴趣非凡。在三级会议上,主席纳尔邦的大主教阿瑟·理查德·狄龙作为首席大主教坐在主席台上,他是一个彻底的自由贸易主义者,坚决维护三级会议的正当权利,反对国王的要求。

斯密在法国南部的考察有趣而愉快。他已经掌握了法语的基本用法。这使得他能够自如地参与社交活动,并从中获得很大的乐趣。他多次告诉斯图尔特,在图卢兹最常见到的是高等法院的院长与法律顾问,他们和该城镇的同阶层人士一样热情好客,并且喜欢把法律知识和文学爱好融合起来。他们是具有爱国精神和独立精神的人,斯密从他们的谈话中听到了关于农民受压迫的状况和进行彻底改革的必要,而这在其他社交场合是不可能听到的。

当时国王的法令必须要经过地方高等法院登记,才能够在一省范围内发挥效力,图卢兹的高等法院常常利用这种特权抵制国王的坏法令。1756 年他们抗议国王实行徭役,并宣称法国农民的状况"比美国奴隶还要差上一千倍"。

斯密在《国富论》中批判法国政府残暴地压制各级高等法院。并高度赞扬了高等法院，甚至没有怀疑过他们腐败。对于他们如何能够保持自身的清廉，斯密说他们是根据勤奋程度支取费用，而不是以工资的形式来领取月薪。

就在斯密在图卢兹居住期间，亲历了著名的"卡拉斯事件"，当地市民正为高等法院所做出的十项判决而群情激奋，他们无一例外地站在高等法院的一边。斯密在他最后一版的《道德情操论》中曾有所暗示。图卢兹商人、卡尔文派的信徒吉恩·卡拉斯有一个儿子，为了取得图卢兹律师公会的律师资格而背弃了新教，之后他为自己的背叛行为深感不安，在父亲家中自杀了。卡拉斯被高等法院指控他因为儿子的背叛行为而谋杀了他。并在 1762 年 3 月 9 日对卡拉斯施以车裂加火刑。伏尔泰大声疾呼，反对这种司法上的残暴。1765 年 3 月 9 日，经过三年的不懈努力，由包括杜尔哥在内的 50 名受邀人士组成的特别法庭对这起案件进行了重新审理，证明了卡拉斯完全是清白的，他的家属获得 36000 里弗的赔偿。并且，国王在宫廷接见了他们。所有的法国人，除了图卢兹当地的居民以外，都为纠正了冤假错案而欢呼雀跃。在上述判决宣布一个月之后的 1765 年 4 月 10 日，科尔伯特神父写信给休谟："他们的盲目狂信使人惊讶。虽然事情已经得到了纠正，但是他们仍然执迷不悟，相信卡拉斯是有罪的。"

斯密说，过分的赞誉会给轻佻的人带来满足，而不当的责难则会给哪怕是最有忍耐力的人带来最深的伤害，这种不公平不仅破坏了赞美所带来的满足感，而且极大地加深了责难所带来的痛苦。卡拉斯是一个异常坚定的人，他在最后时刻所抗议的，不是由于惩罚给他带来的痛苦，而是由于这项罪名给他荣誉上带来的耻辱。在他被车裂以后将要被投入大火之中时，参与行刑的僧侣劝诫他向上帝忏悔。卡拉斯说："我的神父啊！您能让您自己相信我有罪吗？"

第 13 章　日内瓦的有效考察

8 月底，斯密带着他的学生们离开了图卢兹，开始在广阔的法国南部进行游历。公爵的舅妈玛丽·科克夫人说，他们在马赛访问了瓷器厂，公爵花 150 英镑购买了两件销量最好的瓷器。10 月份他们到达日内瓦，整整待了两个月。作为一个政治哲学家，斯密想在此观察一下这个他非常喜爱的共和国的共和制度在实际中是如何运作的，这个国家在世界民族之林中保持自己的一席之地，有时还在各国之间充当仲裁者，他们使本国人民过上了幸福的生活。幸运的是，斯密观察的时期，这里正处于宪政危机斗争最激烈之际。日内瓦共和国的政府一直掌握在两百个拥有特权的家族手中，然而在伏尔泰的鼓动下，普通市民也要求分享参与政治的权利。在斯密访问日内瓦期间，这场旨在变贵族政治为民主共和政治的斗争一直如火如荼地进行着。伏尔泰将日内瓦这个城市形象地描述为：一个单调无聊却是藏龙卧虎，不乏杰出人士的女修道院。如今这里每天都在上演着一幕幕生动的政治剧。

在日内瓦停留的那段日子里，在共和国中起领导作用的市民和大量著名的外国游客中间，斯密结交了很多朋友。人们源源不断地涌向日内瓦并非单纯是为了游山玩水，而是为了向杰出人物讨教学习，比如向特朗钦请教问题及与伏尔泰进行交谈。斯密和特朗钦是故交，特朗钦非常欣赏斯密的才能，把儿子送到格拉斯哥大学斯密的哲学班里学习。正是特朗钦把斯密引见给了伏尔泰的。斯密对罗杰斯说，他和伏尔泰曾经在不同的场合见过五六次面，并且斯密还在位于费尔奈的这位文学巨匠临湖而建的漂亮小别墅里，和其他英国游客一样，受到了主人热情的款待。

伏尔泰是斯密最尊敬的名人，他总是非常喜悦地回忆起自己和伏尔泰交谈时的情景。他们很自然地谈到了斯密迄今认识的唯一一位法国名人黎塞留公爵，伏尔泰说公爵是老朋友了，只是性格比较怪异。在黎塞留公爵去世前几年的一天，他在凡尔赛宫不小心滑倒了，这位老元帅说那是他第一次在宫廷里失足跌倒。伏尔泰还讲了公爵的一些奇闻逸事，说他曾经进过巴士底狱，在维也纳借使馆的餐具从来都不归还。他们也谈到了恢复省级议会或者维持省长任命制的政治问题，伏尔泰表现出对三级议会深深的厌恶，而喜欢君主制度。斯密对伏尔泰非常崇敬。当塞缪尔·罗杰斯偶然将一位聪明而肤浅的作者形容为"另一个伏尔泰"时，"这个世界上只有一个伏尔泰。"斯密愤怒地拍着桌子说。

比罗杰斯认识斯密更早的是巴黎自然历史博物馆的地质学教授福杰·圣方德，他到爱丁堡拜访过斯密，他表示，斯密一谈到伏尔泰，脸上总是浮现出激动的神情。有一次，斯密向圣方德先生展示他房间里的伏尔泰半身像："正是伏尔泰对一切教派的狂信者和异教徒的大量嘲讽和奚落，才使得人们的内心能够感受到真理的光芒。他对人类的贡献要远远超过那些刻板的哲学家，哲学家的书只为一部分人准备，而伏尔泰的作品是为所有人准备的。"

著名的博物学家、形而上学家查尔斯·邦尼特，是斯密关系最好的瑞士朋友。他写信给休谟，请他代为问候"格拉斯哥的圣人"斯密，说自己总是怀着激动的心情回忆起他。而日内瓦年轻的苏格兰家庭教师帕特里克·克拉森也写信给斯密，说由于自己是斯密的朋友，所以从邦尼特先生那里得到了很多便利。然后，克拉森对斯密表示，共和国的总统辛迪克·特里廷和著名的物理学家勒·塞奇先生都托自己向他表示诚挚的问候。

在法国著名的贵妇人恩威尔公爵夫人的府邸，勒·塞奇和斯密第一次见面，之后他们便经常相聚。恩威尔夫人当时正住在日内瓦接受特郎钦的治疗。他的儿子罗斯福格尔德公爵正跟随勒·塞奇学习，很不幸的是他在大革命中被石块击中而去世了。

1766年2月5日，勒·塞奇给恩威尔夫人写信说："在贵府见到的好朋友中，现在能够见到的只有卓越的斯坦厄普勋爵，偶尔也能看见斯密先生。斯密先生希望我能够认识科尼尔斯夫人和巴克勒公爵。"可见，斯密非常喜欢日内瓦，他本来想在家庭教师合同结束以前，再次访问这座城市。但未能成行。

拥有罗斯福格尔德家族的血统的恩威尔公爵夫人，是著名的《箴言集》作者的孙女，她拥有傲人的才能与智慧，是指导杜尔哥行动的"三个玛丽"中的首要人物，被人们认为是启发杜尔哥所有政治及社会观点的人。斯密经常到她家里做客。当亚当·弗格森1774年来巴黎时，恩威尔夫人问了很多关于斯密的事情，她常常抱怨斯密的法语不好，不过，在离开巴黎之前终于可以听懂他的语言了。由此可见，斯密在法国居住两年半以后，他的法语水平只是达到了可以让精通法语的人才能听懂的程度。年轻的罗斯福格尔德公爵和他母亲一样，也是杜尔哥忠实的朋友，不久前公然宣称自己是魁奈的信徒，和其他经济学家一起定期参加由"人类之友"米拉波（法国军人、革命家，在经济学方面是魁奈的学生，著作有《人类之友，或人口概论》）举办的经济学宴会。在大革命爆发后不久，塞缪尔·罗杰斯在巴黎见到他时，他向罗杰斯表达了自己对刚刚去世的斯密的崇高敬意，并说他和斯密曾经在巴黎和日内瓦多次见面。公爵写给斯密的一封信是二人之间交往的唯一纪念物，信中他要求斯密修改在《道德情操论》中发表的对他祖父，即《箴言集》的作者的一些看法。

斯密经常在公爵夫人家里见到杰出的数学家斯坦厄普伯爵，并同他建立了深厚的友谊。斯坦厄普伯爵是第二代伯爵，罗伯特·西姆森教授的数学著作的编辑。他没有担任任何公职，他的观点属于最先进的自由主义者之列。

第14章 巴黎：与哲学国王的友情

12 月，斯密一行离开了日内瓦，大概在 12 月中旬到达巴黎。

休谟与卢梭在 1766 年 1 月 3 日一起离开巴黎前往伦敦，这中间，斯密和休谟可以在巴黎相处一到两周的时间。休谟从仲夏开始就一直热切地盼望着斯密的到来，这种期盼似乎是以科尔伯特神父传来的消息为依据的。为了回复斯密在 1764 年 10 月写给他的关于他的学生的进步状况的信，休谟在 1765 年 9 月写信给斯密说："得知您对自己的学生非常满意，我也很高兴。"休谟写信给斯密：一是为了告诉他，由于大使先生转任爱尔兰代理总督，他失去了在大使馆的职位，将不得不在斯密到达巴黎以前，即 10 月份返回英国；二是有一个问题困扰着他，想征询斯密的意见，对于是否再回到巴黎，在这里度过他的余生，休谟举棋不定。作为他失去职位的补偿，他获得了每年 900 英镑的养老金收入，然而这种富足而自由的生活也有苦恼之处，他开始为到哪个国家定居而心烦意乱。

休谟在给斯密的信中写道："一个新的问题影响了我的好心情，我现在正为将来定居在哪里而烦恼。巴黎是全欧洲最受人欢迎的城市，非常适合生活，却有背井离乡之感；伦敦是我们祖国的首都，但我不喜欢那里，文人得不到尊重，迷信和无知日益严重；爱丁堡虽有不足，但也有引人之处。此刻，我热切地盼望回到法国去。朋友们纷纷向我发出邀请，这将会让我非常惬意，但过多的应酬又会影响生活。请告诉我您的建议。"

很快，赫特福德勋爵的弟弟康韦将军任命休谟为伦敦的副国务大臣，1766 年 1 月初他便离开了巴黎。卢梭从 1765 年 12 月 17 日起就一直在巴黎等着和休谟一起去英国，在那年的最后两周，斯密和休谟在一起时偶尔会与卢梭见上一面。休谟在离开巴黎以前，把斯密介绍给了巴黎的知名人士，使他进入丰富多彩的文艺界和上流社会。

那时的巴黎，哲学家就是国王，而休谟则是哲学家中的国王，那些宫廷的达官贵人与沙龙上的文人墨客都对他顶礼膜拜，敬重有加。休谟满足地对罗伯逊说："在这个美好的地方，我过得很舒心，我吃着神仙吃的食物，喝着神仙喝的酒，可谓是香气缭绕，鲜花满地。人们不停地赞美我，似乎觉得如果不对我进行一番长篇大论的赞美就感觉到好像自己没有尽到应尽的义务一样。"由此可见，在巴黎休谟可以不费吹灰之力地为他的朋友引见任何一位值得一见的人。斯密在法国的文人中间，也是声誉卓著，备受尊敬，仅仅以他自己的名声，就能够保证他会受到热烈的欢迎，更何况还有好朋友休谟的引荐。

在霍尔巴赫男爵的建议下，E. 道斯将斯密的《道德情操论》翻译成了法语，于 1764 年以《精神的形而上学》为名出版发行。然而，翻译却并不成功，格里姆辩解道：每个民族都有自己的抽象概念，所以不能够像翻译诗歌中形象化的比喻那样，用外语来表达形而上学中的各种抽象概念。不过，译本却使更多的人产生了解原著的兴趣，大量的文人开始阅读原著，他们对斯密的睿智和深刻给予了极高的评价，并以能见到这本书的作者为荣。

旅居巴黎期间，斯密频繁地出入各种社交场合。他是当时几乎所有著名文学沙龙的常客，比如霍尔巴赫男爵的、爱尔维修的、若弗兰夫人的、布弗莱伯爵夫人的、勒斯皮纳斯小姐的、内克夫人的等。

从休谟写给巴黎朋友的信中，我们寻觅到了斯密 1766 年 7 月中一周的活动踪迹。在那一周里，斯密 21 日参加了勒斯皮纳斯小姐的沙龙，25 日参加了布弗莱伯爵夫人的沙龙，27 日参加了霍尔巴赫男爵的沙龙，并和杜尔哥进行了交谈。他还定期拜访小说家里科博尼夫人，并参加了在魁奈博士的寓所举行的新经济论坛。

尽管"人类之友"老米拉波的经济学宴会一年以后才开始举行，但是毫无疑问他拜访过这位侯爵，就像他拜访过这个组织的其他成员一样。当宫廷迁往贡比涅以后，斯密也到了那里，他经常到附近的风景名胜去游玩，身边总是围绕着一大群朋友。其中以英国人居多，因为英国人在英法之间的七年战争时期（普鲁士英国联军与奥地利、法国、俄国、瑞典之间在 1756～1763 年进行的战争）受到巴黎长期排斥以后，开始涌入城市，斯密所在的皇家花园旅馆里面，常常住满了英国游客，比如和斯密相熟的霍勒斯·沃波尔。斯密在 7 月份写给休谟的信中特意提到让休谟代他向沃波尔问好。

18 世纪法国巴黎的文学沙龙风靡一时。斯密最经常参加的是布弗莱·鲁韦尔伯爵夫人的沙龙。布弗莱伯爵夫人是康蒂王子的情妇，在当时的巴黎，这种关系丝毫无损一个女人的尊严与社会地位。虽然她与有着皇族血统的公爵关系暧昧，但这反而利于她获得社会的认同。参加她沙龙的都是这个城市里的达官贵人和文人墨客，莫尔莱神父也是这里的常客。斯密到达巴黎之后不久就认识了布弗莱伯爵夫人，非常欣赏休谟的布弗莱伯爵夫人爱屋及乌，对斯密也很尊重，她阅读了斯密的作品，并把这些书当成自己的最爱，甚至还想把它们翻译成法语。

1766 年 3 月 22 日，休谟从伍顿写信给她说："我很高兴您对我的朋友斯密如此照顾。虽然由于他习惯了幽居的生活，可能会影响到他作为一个社交界男人的风度和神采，但是您会发现他确实是一个值得交往的人。"

5 月 6 日伯爵夫人回信给休谟说："我现在和斯密先生已经熟识了，由于对您的热爱，我对他的接待十分热情。我现在正在阅读他的作品《道德情操论》，这是一件令人高兴的事情。"

7 月 25 日，休谟和卢梭吵得正凶之际，她写信劝导休谟，并提到了斯密："我诚邀您的朋友斯密来做客。我把信给他看，他觉得您可能是由于在气头上而看错了信的内容，希望您能够再仔细地阅读一下给康韦先生的信。卢梭应该不会拒绝接受养老金，也不想把这件事情闹大。"那时她正在阅读《道德情操论》，并且越来越喜欢。1770 年，当斯密的朋友吉尔伯特·埃利奥特爵士的两个儿子去拜访她时，发现她正在自己的起居室里阅读斯密的作品，她认为书中对于感情共鸣之问题的见解非常正确，她很想把这本深受法国人欢迎的书翻译成法语。她说，斯密关于感情共鸣的学说很可能会取代流行已久的休谟的唯心论而成为焦点。

斯密在法国备受欢迎，这也许与斯密被直接介绍给法国文学界有关。他的《道德情操论》虽然已经有一个法语译本面世了，但人们还是争相翻译。布拉韦神父最终出版了自己的译本；罗斯福格尔德公爵翻译时，发现了布拉韦神父已经在翻译，这才停止了工作；再者就是有此打算的布弗莱伯爵夫人。而几年后，本书最好的译本由孔多塞的遗孀出版了。

霍尔巴赫男爵每周或每两周举行一次定期的哲学会议，参加会议的是一些哲学家、百科全书派学者和文人，如法国哲学家、启蒙思想家、无神论者及文学家狄德罗、法国作家、剧作家马蒙泰尔、法国历史学家、哲学家雷纳尔及意大利牧师、外交家及经济学家加里阿尼等。会议上主要讨论形而上学和神学问题。斯密曾经在这种宴会上与杜尔哥有过交谈。会议上经常提出一些非常大胆的理论，谈论一些触怒神灵的东西。

莫尔莱说，在哲学家爱尔维修家的宴会上，他第一次见到了斯密。爱尔维修是一个退休的包收租税的人。斯密表示，当时在法国很多包收租税的人都是自命清高的单身汉，他们不愿意娶平凡的女子，而贵妇根本不愿意嫁给他们。但爱尔维修是个例外，他的妻子是杜尔哥早期的朋友，美丽聪明，曾帮助他把每周二的聚会举办成了全巴黎最受欢迎的宴会。

爱尔维修最近刚刚从英格兰长途旅行归来，他喜欢英格兰以及那里的民风，因此在那里逗留了很长时间。霍尔巴赫却宣称，在英格兰除了看到对异教徒的迫害以外，始终没有发现别的值得称赞的东西，他不得不为了呼吸自由空气而出逃。爱尔维修对英国的名人一直都招待得很周到，斯密居留在巴黎期间，他有很多机会可以和这位多才多艺而又精通哲学的金融家进行交流。

在爱尔维修家里，斯密认识了莫尔莱，斯密在离开巴黎以前把一个非常漂亮的英国制造的皮夹送给莫尔莱留作纪念。20 年来莫尔莱一直视如珍宝地使用着它。莫尔莱与斯密观点一致，是一个令人愉快的好伙伴，他富有正义感，热爱真理，幽默风趣，在接待朋友的时候乐于唱他自己的歌曲。莫尔莱是一个形而上学家，也是一个经济学家，他和斯密在一起讨论的主要是商业理论、银行、政府信用，以及斯密正在构思中的巨著《国富论》中的各种问题。

莫尔莱非常公正地评价斯密说："我非常尊重他，他是一个能够对自己要考察的问题进行最全面观察和最彻底分析的人。"他亲自把《国富论》翻译成了法语，用行动表示了对斯密的高度评价。斯密通过与莫尔莱和其他一些朋友对要考虑的问题进行讨论，聆听不同的观点，使他的观察和分析更臻于完善。莫尔莱认为，无论是他自己、他的老朋友和亲密的大学同学杜尔哥，还是其他的法国经济学家，都没有对斯密的思想产生过影响，也没有给他提供过主意。这个苏格兰的经济学家和他在法国的同行一样思考着同样的问题。

在巴黎，斯密常去之所是勒斯皮纳斯小姐的沙龙。这个沙龙以有各种客人参加和有贵妇人出席而闻名。在休谟看来，女主人是全巴黎最明智的妇女之一，她曾经长期负责管理德方夫人的著名沙龙，1764 年由于未经允许擅自接待杜尔哥和达朗贝而被解雇。之后在朋友协助下，她以更加先进的理念创办了一个新沙龙。参加沙龙的有大使、公爵夫人、法国元帅和金融家等，他们和那些文人，比如格里姆、孔狄亚克和吉本等一起谈话聊天。达朗贝曾经因病需要护理而住在这里，后来常住了下来。达朗贝是斯密在巴黎最主要的朋友之一，所以斯密也就成了这里的常客。

斯密在这里还会常常遇到杜尔哥，两人在别处也经常碰面。在斯密所有的法国朋友当中，没有一个人比这位伟大的思想家与政治家能够给予他更大的满足了，他的思想和品格让斯密钦佩不已。当时两个人都在忙于写作政治与经济方面的著作，他与杜尔哥之间讨论的问题更加深入，杜尔哥于1766年写成《财富的形成与分配》，尽管三年后才发表于《公民大事记》上，但在他与斯密无数次的交谈中，曾经就这些令他热血沸腾的思想和理论同斯密进行过一次又一次的探讨。这种探讨对二人互惠互利，他们之间交流的结果更明显地体现在他们的作品中。

索罗尔德·罗杰斯教授认为，杜尔哥的推理论证对斯密的思想有巨大的影响，杜邦·德·内穆尔甚至偏激地认为斯密作品中正确的东西都是从杜尔哥那里剽窃来的，不过后来他收回了这一荒谬的说法，公开承认说这番话的时候他还不能够阅读英文书籍。利昂·萨伊则认为斯密在哲学方面给了杜尔哥很多帮助，杜尔哥在经济学方面给了斯密很多帮助。

两个同时代的思想家，在相同的时代影响和趋势下处理同一个问题，即使他们之间没有私人往来，思考问题的方式也不会有很大的差别。

在关于贸易天然自由学说的观点上，两位作家极为一致。其实，这种思想萌芽在当时已极为普遍。斯密的见解比杜尔哥更加成熟可靠、平稳恰当，而在现实特征上，二人则有很大的区别，杜尔哥阐述的过于激进。

1755年，斯图尔特印刷出版的斯密向皇家学会提交的部分论文中就宣扬了极端的个人自由主义，斯密明确表示自己于1750年在爱丁堡的时候也表达过同样的观点。可以说，斯密在遇到杜尔哥很久以前就在讲授自由贸易理论了，并且他和杜尔哥的讲课方式不谋而合。他还使得格拉斯哥的很多商人和一位未来的英国首相相信了他的自由贸易理论。他和杜尔哥见面时是站在平等的地位，不知是斯密，还是杜尔哥从中获得的收益更多。

据杜尔哥的传记作者孔多塞说，斯密在返回英国后仍然与杜尔哥有书信往来，谈论一些经济学问题。但斯图尔特没有寻找到这些信件的痕迹，斯密的朋友也没有听到他谈及过与杜尔哥通信的事。

斯图尔特说："很难想象斯密会毁掉他和杜尔哥之间往来的书信，他们之间保持交往也不可能不让斯密的朋友获知。从斯密死后爱丁堡皇家学会的一位绅士在巴黎所做的调查来看，整个故事都是根据他们之前的亲密关系由人们杜撰出来的。"

后来，利昂·萨伊对杜尔哥家族的档案文件整理后发现，在休谟写给杜尔哥的一些书信中，1766 年的一封信里写有休谟不同意杜尔哥提出的对土地净产品征收单一税的看法。斯密的一封信里提到，"托杜尔哥的福"，可见他们之间确实偶尔有书信往来。当时斯密得到一本《关于课税的备忘录》的副本，在《国富论》中他常常引用此书的内容。斯密在法国时这本书还没有出版发行，只有那些有影响有势力的人才能够得到副本，这本书很可能是 1774 年担任财政部总稽核官的杜尔哥送给他的。

杜尔哥是斯密最钦佩的人，但是他觉得作为一个现实社会的政治家杜尔哥心地过于单纯，他往往低估那些在现实社会中流行的抵制正当合理的改革趋向的利己主义、愚蠢与偏见。斯密说，杜尔哥是一个卓越的人物，他正直而善良，单纯而真诚，但是由于对世界与人性的认识和了解不够深入，以至于把"任何正当的事情都是应该做的事情"当作自己的人生箴言。

斯密以为"不以建立公正为目标或者没有公共理想的政客"担负不起政治家这个称号，而只不过是"阴险狡诈的动物，通常被人们叫作政治家罢了"。真正明智的政治家在现实中实现自己理想时总是会做出很多妥协。如果做不到匡扶正义，那么最起码也不能够忘记纠正邪恶，就像古雅典政治改革家、诗人、古希腊"七贤"之一索仑那样，当他不能够建立理论上最好的法律体系时，他会尽力建立一个大家能够接受的最好的法律体系。

斯密认为，杜尔哥过于乐观，他对既得利益和积习的抵抗能力估计不足，这种性格影响了他的理论著作和实际生活。斯密则过高地估计利益和偏见的反抗能力。一个生活在世俗事务中的人有着隐士身上特有的那种激进的观点，而一个生活在书斋中的人却持有世俗之人才有的那种务实的观点。这实在有点令人费解。

斯密在巴黎的另一个要好的政治家朋友内克的妻子是一个严肃沙龙的创办者，沙龙上禁止讨论自由思想。帮助她接待来客的助手莫尔莱非常讨厌这样的限制。詹姆斯·麦金托什爵士表示，斯密在巴黎留居期间和内克的关系非常密切。他说，内克只是一个微不足道的人，如果他的才能得到真实的检验，那么他的政治声望将会一落千丈。

卢梭与休谟之争使频繁参加这些文学和哲学沙龙的斯密陷入了反常的混乱状态。争吵的缘由是卢梭疯狂的想象力和由此产生的猜疑。英国和欧洲报纸的各个栏目在 1766 年的整个夏天都充斥着此事的报道。当初卢梭被逐出瑞士时，他的仰慕者休谟建议他去英国安家。1766 年 1 月卢梭跟随休谟回到英国。休谟为卢梭在奇齐克地区找到了一个住所，但是这位反复无常的哲学家却觉得太靠近城镇。于是休谟又在德比郡的皮克给他找了一所绅士的房子，但是卢梭要求房主提供膳食。房主满足了他的要求，卢梭才安心地在德比郡皮克地区的伍顿住了下来。休谟又从国王那里给他争取到了一份每年一百英镑的养老金，卢梭说要求保守秘密，国王同意了；随之卢梭又说要把这件事公之于众，国王再次同意满足他的要求。然而休谟为卢梭做得越多，卢梭就越是怀疑休谟的动机不纯。并用毫无道理的指责来攻击休谟，随后低头认错请求休谟原谅。最后，当休谟写信告诉他国王答应不再保密，领取养老金的一切障碍都不存在时，卢梭恼羞成怒，在 6 月 23 日给休谟写了那封臭名昭著的回信，宣称休谟有可怕的阴谋。

休谟把他的苦恼告诉了斯密，并让他把事实的真相告诉他在巴黎的朋友。斯密给休谟回信道：

亲爱的朋友：

我确信这是卢梭的问题。但无论如何我希望您不要把此事向世人公开。他粗暴无礼地拒绝了您给他争取到的养老金，让您在宫廷和大臣们那里颜面尽失。把他粗暴无礼的信展示给别人看，确实令人气愤。开心一点，这件给您带来很大不安的小事，不出一个月，您将发现它像以往的事情一样会给您带来很大的荣誉。尽力在公众面前揭下这位伪善的学究式人物的面具，会打扰到您平静的生活。如果置之不理，我相信烦恼就不会超过两周。如果您写信反驳他，这正中他下怀。他现在在英国面临着被人遗忘的境地，他想通过激怒一位杰出人物来唤起人们对他的关注。教会、辉格党人、詹姆斯二世党人等英格兰贤达，甚至整个英格兰民族，都希望看到苏格兰人出丑，并会对拒绝领取国王养老金的人大加赞赏。并且会因为卢梭拒绝领取养老金而对他进行补偿，而他可能也早已预料到了这些。您所有的朋友，如霍尔巴赫男爵、达朗贝、里科博尼夫人、里阿内库尔小姐及杜尔哥先生等都希望您不要给他回信。杜尔哥先生也真诚地恳求您接受这个建议。我俩都担心您会被一些邪恶的律师所包围，会受到英国狗仔的影响。请代我向沃波尔先生问好，相信我。

附笔：请代我向米勒先生致歉，很抱歉一直没给他回信。再次烦请您代我向米勒夫人问好。您见过汤申德先生吗？

1766 年 7 月 6 日于巴黎

斯密的性格特征中也有"大事化小，小事化了"息事宁人的一面。他对宁静生活的深深热爱，蕴含在这封信中。他不希望对将来的宁静生活造成重大影响，他不喜欢那些有虚荣心的文人，他们动不动就把一些小事情公开发表。在斯密与休谟的交流中，年轻而严肃的哲学家斯密，像对待那些性格和经验以及对整个世界的了解不如自己的人一样，对这位年长的哲学家充满了深切的关怀。

斯密把休谟的信给巴黎的朋友看了，他们很自然地站在休谟的一边。这次事件不断地为休谟在法国的文学界朋友们提供着谈资。7月，休谟再次给斯密写信，并特意嘱咐他把这封信拿给达朗贝看。21日，斯密在勒斯皮纳斯小姐家的宴会上遇到达朗贝，杜尔哥、马蒙泰尔、鲁克斯、莫尔莱、索兰和杜克洛当时都在场。当晚达朗贝就给休谟写了封信，对休谟及那件事给予了很多谈论意见。然而，斯密劝阻休谟不要出版那场争论材料的建议没有起效。休谟在法国的朋友建议休谟公开那些材料。大约一两周后，休谟把他和卢梭之间发生的纠葛连同信件往来全部寄给达朗贝，委托他全权处理，同时还致信斯密，说可以到达朗贝那里看。

7月27日，杜尔哥给休谟写信，提到他在霍尔巴赫男爵那里见到了斯密，他们就卢梭事件进行了讨论。斯密说，25日布弗莱伯爵夫人给他看了卢梭给康韦将军的信，他认为卢梭并没有把保守秘密当作拒绝领取养老金的理由，而只是遗憾他不能适当地表达自己的感激之情。可见，斯密想对卢梭的行为做出尽可能善意的解释，但是8月5日休谟在写给杜尔哥的信中说道，斯密那种善意的推测完全错了。

关于卢梭事件，斯密一共写过两封信，其中一封提到了他和休谟共同的朋友里科博尼夫人。里科博尼夫人写信给英国演员、导演、启蒙运动时期英国现实主义表演艺术创始人戴维·加里克说，斯密和英国大使的私人秘书钱盖恩是她的两个知己，他们经常对这场著名的争论进行讨论。里科博尼夫人曾经是一个颇受欢迎的优秀女演员，后来成为法国最受欢迎的小说家。她的《范尼·巴特勒信札》和《詹妮小姐的遭遇》两部小说同英国小说家理查逊的小说一起引起了巴黎人的强烈关注。斯密在1790年版的《道德情操论》中把她的名字与拉辛、伏尔泰和英国小说家、感伤主义早期的代表塞缪尔·理查逊并列在一起，称他们是教人们懂得"爱情和友谊的精致与微妙的人"。里科博尼夫人对斯密的仰慕溢于言表，就像她仰慕钱盖恩、漂亮的英国人理查德·伯克和加里克一样。当斯密从法国返回家乡时，里科博尼夫人交给他一封写给加里克的介绍信：

亲爱的加里克先生：

我为将要失去与斯密先生见面的喜悦而伤感，而令我欣慰的是您将获得这种喜悦。他是一个杰出的哲学家，才气横溢，满腹经纶。斯密先生虽很有才华，却很谦虚，希望不要使您听起来有点像过分的恭维吧。以前斯密在评论别人时说"待人亲切是他的技巧"，这也正是斯密先生的写照。他值得所有有幸认识他的人尊敬。

苏格兰人真是难以应付。他们既令我喜悦，又令我忧愁。不管别人怎么看，我都敬爱斯密先生。惺惺相惜，斯密先生始终对您怀着难以抑制的敬意，他希望能够有机会和您见面交流。祝福您，我亲爱的朋友。请代我亲一下您的夫人。真诚地问候你们两位。

里科博尼

之后，里科博尼夫人又直接给加里克寄去一封信，信中再次表达了自己对斯密真挚的尊敬之情：

今天给您写信，是为了要告诉您斯密将会去伦敦拜访您。他是一名绅士，不仅性情温和、举止优雅，而且机敏智慧、学识渊博，是一个非常卓越的人物。他随身带有一封我写的介绍信。通过接触您将会发现，他是一个道德修养很高、注重实际的哲学家，他爽快、开朗。他非常敬重您，非常希望能够同您交往。请您务必不要让他吃闭门羹，如果他不能够和您见面，损失将不可估量。请您务必把他的名字通知您的看门人。如果斯密先生没有被接见，我想那一定是您的责任了。

10 月 6 日

1767 年 1 月 3 日，里科博尼夫人给加里克写信说："这位哲学家真糊涂，没有带上信就走了。您还没有见到斯密先生吗？他也非常和蔼可亲，我很喜欢他，并更加尊敬他。"很显然，斯密没有把她写给加里克的介绍信交到加里克的手上。1 月 29 日，里科博尼夫人又谈到斯密的事情，问加里克是否已经见到了斯密，他是否在伦敦以及他是否转交了她写的介绍信。

里科博尼夫人是一个被斯密的个人魅力打动的法国女人，不过在斯密从巴黎到阿布维尔的旅行期间，一位很有才能和智慧的侯爵夫人爱上了斯密。当时与斯密一起的还有巴克勒公爵、其他一些英国贵族和退休军官劳埃德上校。

劳埃德后来告诉他的朋友《伯恩斯传》的作者柯里博士很多关于经济学家斯密的小故事。斯密一行人在阿布维尔停留了几天。他们去参观了法国北部的一个村庄、14世纪爱德华三世的英军大胜法军之处克雷西，正巧刚刚从巴黎来的侯爵夫人和他们住在同一家旅馆。在巴黎时，她发现所有的人都在谈论休谟，当她听说斯密是与休谟齐名的哲学家并且是休谟最好的朋友后，她决定要征服这个著名的人物。然而面对她的不懈追求，斯密却无动于衷，他深爱着一个英国妇女，当时那个女人也在阿布维尔。不过，除此之外斯图尔特还提到，斯密在年轻时曾苦苦追求过一位美丽而有才华的年轻女子，斯图尔特在那个女子80岁时亲眼见到了她，发现她依然保留着当年美貌的神韵，理解能力和心情的愉悦也没有受到光阴的任何损害。无从知晓是什么原因致使二人未能结合，她和斯密一样，终生单身。斯图尔特说："在经历了这次失败的追求以后，斯密就把婚姻的念头抛到一边去了。"

斯密在巴黎期间是一个忠实的戏剧迷。他一直都十分佩服那些法国的剧作家，看完戏剧以后，他还经常意犹未尽地同里科博尼夫人这样的戏剧专家进行深入的讨论。

法国戏剧为斯密提供了很多可供思考的素材。在晚年，他的思想和谈话常常都会涉及模仿艺术的哲学。他为此写了一篇文章，这是他一生当中最完美的作品之一。他喜欢和朋友谈论艺术这个话题，并通过自己广博的阅历和对生活的观察来举例说明自己的结论。他举的这些例子往往来自他在法国剧院的经历。

斯密对音乐没有鉴赏力，但他喜欢歌剧，包括喜剧和悲剧，巴肯伯爵说。他坚信，音乐总是产生于美德，他表示有道德的激情是音乐唯一的激情，邪恶的和孤僻的激情在他看来基本都是刺耳的。他认为，"在法国的歌剧中，不仅仅是电闪雷鸣和狂风暴雨常常以荒唐的方式表现在舞台上，而且史诗中所有那些神奇的力量和人物，神话中奇妙精彩的故事，魔法中令人不可思议的表演，所有最不适合在舞台上表现的东西，都无一例外地得到了官方的充分认可和这个聪明民族的欢迎，它们每天都在热情地上演着。"

斯密和一些博爱学派的经济学家，游走在欢乐的沙龙和歌剧院当中。杜邦·德·内穆尔对萨伊说，在他们的小型聚会上他经常看到斯密的身影。内穆尔认为，即使他们当时没有像后来那样发现斯密的卓越才能，但是他们从斯密的观点中学到的东西，比从他后来做出详细介绍的著作中学到的东西还要多。内穆尔认为斯密在他公开出版的著作中所发表的观点，完全不同于在没有任何拘束的私人场合中听他亲口说出的对同一问题的观点。

尽管斯密与他们相识，并且是他们在科学上和私人交往中非常要好的朋友，却不能像内穆尔那样，作为魁奈的弟子，他既不完全同意这位法国经济学家的观点，他赞同的一些观点也不来自他们老师的指点。

关于两个主要原理，斯密在 1750 年就开始讲授了，而一直到 1756 年魁奈也没有写过有关此类的命题。这两个主要原理：一是一国的财富不在于它有多少金银，而是它有多少可供消费的商品；二是增加财富的途径不是给予特权或者设置限制，而是让所有的生产者享有公平的机会，不搞特殊化。

虽然斯密对他们学说体系中特别强调的东西公开地给予了批判，却非常尊敬他们的学说体系和他们的老师。斯密表示，这个学说"尽管有不完善的地方，但是它也许是已经发表的有关政治经济学的最接近真理的学说"。

他由衷地认为，创立这个学说的人富有创造性，知识渊博，是一个最朴素最谦逊的人。虽然斯密不像米拉波侯爵那样认为魁奈是一个可以和苏格拉底比肩的伟人，也不赞同魁奈的《经济表》是和印刷术及货币的发明意义相比拟的伟大发现，但斯密把魁奈看作世界上经济学研究者们的领袖人物。

在人们看来，此学派的人既是理论经济学家，更是爱国者、实际的社会家和政治改革家。他们认为法国的状况正在恶化，人民正处在水深火热之中，甚至于整个国家都陷入了严重的危险之中，他们宣称自己的学说是拯救这个社会的唯一手段。伏尔泰在认识杜尔哥之前也曾经嘲笑他们。格里姆称他们为"哲学的信徒"；休谟也嘲笑莫尔莱，惊讶像杜尔哥这样的人为何会与他们为伍，认为他们是"自索尔邦神学院消失以来，现存的最大的空想家与傲慢自大的人"。然而他们比同时代的其他人了解到了更多的实际情况，也正是他们抓住了社会生活中的实际问题，可以从他们的著作中找到解决革命问题的关键。

当时社会的最大弊病是日益增多的贫困农业人口。大贵族、金融家、赋税包征者和垄断经营者都十分富裕，而占人口大多数的农民却被沉重的什一税和战争赋税、赋税包征者的盘剥和高额的地租压得喘不过气来，他们陷入绝望的贫困之中。小农阶级在负担日渐加重的情况下，仍然必须分文不少地缴纳地租，杜尔哥对此十分失望。在这所有的东西当中，农业纯产品，即扣除各种苛捐杂税以后留在农民手中的部分，则在逐年减少。小农阶级的破产也就意味着国家的没落。

其实，解决这个问题的办法并不复杂：不管通过什么方法，一定要使农业纯产品增加而不是减少。他们用"农业是财富的唯一源泉"这个存在一定错误的理论来证明自己的观点，但是这种错误并没有对他们的观点产生实际影响，因为农业一直都是财富非常重要的来源，农业的进步是整个国家都关注的事情。

那么如何使农业纯产品增加呢？那就是依靠更好的耕作方法、消除法律和官员的干预、废除现存的苛捐杂税和通过赋税包征者收取税收的征税制度，而代之以对农业纯产品征收单一税，由专门的官员负责征收，以减轻公众的负担。

当有人为魁奈的儿子提供一个赋税包征者的职位时，他说："不，还是让我的孩子们的幸福建立在社会繁荣的基础上吧。"最后魁奈让他的儿子做了农民。

魁奈的得意门生法国经济学家、重农主义者利未尔，当时正在写1767年出版的《政治社会的自然的和根本的秩序》一书，他几乎一直都住在魁奈的寓所，就书中的观点逐一与老师进行讨论。米拉波侯爵表示，他曾经看到利未尔在魁奈的寓所居住了整整六个星期。

有一天，奥塞夫人无意中听到了这两位经济学家的一段对话。米拉波说："现在我们国家的状况十分悲惨，整个国家都没有活力，更缺乏金钱。"巴黎议会的顾问、马提尼克岛的新总督利未尔说："假如不能征服一个国家，或者是国内不发生一场剧烈的动乱，那么这个国家就不可能获得新生。但那样的话，又将是一场不可避免的灾难。"当时国王情妇的哥哥马里尼也在场，他跟过去安慰这个被吓得浑身颤抖的宫廷侍女不要害怕，他们只是喜欢空想罢了。

魁奈的寓所是恰巧设置在专制政权核心的一个言论自由的庇护所，但是魁奈的忠诚和他的爱国之心一样真挚，路易十五本人也会去听他们讨论的经济问题，并称他们为"朕的思想家"。由于魁奈不相信三级会议与特别三级会议，对宫廷和政党阴谋丝毫不感兴趣，他关心的始终都是维护国王的权力与人民的福利这样的问题。

马蒙泰尔常常假装出对农业纯产品和单一税很感兴趣的样子频频到魁奈那里去，其实他到那里的目的仅仅是为了获得同蓬帕杜尔夫人约会的信息。他写道："尽管魁奈的小楼下风云变幻，但是他依然平静地进行着对农村经济的理论研究和实际计算，而对那些宫廷的斗争漠不关心。当楼下的人情绪激扬地讨论战争与和平，讨论将军的人选和大臣的罢免时，楼上的人却在热情洋溢地讨论农业问题，计算农业纯产品。有时他们还会和狄德罗、达朗贝、杜克罗、爱尔维修、杜尔哥及布丰等人一起愉快地进餐。蓬帕杜尔夫人不能够使这帮哲学家们下来参加她的沙龙，只好自己上去看望他们，和他们在餐桌旁交谈。"这些名人中，除杜尔哥之外，其余的都不是重农学派的人。

1766 年是这个学派的经济学家异常活跃的一年。杜尔哥当时正在写一本著作，利未尔也在写书。这个学派的其他经济学家们也都很忙碌，因为他们刚刚第一次掌控了一本刊物《农业商业金融杂志》，他们最年轻的信徒内穆尔 1765 年 6月被任命为该杂志的编辑，在内穆尔被免职的 1766 年 11 月以前，魁奈几乎每个月都会为这个杂志写一篇文章。

曾经因为米拉波的第一部著作，政府将他关进监狱，两年之前还在查禁他的第二部书。同时，官方还给予这本杂志一定程度的支持，因为在七年战争以后，政府已经不再对普遍存在的贫困状况视而不见了，他们开始关注民意，倾听解决这些问题的办法。重农学派的经济学家们还获得了新的信徒，比如曾经站在他们的对立面的博多神父，他曾经常常在自己的刊物《公民大事记》上写文章攻击他们，但是如今却愿意在他们失去《农业》杂志的时候，提供自己的刊物以作为他们的宣传阵地。

他们第一波的宣传就这样如火如荼地开展了起来，一两年之内就建立起了政治经济学。正如格里姆所评价的，这是法国最时尚的科学。欧洲的一些国王也开始信奉单一税制。为了能够和朋友们离得更近，以便及时开展宣传活动，魁奈就住在城镇中一个信徒的家里，因此斯密可以经常与魁奈以及其他经济学家见面。

然而，他们之间的交流，并没有被记载下来，只有内穆尔有一点零零星星的记忆。内穆尔记得斯密常常和他们讨论一个问题：对劳动者消费的日用商品征税，对劳动者工资的影响。他们对这个问题十分感兴趣。斯密在自由的私人场合下，所表达的观点同在《国富论》中大有不同。斯密对特权阶级心存顾虑，这说明内穆尔没有仔细阅读《国富论》这本书，因为在该书中斯密对当时所有的特权阶级都毫不留情地进行了强烈的指责。

内穆尔所说的不同是指斯密在书中提出一个原则时，比平时多附加了某种特定的限制，并不代表斯密观点的改变，只是平时说话比较随意，而在书中可以精确严谨地阐述。

斯密认为在劳动需求和商品价格不变的情况下，对劳动者的工资直接征税，就像法国对产业工人征收人头税一样，会导致税收的增加额等于工资的增加额。对此观点内穆尔和斯密的朋友们认识一致。他们一致认为，对劳动者消费的商品征税，如果被征税的商品是生活必需品，那么效果就和对劳动者工资直接征税一样，因为生活必需品价格的上涨会直接损害劳动者供养家庭的能力。

内穆尔觉得斯密书中观点与此不同，他在书中说：如果被征税的商品是奢侈品，税收的效果大有不同，劳动者只是减少了对奢侈品的消费，这种节俭不仅不会降低，反而会增加他们供养家庭的能力。这样一来，他们就不会要求提高工资，也不会获得更高的工资。可见，在法国和英国征收的高额烟草税与最近对桶装啤酒多征收 3 先令税收的措施，不会对工资水平产生任何影响。

内穆尔对斯密的指责意义不大，要知道，人们对事物的看法随着认识的深入而发生改变，是完全可以理解的，更何况斯密在书中的观点并不是最终最完善的。

在既消费生活必需品又消费奢侈品的社会里，对生活必需品征税，也会产生和对奢侈品征税同样的效果，因为这将迫使劳动者放弃对一部分奢侈品的消费。斯密的观点似乎并没有发生实质性的改变。内穆尔似乎觉得，斯密在和法国经济学家谈论英国税收制度的不方便、变革和一般危害时，观点比在《国富论》中表达的要激进得多。

本来斯密在离开法国以前，他既有机会拜访作为经济学家的魁奈，又不得不求助于作为医生的魁奈。他在巴黎时，常常带着他的学生到附近著名的风景区游览观光。1766 年 8 月，他们去贡比涅参观军营和宫廷迁到那里时举行的军事演习。而不幸的是，巴克勒公爵由于打猎时从马上跌下而导致了一次高烧。斯密作为家庭教师以甚至超越父亲般的关切和热爱亲自看护和照顾他。斯密给公爵的继父查尔斯·汤申德写信报告了这一切：

> 亲爱的先生：
>
> 　　我怀着万分焦虑的心情给您写信，巴克勒公爵有些轻微发烧。我们来这里是为了参观军营，和国王、大臣们一起打猎。上周四晚上七点，公爵打猎回来很饿，就吃了一些冷食和沙拉，又喝了一些冷的混合酒。在猎场时他感觉不舒服就早早回来了。晚饭是和乔治·伦诺克斯勋爵一起吃的，他食欲不错。晚饭后他非常困乏，就睡着了，一个小时后他醒来，思绪非常混乱，并且呕吐。脉搏跳动得很快。他喝了一些乳酸清，相信以自己通常的治疗方法，睡一个晚上，出点汗，第二天就会康复了。当天晚上他睡得不好，出了很多汗。
>
> 　　第二天（星期日）他还在发烧，我劝他赶紧请医生过来。我让人去请国王的首席常任御医魁奈，但是他病了，我又派人去请塞纳克，不幸的是他

也病了。无奈我亲自去了魁奈府上，恳请他去为公爵治病。他已经年老力衰，建议我以他的朋友的身份去请皇后的首席御医索恩医生。我赶到索恩医生那里，却被告知他不在家，并且当天晚上也不会回来。于是我又回到了魁奈那里，他随即跟我去为公爵看病。

魁奈说公爵停止出汗以前不要对他做任何事情，可以让他多喝一些凉的大麦汤。第三天（星期一）魁奈的病情也加重了，使得他不能再赶来为公爵治病，随后公爵的病一直由索恩医生治疗。星期一，他发现公爵的病情有所缓和，今天，也就是星期三，早上检查时索恩医生发现公爵的体温有些偏高，就建议在下午两点少量地放一点血，下午复诊时发现公爵已经退烧了，放血也就没有必要了。

当一个法国医生认定不需要进行放血时，就确定一个人的发烧还不是很严重。现在，公爵也感觉不到头痛了，身体上也不再疼痛，他精神状态好了许多，头脑清醒，眼神清澈。脉搏跳动得有点快，但是平稳，有力。索恩医生认为，公爵的病情完全是由星期四晚上的消化不良引起的，一部分未经消化的食物进入到血液中，引起了剧烈的震动，损伤了他的毛细血管……

在公爵的病情完全康复以前，我每天写信向您汇报他的病情，如果有任何危险的症状出现，我会立即派人通知您的。我从早上八点一直到晚上十点都会在公爵的房间里，密切关注着他的每一点变化。如果不是顾虑到库克那荒谬无理的嫉妒，我会整个晚上都守护着公爵的。

国王对公爵也非常关心，朝见大臣时都会向乔治勋爵和索恩医生询问公爵的病情。菲茨詹姆斯侯爵和侯爵夫人、克莱芒爵士、盖西伯爵等，以及在巴黎的所有英国人都非常关心公爵的病情，希望他早日康复。请代我向达尔基思夫人致以最诚挚的问候。

亚当·斯密

1766 年 8 月 26 日下午 5：00 于贡比涅

信中充满了斯密的拳拳爱心，展示了一个男子汉大丈夫内心的善良。斯密连日坐在他的学生床边，密切地观察着病情的细微变化，只是考虑到贴身男仆的感受才会在晚上的时候离开一段时间，仆人认为家庭教师的这种做法侵犯了他的权利。

公爵病愈后他们便返回了巴黎。当他们还在贡比涅时，听到了一个令人震惊的噩耗，他们最尊敬的年轻朋友和旅伴詹姆斯·麦克唐纳爵士不幸去世了。休谟写信给斯密说："亲爱的斯密，我们应该为可怜的麦克唐纳爵士的去世而伤心落泪。没有什么能比失去这个宝贵的年轻人更令我们痛苦了。"

在这封信中，休谟仍然坚持回到法国某地去定居，在巴黎、图卢兹、蒙托邦或者法国南部省市的城镇，在那里度过余生，在美好的天空下，享受有生以来最大的乐趣。而斯密则强烈地反对。他认为休谟年事已高，不便迁居，觉得他是被在巴黎时受到的热情接待和阿谀奉承所吸引了。他认为，这对他的工作不利。对于未来生活的打算斯密与休谟完全相反。斯密和休谟一样很喜欢法国，但在家庭教师任期结束之际，他又开始热切地期盼回到家乡。他离开贡比涅后给书商米勒先生写信表达了自己的看法。米勒摘录了一部分写给休谟："尽管在这里我生活很快乐，但是我仍然渴望着能够回去和老朋友们团聚，一旦我顺利地渡海归国，我就不会再离开了。请您让休谟也冷静下来仔细考虑一下，并告诉他，他所谓要来法国度过余生的想法是轻率的。"

一件偶然发生的不幸之事使他渴望已久的回国日期比他预期的还要早。1766年10月18日，他19岁的学生休·坎贝尔·斯科特在巴黎街头被人暗杀。随后他们马上带着他的遗体返回伦敦，随行的还有继休谟之后成为使馆秘书的乔治·伦诺克斯勋爵。他们在11月1日到达多佛。斯密的家庭教师经历就这样以一个悲剧事件而仓促收场了，但是那些仍然在世的学生始终以极大的满足和感激的心情怀念着他。

巴克勒公爵写信给杜格尔德·斯图尔特说："1766年10月，我们相处了近三年之后，一起回到了伦敦，我们相处的日子充满快乐，从未有过一丝的争执或不快。我们之间纯洁的友谊一直保持到他生命的最后一刻，令我终生难忘。我失去了一个我所热爱和尊敬的朋友，他不仅是一个伟大的天才，而且具有全部的个人美德。"

斯密选择当一名随同旅行的家庭教师，在刻薄的老卡莱尔博士看来，查尔斯·汤申德是为了"让一个著名的苏格兰哲学家陪同公爵旅行，以提高他个人的声誉"。他认为斯密内心过于"正直和善良"，从不怀疑别人有恶意。卡莱尔说："他最喜欢走神，这使他作为一个随同旅行的家庭教师参加社会交流活动很不合适。"

卡莱尔也承认，汤申德的选择是正确的。他认为这并不是斯密的功劳，而是学生天分很高。显然，斯密能够遇到这样一个学生是很幸运的。亨利公爵后来很少参加政治活动，他因长期从事慈善活动与爱国运动赢得了国民的爱戴，巴克勒家族历代热爱科学的传统也为他增色不少。卡莱尔承认，斯密在国外陪同公爵旅行期间独自走神的毛病很少出现。奥克特泰尔的拉姆齐也说，斯密在国外期间变得越来越敏捷能干了。

斯图尔特认为，公众对斯密担任家庭教师并不感到很满意，他为此而中断了似乎是专门为他而设计的事业，这是社会的严重损失，因为只有他这个雄心勃勃的天才青年才能够在这方面做出伟大的成绩。如果斯密终其一生不离开格拉斯哥的话，他是否也会创造出伟大的作品来。对于一个政治哲学家而言，海外的旅行是非常有帮助的。在 18 世纪下半叶，没有一个国家能像法国那样，有那么多经济和制度上的问题供人们研究。也没有一个政治哲学家能够拥有像斯密那样好的机遇，能够同那些才华出众、见多识广的法国名流就这些问题进行讨论。巴黎居住的生活，对他来说是一笔不可估量的财富，他每天都能得到新鲜的可供对比和思考的材料。塞缪尔·罗杰斯对比了一下斯密和历史学家罗伯逊的不同。罗伯逊兴趣狭窄，谈话范围从来都不会超出他自己的国家；而斯密则见多识广，话题丰富。斯密在新书中列举的大量实例、各种各样的观点和通过个人观察获得的丰富材料，都应该归功于他在海外的旅居经历。

斯密虽然长期居住在法国，但是对于即将到来的革命，却没有丝毫感觉，这一点令英国资产阶级庸俗经济学家、统计学家麦克库洛赫非常吃惊。

其实，斯密已经充分意识到了情况的严重性以及可能出现的后果，也偶尔会对这种重大的变革做出一些预测。他对法国人民实际状况的看法，要比从凡尔赛宫魁奈房间里听到的更乐观一些，他对自己在法国亲眼看到的情况，同苏格兰的情况进行对比。他认为虽然法国的发展速度明显没有苏格兰快，但法国是一个富裕的国家，土地肥沃，气候良好，凡是需要长久的岁月来建造与积累的事物，法国都胜于英国。

虽然在条件上法国可谓得天独厚，但是法国人民的生活状况却远远不如苏格兰人民。劳动者工资低下，人民生活困苦。在英格兰没有人会穷得穿不起皮鞋；在苏格兰尽管最下层的妇女还是赤着脚，但男人都是穿着皮鞋的。而"在法国，不管是男人还是女人，鞋子都不是生活必需品。那些最底层的人，有时候穿着木屐，有时候赤着脚，他们出现在公开场合时没有任何的不安"。

他觉得，法国有产阶级的状况不如苏格兰有产阶级的状况。园丁用那种被称为"笨拙的雕刻工具"的大剪刀把紫杉木修剪成金字塔形和方尖碑形的爱好，要知道，这在苏格兰早就已经不流行了，因为这种爱好太普通平凡，已经完全被那些富人和爱慕虚荣的人所抛弃。

"尽管我们有时会指责这个国家的人在时尚方面变化无常"，但在法国，这种爱好仍然得到了人们的赞誉，因为在法国能够尽情享受这种爱好的人非常少，还远远没有成为人人喜欢的爱好。"在法国，下层阶级的人民很少像英格兰的下层阶级人民那样，有幸福感，在油烛制造商的花园里，也很少见到金字塔形和方尖碑形的紫杉木。这种装饰物，在这个国家还没有因为它的粗俗不堪而被抛弃，王公贵族的花园里还能够见到它们。"

人们一般认为法国人所受的苛捐杂税之苦要比英国人严重得多。斯密通过亲自调查发现，按照人均水平来计算，真正收入国库的税收，法国人的负担远远小于英国人的负担。斯密计算出英国真正收入国库的人均税收负担是 25 先令，而在 1765 年和 1766 年，即斯密留居法国的时期，他通过掌握的最好的报告、根据收进法国国库的税收总额计算，法国人均税收负担是 12 先令 6 便士。从而得出结论，法国人的税收负担事实上要比英国人轻，他们的贫苦完全是由糟糕的税收评估和征收制度造成的。斯密甚至为法国政府提出了各种稳妥的财政改革措施，比如，废除某些税收、增加某些税收、统一全国各地的赋税以及废除赋税包征制度。虽然这些改革措施可以让法国这个资源丰富的国家再度繁荣起来，但斯密觉得法国是不可能做到排除守旧势力的反对，而真正实行这些改革的。

事实上，斯密敏锐地察觉到了法国人民普遍的贫困与不幸，他们所遭受的压迫。假如现有的政治结构没有任何改变，他们的状况也不会有任何的改进，一切改革的努力都终将成为泡影。这时就离一场剧烈的政治变动不远了，那么新的政治结构的建立也就无法避免了。并且，斯密觉察到别的国家也存在这种趋势。1782 年，斯密曾对圣方德教授表示，《社会契约论》终有一天会为卢梭所遭受到的法国当局的迫害而进行报复。

第 15 章 游历之终结：回归伦敦

1766 ~ 1767 年   43 岁

斯密一行在 11 月初到达伦敦以后，就在首都停留了 6 个月。随斯密一起回国的，是他那个不幸学生的遗体，并被埋葬在了达尔基思的巴克勒家族墓地，葬礼似乎随后举行。据伦敦报纸报道，巴克勒公爵 11 月 1 日抵达多佛，11 月 10 日公爵和他的继父财政大臣汤申德先生一起在市政厅参加了市长的就职典礼。据 11 月 22 日出版商安德鲁·米勒写给大卫·休谟的信中说，当时斯密正在伦敦，游走于名人显贵中间。休谟为了就是否应该继续写他的《英国史》而向斯密征求意见。当斯密还在巴黎时，休谟就写信对他说："有些朋友催促我赶紧继续写《英国史》，米勒说价钱不是问题，所有的巴尔伯勒文献都可以供我使用，但是我不愿意放弃休息、娱乐和社交活动，而再一次让那些愚蠢的人来对我评头论足。我现在已经感到有些疲倦了，而且对很多事情也看开了，不再去追求人们的赞誉或批评。况且我年事已高，再从事这样的劳动有些力不从心了。"

米勒曾经就这个问题与斯密交流过，于是他写信把斯密的意见告诉了休谟。米勒说："他的意见和您很多明智的朋友的意见一样，觉得我国革命以后的历史，应该根据国内的历史文献来编写，而不应该根据那些已经出版的书来编写，对于您来说得到这些材料根本不是问题，这就是他跟很多名人交流后仔细思考得出的结论。因此，您应该在熟读那些历史文献以后为自己打下坚实的基础，假如做不到这些，您就会打下错误的基础。"

那时，斯密正忙着让米勒为他出版新版的《道德情操论》，这是 1767 年出版的第三版，里面增加了"论语言的起源"这篇文章。这年冬天，似乎是为了查看该书出版的校样，斯密在伦敦待了很长时间。这本书是由米勒的业务合作伙伴斯特拉恩印刷的。在 1766 年到 1767 年冬天的某个时间，斯密从伦敦给斯特拉恩写了一封信。

亲爱的斯特拉恩：

今天下午我要外出，去乡下几天，在我回来之前，请您暂时不必再给我送出版校样了。"论语言的起源"这篇文章应该印刷在《道德情操论》的最后。这本书的印刷样书中有排版错误，我原本很乐意把它们修改过来，可是现在我手头没有样书，所以也没法修改。在《道德情操论》一书的扉页上，直接简单地称呼我为亚当·斯密就行，不用在我的名字前面或后面增添任何名称。

我永远是您的亚当·斯密

星期五

在《道德情操论》中他仅仅是简单地署名为：亚当·斯密，而在 1776 年《国富论》出版时，作者的署名是：法学博士，皇家学会会员，格拉斯哥大学前道德哲学教授。这是因为这个时期他不愿意像在私人场合那样，在公开场合和公众面前利用他的那些头衔。他的名片上也只有简简单单的"亚当·斯密先生"字样，在私人朋友这个小圈子里，大家都叫他斯密先生。而当斯图尔特在回忆录中这么称呼斯密时，一些批评家对他进行了指责。

就这样斯密一边监督第一部著作的再版工作，一边继续写他在法国就已经着手写作的第二部更加伟大的著作，并在伦敦新成立的大英博物馆等地广泛地阅读材料。那时他集中研究的一个问题就是殖民制度，对于这个问题，他和时任国务秘书的谢尔本勋爵进行过讨论，并在信中把其中一个方面的具体研究成果告诉了这位政治家。当时英国计划向南太平洋派出一支探险船队，斯密的朋友、在东印度公司工作的亚历山大·达尔林普尔希望能够担任这支船队的指挥，但是最终确定的指挥官却是沃利斯船长，斯密写这封信就是为了向谢尔本勋爵推荐达尔林普尔的。

亚历山大·达尔林普尔后来成为英国皇家海军和东印度公司著名的水文地理学家，为地理学的发展做出了非常重要的贡献。他是苏格兰法官和历史学家黑尔斯勋爵（即后来的戴维·达尔林普尔爵士、法官）众多兄弟中的一个，他于 1765 年，为东印度公司工作十三年后返回英国，开始致力于研究他在南太平洋的发现，他深信在那里还存在一个未被发现的大陆。假如不是已经确定由沃利斯船长带队，谢尔本勋爵很可能就让他担任这支探险队的指挥官了。不过第二年他终于如愿以偿。由于库克船长就是因为观测而闻名于世的。因此他希望被授予海军军官头衔，这样他就可以维持整支船队的秩序，在这次难忘的探险活动中进行金星穿越太阳面的观测。

斯密的信件如下：

阁下：

随信附带的葡萄牙航海家奎罗斯（他曾发现了新赫布里底群岛）的回忆录，是他在航海归来后呈给菲利普二世的报告，由在伯切斯出版的西班牙原版翻译而来。航海是一个漫长而又枯燥的过程，假如不是对这些国家的地理和航线非常熟悉，那么要理解这些是很不容易的。浏览了大量达尔林普尔的报告以后，我相信您能看到您最希望看到的东西。此外，他还刚刚完成了一份地理学报告，总结了目前在南太平洋地区的所有发现，从美国西海岸一直到澳大利亚和新西兰之间的塔斯曼海域都无一例外地论述到了。如果您愿意，他将亲自为您阅读他的报告，并在地图上为您明确地指出每一个岛屿的地理状况。他的报告篇幅短小精悍，还没有奎罗斯的回忆录长。

我不知道这些建议对您是否合适，这个大陆到底是否存在尚不确定，假如真的存在，他便是最合适的人选，除了他，我相信再没有任何一个像他一样甘愿冒一切风险的人，来完成这次探险任务。

他要求的条件只有两个：一是要拥有对全船的绝对控制权，包括对军官的任命，这样他才能使他和船员之间彼此信任；二是在他进入南太平洋以前，假如船只不幸失事，政府应当为他再提供一艘船。最适合这种探险活动的船是没有装备大炮的炮术练习舰。不过他觉得，只要是一百吨到一千吨的、那种带有很多救生艇的大船都可以。很多这类探险活动的失败都是因为他们不得不等待其他的船，或者是为了寻找其他的船而浪费了时间。

最近，我认真仔细地阅读了关于罗马殖民地的材料，但是没有发现什么重要的东西。这些殖民地都是按照罗马共和国的模式进行管理的：有两个执政官，共同担任同一职务的两个官员；有一个议会被称作十人队或者是执行委员会；其他的官员设置都和罗马共和国类似。

在殖民地的居民无选举权或者被选举为罗马议会的行政官员的权利这一点上他们不如罗马市民，不过，在其他权利方面，他们和罗马市民并无二致。殖民地十分独立，在第二次迦太基战争时，罗马共和国曾要求30个殖民地派兵出战，就有12个拒绝服从命令。它们是独立的小共和国，为自己独特的地位所代表的利益而服务。

阁下，带着最高的敬意，

我很荣幸能成为您最谦逊顺从的仆人亚当·斯密

1767 年 2 月 12 日星期二

殖民地的权利和责任问题在英国迅速成为公众议论的热门话题。1763 年，法国放弃北美殖民地使得这个问题更加尖锐，引发了很大的分歧，在大西洋的一边人们认为应该注重殖民地的权利，而另一边人们则认为应该对它们进行外部干涉。1765 年通过的《印花税法案》引起了人们反对国家税收的斗争。之后，查尔斯·汤申德开征的茶叶税引发了殖民地的叛乱。

这就是为何像谢尔本勋爵那样的政治家会研究殖民地与其宗主国的从属关系，关注像古罗马这样的早期殖民地实践活动的原因。与在信中表述的关于罗马殖民地独立性的观点相比，斯密在《国富论》中对此的看法稍微有所修正，并解释了罗马殖民地不如希腊殖民地繁荣是因为前者没有像后者那样的独立性，不能够经常按照自己认为最为有利的方式自由地处理他们自己的事务。

斯密在出国旅行期间爱走神的习惯有所改善，但要完全改掉却有点勉为其难了。1767 年 2 月 11 日，玛丽·科克夫人写给她妹妹的信中说，乔治·伦诺克斯夫人和吉尔伯特·埃利奥特爵士在拜访她的时候正好碰到一起，然后谈及了"那个和巴克勒公爵一起出国旅行的斯密先生"，在对斯密说了很多赞扬的话之后，又说斯密是他们见过的最容易走神的人。吉尔伯特提到，几天前戴默先生（可能就是弥尔顿勋爵的儿子约翰·戴默先生）去拜访斯密，谈兴正浓时，斯密拿出一片抹了黄油的面包，把它揉成一团，然后放进茶壶里并倒上开水。然后说自己从来没有喝过这么难喝的茶。戴默先生说："当然，你是用黄油面包而不是用茶叶泡的茶。"

巴克勒公爵和蒙塔古公爵的独生女儿贝特西小姐于 1767 年 5 月 3 日在伦敦举行了婚礼，斯密似乎是在婚礼之后返回了苏格兰。可以从两件事情中证明此事：一是 1767 年 6 月 9 日，斯密从柯卡尔迪写给休谟的信中提到，他最近潜心于工作，已经差不多一个月了；二是 1767 年 5 月 21 日，他被选举为伦敦皇家学会的会员，1773 年 5 月 27 日才得到正式的承认。这表明在 1767 年 5 月 21 日之前他已经离开伦敦，直到 1773 年 5 月底才再次回到伦敦。

第 16 章 柯卡尔迪：宁静的乡下写作生活

1767 ~ 1773 年　　44 ~ 50 岁

当初斯密离开格拉斯哥时，他的母亲与姨妈已回到柯卡尔迪，如今他再次回到她们身边，并一直陪伴了她们 11 年。休谟觉得乡下不适合文人长待，于是就劝斯密搬到爱丁堡去住。但斯密并不留恋快乐而又充实的城市生活，反而，他在这个自己出生的小城镇里找到了令他满足的东西。有自己的工作，可以和母亲相伴，每天在海风的吹拂中自由地散步，并且这里有几个从事和他相同研究、志同道合的邻居，比如《政治方针》的作者罗伯特·比特森，在居住在法夫郡的 11 年时间里，斯密常常和他见面。而且这里与爱丁堡相距不远，奥斯瓦尔德偶尔会来拜访他。斯密与老朋友的再次重逢中获得了真正的快慰。詹姆斯·奥斯瓦尔德当时正遭受着病痛的折磨，他在斯密返回苏格兰的第二年就去世了。

不过，此期间，斯密的主要精力还是放在了工作上，他废寝忘食，殚精竭虑，因此健康就受到了很大的损害。

在柯卡尔迪安定下来后，斯密给休谟写信向他推荐自己的一个法国朋友，被他称之为"在法国期间最要好、最贴心的朋友"正在伦敦，斯密希望时任副国务秘书的休谟能够在他留居伦敦期间给予照顾。在信中，斯密说他现在正沉迷于研究当中，他唯一的乐趣就是一个人到海边漫步，他一生当中从来没有像现在这样快乐和满足过。

斯密推荐的朋友是一个来自爱尔兰的绅士沙斯菲尔德伯爵，他学识渊博，尤其喜欢经济学，在巴黎期间和杜尔哥以及其他一些文人都有过交往。美国第二任总统约翰·亚当斯在担任驻巴黎公使时和他关系亲密，他说沙斯菲尔德过着一种逍遥派哲学家的生活，是他所认识的人中最快乐的。"他善于观察与反省，他全部的乐趣在于宴会和朋友。他是天生为自己而活，为自由而活的典型例子。"他出版了一本关于形而上学的著作，写过反对农奴制和奴隶制的文章，还有一些关于其他问题的文章，在亚当斯总统的文件中都可以找到这些手稿。但是对于亚当斯总统来说，他也是一个不容易解决的麻烦，他过分强调那些礼仪中的细节，这看起来和他进行高深的学术研究的身份很不协调。在亚当斯总统任期内，沙斯菲尔德在去华盛顿看望他时，常常会指出他在礼节上的一些小疏忽。亚当斯说："在热情的接待后，沙斯菲尔德总是说，应该让法国公使坐在我的右边，西班牙公使坐在我的左边，安排其他的主要人物依次落座。这个像宴会司仪一样关注于琐碎礼节的贵族竟然还具有艺术、科学、历史和政治等方面广博的学识，这实在令人匪夷所思。"

然而，斯密写给休谟的那封信并没有完整地保存下来，一部分被损毁了，下面是保留的信的一部分：

我亲爱的朋友：

在此我想向您介绍我在法国期间最要好、最贴心的朋友沙斯菲尔德伯爵。希望您能够把他介绍给您的朋友，特别是奥斯瓦尔德和埃利奥特。有您的帮助，我相信他一定会在伦敦过得愉快。他是一个非常纯朴、杰出而又可敬的人。这里我还有一封写给他的信，您可以交给他。给莫顿博士（皇家学会秘书，那封信大概是通知他已经被选为会员了）的信您就用平信寄给他吧。

在这里，我的主要工作就是研究，我已经埋头工作了差不多一个月的时间了。我喜欢一个人在海边漫步。我感觉自己非常快乐、舒服和满足。在我一生当中从来没有比现在这样更加强烈的感觉。

希望您能够不时地给我写信，并告诉我那些在伦敦的朋友的近况。请代我向大家问好，尤其是建筑学家亚当斯一家和蒙塔古夫人。

卢梭最近怎么样了？他是不是去别的国家了？

您所在的那个部门和东印度公司进行的交易是什么啊？我知道该公司没有延长合约的期限，这是一件好事情。

1767年6月7日于柯卡尔迪

13日休谟回信给斯密说，他和沙斯菲尔德现在已经是好朋友了。但由于他怕"这个言语不多、生活懒散的绅士会怠慢了客人"，所以并没有把他介绍给吉尔伯特·埃利奥特爵士，也没有把他介绍给奥斯瓦尔德，因为他发现他们之间持续了长达 25 年的友谊已经不复存在了。接着他描述了和奥斯瓦尔德那位当主教的兄弟之间的争吵。他写道:"亲爱的斯密,我相信我们之间永远也不会发生那样的争吵。我是您最真诚的朋友。"

7 月 14 日休谟再次写信给斯密,并附带了一个小包裹,要他转交给沙斯菲尔德伯爵,由此可见,沙斯菲尔德伯爵很可能到苏格兰去看望过斯密。

上面的两封信,斯密都没有回复,9 月 13 日,斯密去看望刚刚回国的巴克勒公爵及公爵夫人时才从达尔基思公爵府给休谟写了一封回信。用直白的语言表达了对与休谟发生争吵的主教的看法"他是一个畜生,一个禽兽",然后又对休谟说,自己的一个堂弟戴维·斯基恩上尉,即后来的彼特罗,在伦敦碰巧和休谟住在同一栋房子里,希望他给予照顾。

该信如下:

> 非常抱歉这么长时间没有给您写信,请您把随函附上的信转交给沙斯菲尔德伯爵,我将不胜感激。
>
> 我的堂兄弟戴维·斯基恩,是一个非常和善、谦虚、勇敢、优秀的年轻人,现在正和您住在同一栋房子里,因为他良好的品质,所以我很敬重他。几天前我刚刚从别人那里知道了他的英勇事迹,他最近在美洲表现得非常勇敢。如果您能给予他适当照顾的话,我将感激不尽。
>
> 巴克勒公爵和公爵夫人已经在此逗留了两个星期,他们两位一定会赢得当地人民的喜爱。因为我从来没有见过一个像公爵夫人这么令人愉快的女子。我还要在这里待几周。如果您和沙斯菲尔德伯爵给我写信的话,就直接寄到柯卡尔迪吧。希望您能告诉我卢梭离开英国前后的真相,请您放心,关于这件事我不会对任何人提起。
>
> 亲爱的先生,
我永远是您最忠实的朋友亚当·斯密

卡莱尔博士在描述庆祝会时说,"这是一个他从来没有到过的地方",也就是说巴克勒公爵之前也许从来没有到过达尔基思,因为他的继父查尔斯·汤申德害怕公爵长大后在口音和感情上会带有浓重的苏格兰色彩。如今公爵带着他年轻美丽的新娘回到这里,不仅是在巴克勒的领地,而且在从福尔斯到索尔维的整个苏格兰地区,这引起了人们极大的关注。庆祝会原本定在 9 月 13 日公爵生日,然

而因为汤申德的突然去世而不得不延期举行。汤申德是在公爵到达达尔基思那天得了霍乱病，公爵生日那天就辞世了。庆祝会推迟了两三周后举行，会上一共接待了附近的大约 50 名绅士和夫人。卡莱尔博士还曾当场赋诗一首，虽然这场庆祝会举办得很奢侈，但斯密不善于在宴会上烘托气氛，而除了斯密以外没有人认识公爵夫妇，所以会场气氛显得拘谨和沉闷。如果不是亚历山大·麦克米伦律师和他在场的话，会场气氛将更加沉闷。甚至他们会在没有举杯祝公爵健康长寿的情况下就草草地结束宴会，如果陪伴他们的是一个远比斯密要活跃的人物的话，那场庆祝会将会更早举行。在陪公爵夫妇住了两个月后，斯密就回到了柯卡尔迪母亲的身边，继续从事自己的研究。

由于斯密未曾在他学生的首次宴会上打破他与苏格兰邻居的坚冰从而受到了人们的责备，不过在公爵善良内心的温暖下这层坚冰很快便融化掉了。汤申德原本希望公爵能够从事政治活动，这也是他请政治哲学家对公爵进行教导的原因。然而公爵在汤申德死后放弃了政治生涯，而是心安理得地居住在苏格兰自己的领地内，成为那里众多佃户的保护者和农业技术改良运动的强有力的推动者。卡莱尔说，公爵一家对领地内的佃户十分和善，特别是亨利公爵在对正义与人性的卓越理解和判断上，超过了以往任何人。在这过程中可以说斯密的教导起很大的作用，因为没有一个年轻人能够在和斯密朝夕相处了三年以后，不被他对正义和人类的深深热爱所感动影响。这种对于正义和人类的深深热爱也是斯密超越他人的地方。斯密性格直爽，疾恶如仇，不能对于坏人和邪恶无动于衷或为其遮掩开脱，在那样的人面前他常常会感到极度不自在。

斯密一生都是亨利公爵的良师益友。据杜格尔德·斯图尔特讲，斯密在谈到他和巴克勒家族的关系时总是怀着一种满足和感激的心情。有关斯密爱走神的一些传闻就是从达尔基思公爵府传出去的。据布鲁厄姆勋爵说，在某次宴会上，斯密突然开始对当时的一位政治领袖进行强烈的批评，但当他看到桌子对面坐着那位政治领袖的亲戚时马上噤声陷入沉思中，之后嘴里还含混不清地说："天啊，这居然是真的。"斯密习惯于直率地说出自己的看法，同时又尽量避免让人觉得尴尬。据辛克莱副主教讲，有一次斯密在达尔基思参加宴会，在场的还有多切斯特勋爵的两个儿子。宴会上大家谈论的焦点是多切斯特勋爵的土地及事务。斯密却茫然问道："多切斯特勋爵是谁？我怎么从没听说过这个人呢？"可见他爱走神的毛病还没有改掉。

斯密从达尔基思回到柯卡尔迪以后，继续从事他的研究工作。1768 年他和公爵的法律顾问坎贝尔先生以及韦斯特霍尔的詹姆斯·约翰斯顿爵士有过书信往来。起初斯密让坎贝尔在达尔基思的藏书室里寻找有关斯泰因的斯科特家族的历史资料，然后又写信给詹姆斯·约翰斯顿爵士，打听有关继承巴克勒公爵称号的事情。在他与英国正统历史学研究的先驱之一黑尔斯勋爵的书信往来中，讨论他正在研究的经济问题有关的历史观点。二人长期保持着亲密的友谊关系，为了表达对斯密的敬意，黑尔斯勋爵曾经把斯密在休谟去世时写给斯特拉恩的信件翻译成了拉丁文。

下面是斯密与黑尔斯勋爵现存的两封信其中的一封：

阁下：

恳请您能够把您提到过的关于古代粮食价格的文章寄给我。为保证路上传递的安全，我可以在这周派人到您在爱丁堡的府上去取。我现在手中还没有您为盖洛韦勋爵和莫顿勋爵写的文章，您那边有吗？希望也一并寄给我。我会尽快把这两本书归还给您的。如果您同意，我想把这两本书的原稿誊写下来。

自从上次有幸给您写过一封信之后，我便更加仔细地研读了詹姆斯一世颁布的法令，并特意与您的观点做了对比。我从您的观点中获得了许多乐趣与启发。您给予我的帮助要远远大于我对于您的帮助。我之所以阅读这些法律文件，完全是要给自己一个各种原则总体印象，因此很少留意您所精通的法律条文的细节。您所列举的那些详细的实例，改善了我原来的观点。

您对于詹姆斯一世颁布的法令的那些看法，我非常认同。这些法令，与同时代的英格兰的法令和法国的法令相比，显得过于粗糙与不准确，正如历史学家说的那样，即使是在繁荣时期，苏格兰的社会秩序也比受到丹麦和挪威侵略的英格兰或法国混乱得多。第五、二十四、五十六和八十五号法令都是为了同一个目的而颁布的。由于社会秩序混乱，旅行的风险很大，所以那时候旅行者很少。路边的乡村旅馆或客栈自然也就少。人们出于善心与同情不得不接待这些旅行者。荷马说，陌生人是神圣的人，他们处在宙斯的保护之下，但是明智的人不会接待一个陌生人，除非他是一个吟游诗人或者占卜者。由于单独旅行或者只带很少的随从都很危险，所以人们旅行时不得不带上大量的随从，这反而加剧了旅馆供应不足的现象。因此，第二十四和八十五号法令就要求大量建造旅馆。但是由于很多旅行者不愿意自己花钱住旅馆，因此引起了旅馆经营者的抱怨，于是就颁布了第八十五号法令。

下面我还是忍不住要向您表达我对最近发生在伦敦和爱丁堡的案件的极大关注和强烈愤慨。英国的最高法院就像是一个陪审团，司法议员的责任就是汇总证据和向其他贵族解释法律条文，其他贵族也总是随声附和。在这起案件中的两位司法议员，一个喜欢哗众取宠，另一个做事畏首畏尾。人们总是怀疑他们会偏袒当事人中的一方。在这起案件中，我觉得他们判定案件所凭借的并不是自己的判断能力，而是他们的恐惧与偏好。在此情况下，我宁愿受到公众无情的指责，也要像您那样做一个实实在在的人。

带着最崇高的敬意，阁下，

我是您最忠实最顺从的仆人亚当·斯密

1769 年 3 月 5 日于柯卡尔迪

斯密在听说了上议院关于著名的道格拉斯案件的判决后写了这封信。判决的消息于 3 月 2 日传到爱丁堡，引起了巨大轰动。斯密在柯卡尔迪海边散步时看到了在索尔兹伯里·克拉格燃起的巨大篝火。最高民事法庭庭长由于反对道格拉斯的请求，其住宅遭到了一伙暴徒的袭击，并在第二天早上前往法院的路上受到了侮辱。从没有一起民事诉讼能够引起民众如此浓烈的兴趣和高涨的热情。道格拉斯案件的问题在于，那个所谓的已故道格拉斯公爵的财产继承人道格拉斯先生，到底是否是道格拉斯公爵的妹妹简女士与丈夫格兰德图利的约翰·斯图尔特爵士的亲生子，要知道简女士与丈夫在海外秘密结婚时已经 50 岁了；道格拉斯很可能是一个法国妇人的儿子，被简女士抱来养大来继承公爵的遗产。当时苏格兰人不是支持道格拉斯，就是支持汉密尔顿，由于案件中涉及的感情因素，大多数人对道格拉斯持同情态度。

一星期后，斯密又给黑尔斯勋爵写了信。布鲁厄姆勋爵说，斯密很明显已经开始考察白银的价格了。布鲁厄姆勋爵在道格拉斯的案件中引用了其中的一些原话："我在公众的报纸上读到，很多地方都在为道格拉斯案件举行庆祝活动。这里除了有四个小学生在地磅上点燃了三根蜡烛之外，几乎没有举行任何庆祝活动了。"

可见，斯密明显是强烈支持不受欢迎且要失败的一方，黑尔斯勋爵和庭长一起投票反对道格拉斯，但后来被上议院否决了。布鲁厄姆在出版这些信件时表示，斯密的观点显得"个人感情色彩浓厚"。他对卡姆登勋爵和曼斯菲尔德勋爵两位英格兰大法官公正无私的怀疑是根本站不住脚的。既是保守党人又是副国务大臣的大卫·休谟，在批判这两位司法议员与蔑视一般贵族方面，与斯密如出一辙。休谟在写信给布莱尔博士说："这起案件我很了解，再也没有比这两位法官的起诉更具有诽谤性了。如此厚颜无耻的主张、毫无根据的诋毁，简直是空前绝后。但这却迎合了一些身份高贵，内心平庸的听众的口味。"由于内阁的变化，休谟失去了自己的职位，1769 年 8 月休谟返回爱丁堡后终生都没有再离开，随后不久他给斯密写信，邀请他到爱丁堡来：

> 亲爱的斯密：
>
> 非常高兴，可以回到能见到你的地方，这里可以从窗口眺望到柯卡尔迪。我们之间隔着大大的海湾，我甚至为此而讨厌与恐惧海。我厌倦了旅行，您也肯定厌倦了长居家中吧。因此我邀请您来这里小住几日，陪陪独居的我。请问您是如何打发您的退休时光的？我敢肯定您的推测有和我意见相左之处。希望能与您当面倾谈，这样您可以为此提出一些合理的建议。本想建议我们去契吉思岛上见面的，但那里没有居民。康韦将军明天将会来这里，我要陪他到罗斯尼思去，并在那里停留几天。希望我回来的时候可以收到您接受这个挑战的回信。
>
> 亲爱的斯密，
>
> 我是您真诚的朋友休谟
>
> 1769 年 8 月 20 日于詹姆斯府邸

休谟所说的退休居住在柯卡尔迪的两年时间，斯密的著作取得了很大的进展，在 1770 年年初有人说他曾经携带原稿前往伦敦商量出版事宜。2 月 6 日，休谟再次写信给斯密说：

> "亲爱的斯密，听说您要去伦敦停留几天，为什么呢？了解了这群邪恶和堕落的人之后，您为什么还要出版您那充满理性和情感的著作呢？"

此时斯密已经全部完成了著作的初稿，此后的六年时间里他一直在对这本书进行修改。然而，事实上斯密在 1770 年并没有去伦敦，而是去了爱丁堡，并由于巴克勒公爵的功绩，在 6 月份斯密被评为爱丁堡荣誉市民的称号。1770 年 6 月 6 日爱丁堡市议会的记录上写道：

由于巴克勒公爵和蒙塔古公爵，以及他们高贵的祖先为王国所作出的杰出贡献，现指定同业公会会长及其理事会由衷地欢迎他们；评选亚当·斯密先生和尊敬的约翰·哈勒姆牧师成为我市的荣誉市民和同业公会会员。

市长詹姆斯·斯图尔特

蒙塔古公爵是巴克勒公爵的岳父，而约翰·哈勒姆先生则是历史学家亨利·哈勒姆的父亲，并在后来成了温莎公爵的牧师，同时，他也是巴克勒公爵在伊顿公学时的老师。这个荣誉市民是赐给巴克勒公爵及其相关人员的，而并非斯密的个人成就。斯密的荣誉市民证书是他现存的少数遗物之一。

斯密曾经答应休谟在 1771 年圣诞节期间去拜访他，然而由于休谟的妹妹生病，这次拜访被推迟了。1 月 28 日，斯密收到了一封来信，回复他询问巴黎的巴夫勒伯爵夫人的住址的信件：

亲爱的斯密：

非常抱歉，由于家里发生变故，而未让您兑现诺言，因为您曾许诺要在圣诞节期间来看望我。上个月我的妹妹发了高烧，现在身体还是很虚弱，家里气氛很是阴郁，这种情况并不适合客人来访。我期待在我妹妹完全恢复健康时，您能来家里陪我。到时候，不要托懒拒绝，亲爱的，如果您继续坚持这样的性格，您将把自己独立于人类社会之外，这对您个人和社会来说，都将是一个巨大的损失。

您所问的那位夫人的地址是：Me la Comtesse de B. , Douanière au Temple。她有一个继女，所以必须写清楚是两人中的哪一位。

大卫·休谟
1772 年 1 月 28 日于爱丁堡

斯密非常喜欢意大利诗歌，这本《奥兰多情人》可能是斯密送给休谟的。斯密的刻苦和孤独已经开始影响到了他的身体健康。而糟糕的身体状况正是他推迟出版著作的主要原因，而且情况还在进一步恶化。9 月，他写信给朋友普尔特尼说，他的书原本在今年冬初出版，但由于身体不好只得作罢。同时，他的一些朋友卷入了当时的商业危机中，为了帮助他们，斯密也花费了很大的精力。

亲爱的普尔特尼：

我非常高兴收到您的来信。由于最近正在处理一堆麻烦事，所以一直没有给您回信。由于几个非常要好的朋友卷入了当前爆发的这场灾难中，为此，我不遗余力地想方设法，希望能够给予他们帮助，使他们渡过难关。

我已在这本即将出版的书里，对您提出的问题，做了充分而详尽的说明。我本来打算摘录出一部分送给您过目，但通览一遍后发现，它们与书中的其他内容有着密切的关系，不便单独分开。对于詹姆斯·斯图尔特的书，对他书中的那些错误原理，我都在自己的书里进行了明确的反驳。在这一点上，我与您意见一致。

非常荣幸您向东印度公司的董事会提及我是一个对他们非常有帮助的人，对此我很感激。您总是喜欢在背后默默地帮助朋友。以后有什么需要帮忙的地方，请尽管开口，我将义无反顾。我从斯图尔特先生和弗格森先生处了解到，您正在关注盂加拉的货币危机，并提出了合适的解决办法。对此，我与您看法相同。

原本我的书在今年冬初就可以出版的，然而却被一些事情耽误了。一方面是因为缺少休息，整天思考而造成身体状况欠佳；另一方面是要帮助朋友摆脱商业危机。所以推迟了出版这本书的时间。

> 亲爱的普尔特尼，
>
> 我永远是您最忠实最亲切的仆人亚当·斯密
>
> 1772 年 9 月 5 日于柯卡尔迪
>
> 寄：国会议员威廉·普尔特尼先生伦敦，巴思会堂

斯密提到的那场灾难是当年严重的商业危机而引发的破产事件，他想方设法帮助的朋友是巴克勒家族。发生在苏格兰的这场商业危机十分严重，爱丁堡 30 家银行仅有 3 家幸免于难，而三年前成立的大型股份制银行道格拉斯·赫伦公司，是以推动社会进步，尤其是土壤改良为主要目的的，它的倒闭震惊了整个苏格兰商业界。巴克勒公爵是该银行最大的股东之一，负有无限连带责任。在高达 80 万英镑的债务中，公爵承担的绝不会少。巴克勒公爵及其顾问常常向斯密请教解决问题的办法，在《国富论》第 2 卷第 2 章中可以看出斯密对该银行破产时的状况非常了解。

东印度公司董事会接到普尔特尼的推荐，想让斯密担任他们计划成立的特别

监督委员会的委员。东印度公司 1772 年已陷入困境，7 月欠下的债务已高达 150 万英镑。他们计划向印度派驻一个三人委员会，由独立有能力的人组成，授予他们充分的权力，监督和控制整个公司的运营情况，对公司的管理部门进行一次彻底的检查。

伯克是最早被任命为委员之一的人，当他发现罗金厄姆勋爵不愿意与他分开时就拒绝了。斯密的两位苏格兰朋友亚当·弗格森和下院议员安德鲁·斯图尔特，都在努力争取此职位，而且还就此事与普尔特尼在伦敦见过面。普尔特尼在东印度公司有很大的影响力，他很有可能是同时把斯密、弗格森和斯图尔特三个人提交给公司董事会的，提名的时间应该是在斯密写信前两个月，7 月份弗格森还在爱丁堡市议会活动，以便他去印度之后还可以保留原来的教授职位。为当上该委员会的委员弗格森四处活动，从 7 月到 11 月期间，多次往返伦敦与爱丁堡之间。

《国富论》推迟出版，很显然是由于普尔特尼为了斯密获得这个职位而进行的谈判所致。"如果成功，《国富论》也许就不会问世了。因为书中第 1 卷和第 2 卷都对东印度公司进行了猛烈的批判……正是由于普尔特尼的谈判活动，使得这部书在作者的桌上一动不动地摆放了四年。"

这四年间斯密对书进行过大量的修改。他在 1773 年就增补了很多内容，例如，1773 年 2 月写了地租一章中关于兽皮价格的说明；1773 年 10 月写了殖民地一章中关于法国殖民地制糖工业衰落的说明；同年增补了工资一章中关于美国工资的说明；1774 年年中斯密在杜尔哥成为法国大臣后得到《关于课税的备忘录》一书，斯密阅读后增补了有关收入各章中增加的内容；1775 年，斯密在殖民地一章中增补了关于最近的事件对北美贸易的影响和公共债务一章中关于爱尔兰税收的说明；在公司一章中，斯密对东印度公司做出了十分系统的评价。

其实，这本书推迟四年出版的主要原因是作者在此期间要对原作进行不间断地修改。普尔特尼推荐斯密到印度的任职与此书的推迟出版毫无关系，因为写完那封信两个月后，那个提议就被完全否决了。即便是斯密对东印度公司有看法，也没必要推迟出版自己的著作。在公共工程一章中出现了对东印度公司的详细的批判，第一版中并没有此内容。如果作者有意要取悦东印度公司的话，完全可以删去这些内容，而且不会影响大局。

此后的三年时间里，斯密在伦敦主要是忙着修改和增补原书的手稿。休谟原本以为 1769 年就完成这本书了，但直到 1772 年年底，即斯密回信给普尔特尼两个月后，表示这本书还需要一年才能完成。休谟从圣安德鲁广场的新居给斯密写了一封信，希望斯密暂时放下手头的工作，在圣诞节前后到爱丁堡来陪他，借此休息一下，这样可以在第二年秋天完成著作。

> 亲爱的斯密：
>
> 　　我建议您圣诞节前后来这里休息几周，稍微放松一下，之后再返回柯卡尔迪，在秋天之前完成著作，去伦敦将著作印刷出版，然后回来定居在这个小镇上，这里比伦敦更加适合你勤奋用功、无拘无束的性格。
>
> 　　由于设立印度监督委员会的提议被否决了，弗格森虽然很失望，但他还是洒脱而归，对此我非常高兴。他将在下周搬到我家附近来住，我希望您也能同我们一起生活。
>
> 亲爱的斯密，
我永远是您的大卫·休谟
1772 年 11 月 23 日于圣安德鲁广场

当普尔特尼推荐斯密到东印度公司任职时，穆尔男爵正千方百计让斯密成为汉密尔顿公爵的家庭教师，斯坦厄普勋爵也很想让斯密担任切斯特菲尔德伯爵的家庭教师。穆尔男爵是年轻的汉密尔顿公爵（漂亮的冈宁小姐的儿子）的监护人之一，在著名的道格拉斯案件中，他曾经以这一身份替汉密尔顿公爵进行诉讼。他曾经与休谟和奥斯瓦尔德讨论过经济问题，是一个非常有才华的重要人物，并长期和斯密关系亲密。

1772 年，他急切地想知道斯密是否愿意再陪伴汉密尔顿公爵外出游学。斯密对此给予了肯定的答复。但是汉密尔顿公爵的母亲、当时的阿盖尔公爵夫人和他本人都希望让《塞留科》的作者约翰·穆尔博士来担任这个家庭教师，因为穆尔是公爵家的家庭医生，这样可以更好地照顾身体孱弱的年轻公爵。但却严格要求他以后不能再使用"医生"的称号，公爵夫人还严厉地责备了他在日内瓦帮助别人做外科手术一事，因为医生这个身份会成为他进入上流社会的障碍。因此，综合考虑后，并没有邀请斯密做家庭教师。

像穆尔男爵这样英明和务实的人都想聘请斯密担任家庭教师，这说明斯密作为巴克勒公爵的家庭教师非常成功，事实上斯密并不适合担任外出旅行时的家庭教师。

在柯卡尔迪作研究期间，斯密也会偶尔犯爱走神的毛病。查尔斯·罗杰斯就讲了其中的一个小故事。在留居柯卡尔迪期间，某个星期天的早晨，斯密穿着睡衣在花园里散步，然后他走上了通往大路的小道，在沉思冥想中沿着大路一直走到了15英里以外的邓费尔梅林。直到钟声响起人们陆续地走进教堂，这位哲学家才从沉思中惊醒。可见斯密由于过度用脑而造成了晚上失眠，从而难以从过于深入的思考之中解脱出来。

据罗伯特·钱伯斯的《苏格兰的情况》记载，斯密一天到晚埋头写作，以至于在书房的墙上留下了一个印记。1827年重新粉刷房间时，都还一直保留着这个印记。斯密习惯于站着构思，然后口述给记录员。他一般都是背靠着壁炉而站，在思考的过程中常常会不自觉地摇头，这样就会碰到壁炉架上方的墙壁。由于他的头发按当时的风习梳得锃亮，且头发上抹有一层发胶，很容易在墙上留下印记。

一天晚上，穆尔在朗曼的家里遇见了麦克库洛赫，他们谈论起有些作家喜欢一边构思一边口述。有口述习惯的作家的作品风格往往显得比较松散。麦克库洛赫同意这种看法，并将斯密作为例子。斯密的两本书写作风格完全不一样。斯密的《国富论》是口述的，风格松散，而《道德情操论》不是口述的，风格严谨。而事实上《道德情操论》的风格可能比《国富论》还要松散，反倒是《国富论》的风格要显得更为严谨。另外苏格兰的一位牧师、评论家、《论审美》一书的作者老阿奇博尔德·阿利森，在洞悉口述习惯效果方面比麦克库洛赫还要敏锐。他说斯密在口述时喜欢在房间里踱来踱去，他走一个来回（恰是）记录员所能记录下来的内容，因此每一个句子的长度差不多一样长。其实，斯密的句子并不一样长，句子结构也不相同。斯密口述，是因为他写字很慢。

斯密写作《国富论》的那所房子位于城镇的主大街上，其花园直通海边，1844年这所子被毁掉了。如今只有房子的纪念石碑仍然矗立在那里。人们为毁掉这样一个有纪念意义的建筑而惋惜。

第17章 伦敦：携著而来推销设想

1773～1776年　　50～53岁

1773年春，当斯密完成了《国富论》一书的写作时，计划携带原稿前往伦敦，做最后的修改后交给出版商印刷出版。然而由于长期的辛苦工作严重地损害了他的健康，他担心书还未出版自己就会死掉，因此他动身前往伦敦之前，给休谟写了一封正式的书信：

亲爱的朋友：

　　我打算把自己全部的书稿都转交给您来处理。除了我随身携带的这些书稿之外，其他有出版价值的是一些关于笛卡尔时代以前相继流行的天体系统历史的大部头著作的片段。您看能否当作青少年读物来出版，其中有些地方过于注重语言的华丽而忽视了内容的可靠性。这本薄薄的小书就放在我书房的书桌抽屉里。其他未装订的书稿，一部分在那个书桌里，一部分在我卧室的装有玻璃门的柜子里，柜子里大约还有十八本未装订的书稿，都是很薄的小书。除非我突然死掉了，不然的话我一定让人把我随身携带的书稿也转交给您。

　　　　　　　　　　　　　　　　亲爱的朋友，
　　　　　　　　　　　　　　您永远忠诚的亚当·斯密
　　　　　　　　　　　　1773年4月16日于爱丁堡
　　　　　　寄：大卫·休谟先生爱丁堡圣安德鲁广场9号

这封信写完后，斯密出发前往伦敦，在那里度过了四年时间。1773年5月27日他正式被接纳为皇家学会的成员。1774年2月休谟向当时正在伦敦的、比自己更加有利于了解事实真相的斯密写信询问："请告诉我们那些关于富兰克林的传闻到底是怎么回事？"1774年9月他从伦敦写信给卡伦说自己已经在伦敦住了一段日子了。1775年1月11日，珀西主教在乔舒亚·雷诺兹的宴会上遇到了斯密，当时他和约翰逊、伯克、吉本，还有其他一些人在一起。2月份一位名叫帕特里克·克拉森的年轻朋友让他把一封信转交给斯特兰德大街的书商卡德尔先生。12月27日霍勒斯·沃波尔写信给奥索里伯爵夫人说"在比克勒克家的那天晚上，亚当·斯密告诉我们，如果普雷斯顿能够在战斗中多锻炼一下，几年以后他就会成为一个卓越的指挥官。"1776年4月，书出版一个月之后，他回到了苏格兰。1777年1月他再次返回伦敦，在他写给波纳尔总督的书信中，地址写的是萨福克大街。由此可见，斯密在那段时间里，大部分时间都是在伦敦。

这三年时间他都花在了《国富论》这本书上，书中的很多内容都是在伦敦写出来的。他在1772年9月写给普尔特尼的信中说，这本书几个月之内就可以完成，还对休谟和亚当·弗格森说"期待着我的书吧，1773它就可以出版了"。在当年出版的第四版《公民社会史》的一个脚注中，弗格森说："《道德情操论》的作者很快就会出版一本有关国民经济方面的著作了，这本书可以和任何科学方面的书籍相媲美。"但是在伦敦进行的研究工作比作者预想的要重要得多，需要进行大量的修改和增补，所以休谟在祝贺这本书最终在1776年得以出版的时候写道："您在伦敦居住的这段时间使这本书的质量有了很大的提高。"全部章节都经过了重新锤炼，其中还有一些章节有着明显的修改痕迹。

美国的沃森先生，即《费城编年史》的作者讲述了很多斯密在伦敦为自己的新书呕心沥血的情景："富兰克林博士曾经告诉罗根博士说，那个著名的亚当·斯密在写《国富论》时，常常在写完一章之后就拿来给他、普赖斯博士和其他学者们看，然后耐心地听取他们的意见。甚至不惜把整章重写，还会完全否定自己原来的观点。"

1759年斯密在爱丁堡认识了富兰克林，斯密在伦敦的一些好友，如约翰·普林格尔爵士和斯特拉恩等，也是富兰克林的好友，他们在伦敦时经常见面。斯密在伦敦居住期间增补的那部分内容，主要都与殖民地和美国有关。由于斯密所接触人见多识广，从交谈中他获得大量有用的信息。富兰克林就给他提供了很多有价值的信息。富兰克林的传记作者说："这一时期的私人文件中，有一些是富兰克林与哲学家交谈后记下的疑问，以便回家后再进行仔细的思考。作者所拥有的在美国殖民地方面的知识正是富兰克林所熟知的。书中几乎每章都有殖民地的状况和发展情况的介绍。而美国殖民地的状况是该书基本理论的现实依据，缺少这些内容，书中的许多主要的观点都将成为空论。"当然，斯密生活在格拉斯哥的 13 年间，他肯定也从精明的商人和从美国归来的殖民者那里获知了许多有关美国殖民地的情况。

来到伦敦后，斯密与斯坦尼普勋爵重温了旧谊。斯坦尼普勋爵就自己监护的切斯特菲尔德伯爵的家庭教师人选问题征求斯密的意见，斯密建议他选择亚当·弗格森。与弗格森的商谈就是通过斯密来进行的。考虑到弗格森就要陪伴切斯特菲尔德伯爵出国旅行，一直想让朋友留在身边的休谟就询问斯密，是否愿意在弗格森出国期间代他在爱丁堡大学担任道德哲学教授。斯密没有答应。市议会作为大学管理者拒绝了弗格森的告假请求，要他要么选择留在学校，要么辞去教授职位。弗格森指定了年轻的杜格尔德·斯图尔特作为自己的继任者后，决然地陪伯爵出国去了。

休谟的信如下：

> 亲爱的斯密：
>
> 我写信给您是想提一个建议，如果弗格森确定要离开的话，他提出的解决办法是不合适的。他想保留职位，就自己找人代他授课。这种做法容易遭人嫉妒，市议会中想让熟人来填补此空缺的人也会极力反对。我突然想到如果您代替他授课，或做他的继任者，等他回来之后您再辞职将是一个不错的办法。主要是考虑到过去他曾经友好地帮助过可怜的拉塞尔家族，现在也应该这样帮助他。
>
> 关于富兰克林的传闻是怎么回事？虽然他是一个喜欢搞派系斗争的人，派系斗争几乎和狂热一样都充满了激情，有着极大的道德破坏力，但他会如此极端，却让人难以置信。我听说他在委员会上受到了韦德伯恩极其残酷的对待，而没有任何人去指责韦德伯恩的行为。
>
> 1774 年 2 月 13 日于圣安德鲁广场

休谟写给斯密的信是寄到伦敦科克斯帕大街"英国咖啡馆"，那是 18 世纪苏格兰人常去之处，由斯密在巴利奥尔学院的老朋友道格拉斯主教的妹妹经营。道格拉斯主教的妹妹是一个具有非凡的才干和善于与人交流的妇人。韦德伯恩在这家咖啡馆里创立了一个每周聚餐一次的俱乐部，斯密、罗伯逊和卡莱尔经常在此露面，斯密的很多苏格兰朋友，比如威廉·亨特博士、约翰·霍姆、建筑师罗伯特·亚当及吉尔伯特·埃利奥特爵士等都是这个俱乐部的会员。虽然像戈德史密斯、乔舒亚·雷诺兹爵士、加里克和理查德·坎伯兰等人也是俱乐部的会员，不过还是以苏格兰人为主。

1775 年斯密加入了另外一个由约翰逊、伯克和雷诺兹等人在杰勒德大街的特克赫德创立的文学俱乐部，他经常参加两周举行一次的俱乐部宴会。在他当选为会员的那天晚上，出席的人有比克勒克、吉本、威廉·琼斯和乔舒亚·雷诺兹。《奥尔德罗宾·格雷》一书作者的丈夫、俱乐部的会员之一巴纳德教长则非常欣赏斯密，他说斯密在谈话中给他留下了深刻的印象，在《国富论》出版以前还曾写诗赞美他。

斯密的谈话与其说是在说话不如说是在演讲，总是富于启发，充满教育意义，完全属于思想家的类型。数学家约翰·普莱费尔教授的弟弟威廉·普莱费尔说："即便在平常的谈话中，斯密也丝毫不拘泥于形式或表达生硬，而是条理清晰，给周围的人带来欢乐。"

贝内特·兰顿表示，斯密在讲话时总是用一种"果断的学者派头的口吻"。托珀姆·比克勒克开始对斯密的谈话评价很高，后来却改变了看法。也许正如巴纳德教长所说，虽然比克勒克是俱乐部里有名的演讲家，但他厌烦那些冗长的演讲。加里克说，一天晚上，听了斯密的演讲以后，这位著名的表演艺术家转身悄悄对一个朋友说："他的演讲是不是有点拖沓冗长了？"其实斯密的演讲像约翰逊一样充实与深刻，但缺乏力量和生动。斯密死后不久，《同情者》的作者亨利·麦肯齐跟塞缪尔·罗杰斯说："斯密记忆力超群，他的演讲内容比任何人都要充实。另外，他的话题非常广泛。在很多话题上他都能说出有价值的东西"。一般不怎么偏袒斯密的博斯韦尔也承认，斯密讲话时脑子里充满了形形色色的问题。与沃尔特·斯科特先生一样，斯密也因为经常避免谈论自己研究的话题受到谴责。博斯韦尔说，斯密曾经向乔舒亚·雷诺兹表示，绝对不会在别人面前谈论自己正在研究的话题。因为他喜欢在头脑中构思自己的作品，害怕别人剽窃他的思想。

当然这种说法有失偏颇。要知道，话题广泛的人在与别人交流时自然不愿意谈论与自己专业有关的话题，他们与人交流的目的是为了转换脑筋。在实际生活中，斯密并不像博斯韦尔说的那样。在朋友们把谈论的话题引到他所研究的话题上时，斯密从来都是直率地说出自己的想法。麦肯齐说，他说话不仅直率，而且知无不言，内容丰富到几乎可以写成一本书了。斯密在这方面并不吝啬。当他听说布莱尔打算借用他在法学上的一些思想时，他说"我那里还有很多"。约翰·辛克莱先生创作《财政收入史》时，斯密把自己的全部相关资料，都提供给他使用。如果斯密同富兰克林、普赖斯等人整章整章地谈论自己的著作这件事情属实的话，这正好与乔舒亚发表对他的看法处于同一个时期，那么他几乎不可能在平时的谈话中约束自己的言论。但是不管他是否愿意谈论自己的研究，斯密非常喜欢那些远离自己的研究的话题，他能够从天马行空的谈话中获得极大的乐趣。斯图尔特说："他很少提出新的话题，对别人提出的话题也总是很少有准备。在一些他只知皮毛的问题上，听凭他自由自在地畅谈，那样才最有意思。"斯图尔特和卡莱尔说，斯密看不透人的品质，却又喜欢对那些谈话中涉及的人的品质问题作出判断。他所做出的判断通常果断生动，但不够准确，他过于善良，往往会被偏爱蒙蔽眼睛。当有人质疑斯密对某人品质的看法时，他会马上收回自己的看法，甚至说出与原来相悖的看法。斯密喜欢提出新的理论，并对它们进行论证，但是用理论来解释一个人要比用理论来解释一个抽象的概念困难得多。

斯密嗓音沙哑，在生人面前，他常常会显得局促不安，有时甚至结巴。但是一旦话题谈开了，他会非常活跃，脸上浮现出灿烂的笑容。卡莱尔说："他那种赞许的微笑很有魅力。"斯图尔特说："在朋友面前他总是带着友善的微笑，使得大家很开心。"

作家泰勒说，住在伦敦时，斯密和吉本一起去听了他的老师威廉·亨特的解剖学课程，斯密反驳了应由大学垄断医学教育的主张，支持像亨特这样的家庭教师讲授医学课程。1774年9月他给卡伦写了一封长信，声称医学教育应该享有绝对的自由。他认为医学教育不应该具有特殊性，那些极端的经济自由主义者就是因为相信了这种特殊性的存在，才赞同了政府对医学教育的干预。

长期以来，苏格兰医学界对于某些苏格兰大学，尤其是圣安德鲁斯大学和阿伯丁大学，随随便便就授予别人医学学位的做法很不满意，这种不满情绪愈演愈烈。学位候选人不需要上课学习以及考试，只要他缴纳手续费，从两个从业医生那里开出熟练证明就可以获得学位。也没有人去调查开具熟练证明的医生的资格。于是在伦敦出现了一群代理人，可以代人去苏格兰得到学位。以致英格兰的苏格兰医学博士泛滥成灾。人们对苏格兰毕业生产生了偏见，包括那些从爱丁堡和格拉斯哥大学正规毕业的学生。

1771年，一件事情在爱丁堡和格拉斯哥轰动一时。一个名叫利兹的人，虽然通过考试从爱丁堡获得了医学学位，但是他在伦敦医院的表现却让人对他的能力产生了怀疑，医院方面于是要求他只有获得伦敦医学院的学位才能继续留在医院，然而他没有通过伦敦医学院的考试，于是被医院解雇了。

1774 年巴克勒公爵被选为爱丁堡大学医学院的名誉委员，他向学院委员会提出了医学学位考试的问题，希望能够消除为此而引起的非议。于是学院委托巴克勒公爵向政府提交请愿书，希望政府做出规定禁止大学向那些不上课、没有通过检验熟练程度考试的人授予医学学位证书，除非是名誉证书。凡申请医学学位的人，必须要在大学接受两年正规医学教育，通晓医学研究的所有分科。如果政府不能够立即采取行动，那么就应该建立一个皇家调查委员会来负责此事。

巴克勒公爵把请愿书寄给了斯密，让他看完后把自己对这些问题的看法写信告诉卡伦。

斯密在信中明确地表示坚决反对。不知是这位年迈可敬的家庭教师的意见改变了巴克勒公爵的看法，还是其他的原因使他放弃了向政府请愿的计划，他们在这件事情上没有采取进一步的行动，只剩下苏格兰大学设法应对这种影响到它们的利益和声誉的事情。

斯密居住在伦敦的最后一年，非常担心休谟的身体状况。休谟的身体一直很好，但到 1775 年年初，身体状况每况愈下。并且是迅速地恶化，而不是像其他老年人那样逐渐退化。于是，斯密决定书一出版就到爱丁堡去，想劝休谟到伦敦来，尝试变换一下环境，四处走走，看是否对他的健康有所帮助。但是由于他懒于写信，这个想法只是通过朋友传达给休谟，因此，书还没有出版，他就收到了休谟的抱怨信：

亲爱的斯密：

其实，我和您一样不爱写信，可是我太惦记您了，还是忍不住写信给您。

您的书很早以前就应该付印了吧，但是至今没有刊登广告。这是为什么呢？如果您一定要等到巴伐利亚的命运决定以后再出版的话，那您可能要等上很长时间了。

听说，您计划今年春天来这里，可至今却未见行动。我已经为您准备好了房间，一直在家期待着您的到来。

我现在身体状况不是很好。今天我量了一下体重，发现减去了整整 5 英石（英制重量单位，1 英石等于 14 磅，折合 6.356 千克）。如果您来得太迟的话，恐怕就再也见不到我了。

听巴克勒公爵说，您对美国的事情十分感兴趣，其实这些事情不像您想象得那么重要。如果我理解有误，我会在见到您或拜读您的来信后改正。我国的航海业和一般商业将遭受比制造业更大的损失。如果伦敦能够像我一样减去那么多体重就好了，现在它只不过是一个有着劣质和肮脏空气的笨船。

1776 年 2 月 8 日于爱丁堡

在当时美国的问题非常重大，这片殖民地已经反叛了一年多，几个月之后，发表了《独立宣言》。从《国富论》的结尾部分可看，斯密以极大的爱国热情和忧虑关注着这场战争。

其实很久之前，斯密就对整个殖民地的管理问题进行过专门的研究，明确地给出了斗争双方的是非问题和管理从属国时应该采取的政策问题的意见。休谟支持分离，因此他认为从自然的过程来看，分离不可避免，只是时间问题，犹如孩子要离开父母，果实注定要离开树木一样。只要宗主国和从属国之间愿意结合在一起，就不会发生分裂的事情。最有效的政策就是进一步联合，即联邦制。他说的是"合并从属国"，而没有说"消灭从属国"。他认为殖民地是王国土地的对外扩展，殖民地的居民应该和王国内其他地方的居民一样，享受同等的权利，承担同等的义务。殖民地应该和英国的居民一样缴纳同等的税收。既然英国采取的是贸易自由政策，那么就不应该对殖民地的贸易设置限制。如果要对殖民地进行征税，就应该给予它们在国会内相应的充分而同等的代表权利，"殖民地的代表权和它们的税收比例，应该与英国的代表权和税收比例完全相同"。

他所设想的联合并不是联邦式的联合，因为地方议会并不能享有地方自治的权利，希望能和爱尔兰之间也建立与苏格兰之间的那种联合。设立在伦敦的帝国议会像是为特威德河岸的地方事务制定法律一样，也能够为大西洋两岸的所有省份制定法律。

他承认自己的这种安排可能会带来各种后果，并且随着殖民地人口与财富的增加，这是必然之事。帝国真正的中心将会发生转移，一旦美国在国会中的代表人数超过了英国的代表人数，他们可能就会提议，把帝国议会所在地从伦敦迁移到大西洋对岸一个类似君士坦丁堡的城市去。

人们会认为这种安排是一种狂想，是"新的乌托邦"，但斯密并不认为托马斯·穆尔先生的旧乌托邦是无用的、妄想的，自己的乌托邦应该不会比旧乌托邦更加无用、更近乎妄想。所遭遇的困难是出自大西洋两岸人民的偏见和看法，而并不是出自事物的本性。他坚信这种联合是使殖民地成为帝国的有用因素，而不是华丽的装饰物的唯一办法，也是唯一可以避免殖民地彻底脱离英国的办法。

这种联合既是为帮助宗主国拯救殖民地，又是为帮助殖民地拯救自身。对于英国来说分离不算什么，而对于殖民地则意味着死亡。分离之后，小团体之间那种互相仇视的派系斗争将不可避免，宗主国的强大压力可以压制这种矛盾，将其限制在可以控制的范围之内，而一旦失去了宗主国强大的外部压力，这种矛盾就会一触即发，演变成赤裸裸的暴力流血事件。

然而斯密最后的设想并不正确，巴克勒公爵曾经对休谟说过，当时斯密正在伦敦的重要人物之间周旋，热心地向他们推销自己的设想。

第 18 章 惊世之作:《国富论》问世

1776 年　　53 岁

1776 年 3 月 9 日《国民财富的性质和原因的研究》(简称《国富论》)终于问世了。斯密构思这本书花费了 12 年时间,写作花费了 12 年的时间。斯密曾经的对手霍恩主教说写书花费的时间越长,书的生命力也就越长。

1759 年,斯密在《道德情操论》一书的结尾说:"我将在另外一本书里阐述法律和政治的一般原理,以及在不同的社会历史时期里它们所发生的变革。从公平正义、国家收入政策、军队以及其他的司法目标方面来对此问题进行阐述。"

斯密在 1790 年出版的《道德情操论》第六版序言中谈到这个诺言时说:"在《国富论》一书中,部分地兑现了自己的诺言,从国家收入政策与军队方面进行了阐述。"可见,斯密在图卢兹开始写书时就已有了宏伟的计划。写这本书用时之久的原因是他写作了很久才决定把此书分成两部分来写,即先写有关国家收入政策及军队方面的内容,法学方面的理论以后再单独出书。

这本精装书是以两卷四开本的形式出版,定价一英镑十六先令。封面上罗列出了作者所有的头衔:法学博士、皇家学会会员及前格拉斯哥大学道德哲学教授。

斯密在第二版时第一次提出对半分红的条件,出版商斯特拉恩说这是一个非常公平的提议。初版不是为作者印刷的,因为作者送出的所有赠本都从他的报酬里面扣除了。出版社可能是用一定数目的钱买下了书的版权,斯密曾经在 1776年 11 月 13 日的一封信中说他已经收到了 300 英镑,还有一部分钱没有收到。据推算,斯密的全部收入大概是 500 英镑,这个数额也是卡德尔出版社支付给其所出版的最后一本经济学著作、詹姆斯·斯图尔特的《政治经济学原理研究》的全部报酬。

书的销售情况比出版商预料的还要好。第一版仅仅六个月内就已宣告售罄。

4月12日，在此书出版后一个月，休谟说读斯密的书太深奥，读起来要费一些脑筋，销量肯定没有吉本的书多。对此斯特拉恩表示认同，他对休谟说："吉本的书非常畅销，斯密的书虽然卖得没有前者快，但却出乎了意料之外，他的书需要仔细地阅读和深入的思考才能够有所收获，而这也是现在读者最缺乏的素质。"

这样的销量是一个奇迹，它几乎没有从评论中得到任何帮助，不管是赞扬还是批评。《绅士杂志》根本就没有注意过这本书，《年志》中对这本书的评论（很可能是伯克写的）也是一笔带过，仅仅两页，而同期中对沃森的《菲利普史》评论则占十六页之巨。

斯密给斯特拉恩写的一封信中说到，他已经分发了很多赠本。第一本书是赠送给他的老朋友大卫·休谟的。这本书上面带有作者的题字。休谟在下面这封回信中告知斯密说自己已经收到了赠书，从中可见，在此书出版前就连休谟也没有见过原稿：

> 亲爱的斯密先生：
>
> 　　期待许久，终于等到了您书问世的消息，我为您感到由衷的高兴！仔细地阅读了您的著作以后，一颗悬着的心终于放下了。我一直焦急地期待着它的出版，现在终于得偿所愿了。
>
> 　　这本书需要集中精力去读，而如今人们比较浮躁，缺乏耐心，所以恐怕这本书开始不太畅销。但它深刻的思想、可靠的内容、敏锐的观察，以及大量新奇的案例，终将得到人们的青睐。
>
> 　　您上次居住伦敦时，应该对书进行了大量的修改吧。多么希望您现在就在我身边，那样，我们就可以自由地讨论书中的问题。我觉得地租不是产品价格的组成部分，因为价格完全是由供求关系决定的。法国国王也不可能征收百分之八的铸币税，那样就没有人愿意把金银送往法国的铸币厂了，而会送到荷兰或者英国，铸成货币以后再运回法国，总的费用也不会超过2%，所以内克说法国国王只征收2%的铸币税。不过这类问题，只适合面谈，希望我们很快见面。我身体状况欠佳，希望您能尽快过来。您和吉本先生应该很熟吧。我非常喜欢他的书，我曾对他说，如果不是直接认识他，真不敢想象如此优秀的作品竟出自一名英国人之手。一想到国家文化在我们这代人手里竟然如此衰落，内心就很愧疚。期待他能够给我们带来希望。
>
> 　　我们都在为穆尔男爵的去世而伤心不已。他的离世，是社会不可挽回

的损失。在这个世界上，他是我认识时间最长、关系最好的朋友。

1776 年 4 月 1 日于爱丁堡

同一天，吉本也从伦敦给亚当·弗格森写了一封信，信中说：

"我们共同的朋友亚当·斯密先生奉献给社会的作品是多么的优秀啊！一本书里面竟然容纳了如此丰富广泛的内容。他用最明了的语言表达了最深刻的思想。听说他很快就要去拜访您了，他打算努力劝说休谟和他一起回到伦敦来。可惜，休谟的身体和精神状况都不太好。我确信您也会努力劝说休谟，让他多出来走动走动，换个环境，这样对他的健康有很大的帮助。"

人们往往认为一个从来没有从事过任何商业活动的人，根本不可能写出商业方面的好书来。皇家学会的会长约翰·普林格尔先生就是这样认为的。他曾经在苏格兰一所大学里担任道德哲学教授。《国富论》出版以后，约翰·普林格尔对博斯韦尔说，斯密从来没有从事过商业活动，他写的商业方面的书不会比律师写的医学著作好多少。约翰逊知道后反驳说："一个从来没有从事过商业活动的人确实可以写出商业方面的好书来。再也没有什么比商业更加需要哲学家的解释了。对于单纯的财富，货币来说，一个国家或者个人，要想增加自己的财富，就必须使另外一个国家或个人变得更加贫穷。但是商业可以通过不同国家之间的优势互补创造出更多的财富。商人们往往只会关心自己的生意，很少考虑别的事情。要在某些方面写出一本好书并不一定都需要有实际经验。"

本书的任务不是叙述《国富论》的内容，评估它的原创性和价值，评价它对科学进步、社会政策和国家繁荣的影响，以及对人类实际幸福的影响等。巴克尔曾经公然宣称，这本书将是人类历史上最重要的著作。此书为人类幸福所做出的贡献超过了历史上那些著名的政治家和立法者为此所做出的贡献之和。即使是那些冷静看待此书历史价值的人也乐意承认，它对公共事业的影响在日益扩大。

曾有人宣称，这本书是英国海军大臣、财政大臣查尔斯·詹姆斯·福克斯在英国下议院引用过才交上好运的。此事发生在 1783 年 11 月，那时《国富论》已经发行了两版，第三版即将出版。而这竟然是英国下议院第一次引用此书。而引用它的福克斯既不喜欢这本书，也不信奉书中的理论，更不喜欢这些问题。他曾经对查尔斯·巴特勒说自己从来就没有读过这本书。

1796 年的一个晚上，福克斯在律师海伍德家里参加晚宴，其间他表示非常鄙视斯密和他的政治经济学。他表示"这本书里有很多东西已经超出了我的理解能力。有些内容太过博大精深，令人难以理解它们的意思。"当时著名的经济学家劳德戴尔伯爵说，直到斯密写了这本书我们才知道什么是政治经济学。"呸，你的那个亚当·斯密有什么了不起的！"福克斯鄙夷道。劳德戴尔说："我认为他很伟大。"福克斯说："那只能证明你们之间关系好。"福克斯不信奉自由贸易，还积极地反对 1787 年签订的《英法贸易条约》，理由是这个条约建立在一个新奇的理论体系之上，具有背离祖先所建立的原则的危险，而且英法之间是宿敌，应当通过立法来维持这种敌对关系。

虽然斯密在英国下议院有众多的仰慕者与弟子，而他的书出版了八年却无一人提及，最先提到它的竟然是反对此理论的人。福克斯是在一个非常随便的场合中引用到《国富论》的。他在献给国王的感谢辞中说："在一本论述国民财富的杰出作品中有一句格言，成为富人的唯一途径就是设法使收入超过开支。这个原则无论是对于个人还是国家都是有用的。因此，一个管理得当的国家最好的做法就是，缩减自己当前的开支，在和平时期尽可能多地储蓄。"

认为简单一提就能影响此书命运的想法是荒诞可笑的。1787 年罗伯特·桑顿先生引用书中的理论来支持与法国之间的商业谈判。同年，在讨论承包驿马税的提议时，乔治·登普斯特从《国富论》中摘录出了一部分。1788 年哈希先生在《羊毛出口法案》中引用了此书的内容。1792 年 2 月 17 日著名的首相大人皮特提出他的《预算草案》。他是斯密的忠实信徒，他在解释为什么一个国家在和平稳定时期资本会自然地进行积累时说道："这个道理很简单，也很明确，很早人们就或多或少地感觉过它。但我认为只有在当代已经去世的作家（亚当·斯密）的著作里，才对这个道理做出了充分的说明和详尽的解释。作者那渊博的知识与高深的哲学素养，将为所有有关商业史和政治经济学的问题提供最好的解决方案。"同年，这本书被多次引用。怀特布雷德和福克斯在讨论对俄军备时引用过，威尔伯福斯在介绍他的废除奴隶贸易的法案中也引用过。

1793 年斯密的两位老朋友谢尔本伯爵（当时是兰斯多恩勋爵）和亚历山大·韦德伯恩（当时是拉夫巴勒勋爵，以大法官身份主持英国上议院）提到了斯密的《国富论》。兰斯多恩勋爵表示："法兰西原则是从我国传到法国去的，不能认为是法国人的原创。建立在废除封建制度基础上的新的政治原理，最早提出来的是格洛斯特的教长塔卡先生，后来斯密在他的关于国民财富的著作中对此做了更为详尽的说明。杜格尔德·斯图尔特在他的《精神哲学纲要》中把它列为青少年必读书目。"对此，上议院大法官说："在您所提到的塔卡教长、亚当·斯密和斯图尔特的作品中，并没有与市民政府原则、人类的道德和宗教信仰相冲突的学说，因此，不能把法国人的过错归咎于这些著作。"

兰斯多恩勋爵通过辉格党贵族青年所信任的教师杜格尔德·斯图尔特对《国富论》的支持来尽力维护斯密政治思想的正统地位。斯密的政治经济学就是法兰西原则，而当时法兰西原则引起了人们极大的恐慌。1793年（1月21日和3月18日的晚上）斯图尔特向爱丁堡的皇家学会宣读了他的《亚当·斯密回忆录》，他说原本想对斯密的思想做一个细致的说明，但后来被迫放弃了。因为当时"即使是有才干、有学识的人，也经常故意混淆政治经济学原理与有关政治基本原则的讨论，而后者恰恰能煽动人们的思想。人们认为自由贸易理论具有革命倾向。那些原本与斯密很熟并且热心传播他自由思想的人，也开始怀疑哲学家是否有能力讨论神秘的国家政策和封建时代深不可测的智慧决断"。法国发生的事情还历历在目，当1801～1802年冬天斯图尔特在爱丁堡大学首次开设政治经济学这门课程时，仅仅"政治经济学"的名字就让人谈虎色变。他们认为里面包含着干涉政治制度之意。

法国大革命既阻碍了议会改革和社会改革的进程，也阻碍了斯密的著作及其思想在英国的传播。这场革命使人们心中对变革充满恐惧，怀疑一切新鲜事物，厌恶一切具有普遍原理性质的东西。其实，法兰西原则远远不是斯密所主张的废除一切商人和地主的特权。当他们看到像兰斯多恩勋爵那样的人既信奉所谓的法兰西原则，又信奉斯密的学说，这就更加坚定了他们的偏见，以至于他们认为这两样东西本质上是一样的。难以衡量引发法国大革命的社会舆论到底受到过斯密或塔卡的多大影响。1793年兰斯多恩勋爵发表这篇演说之前，《国富论》已经出版了两个法译本，莫尔莱神父正在翻译第三个版本。第四个版本似乎也在翻译之中。其中最初的那个版本布拉韦版已经先后重印三次了，而且还曾经在一家月刊上连载了两年。这一切都说明斯密的作品确实影响了法国的社会舆论。

法国大革命似乎一度阻碍了斯密自由贸易思想的传播，但对斯密著作的实际销售并无影响。法国大革命的爆发引发了人们抗议《国富论》中理论的浪潮，这本书引起了公众更多的关注与讨论，也不乏谩骂，但也推动了书的销量。书的命运就像公众人物的命运一样，是由它的敌人决定的。

不过《国富论》很早就在英国政界产生了影响，通过比它在国会中得到引用更为有力的证据来证明这一点。在上下两院公开提到这本书之前，就已影响了英国的一些公共政策。在该书出版当年的财政预算中便有所反映。英国政治家诺思勋爵当时正在寻求一种影响很小而又可以增加财政收入的新方法，《国富论》为他提供了很多有价值的思路。在此启发下，1777 年他提出了两种新税收，一是对仆人征税，二是对拍卖的财产征税。而 1778 年的财政预算受斯密的影响更大，其中采用了斯密所极力主张的房产税和啤酒税。1779 年，邓达斯和卡莱尔伯爵都曾经向斯密请教关于是否授予爱尔兰自由贸易权力的问题。

第 19 章　最亲密朋友休谟的离世之殇

1776 年　　53 岁

3 月初《国富论》出版后，斯密依然在伦敦，并按照原计划先去爱丁堡看望休谟，然后陪同他一起来伦敦。在伦敦一直与休谟有书信往来的约翰·霍姆觉得，即使没有斯密的劝说与陪同，休谟也会来伦敦。但 4 月 12 日休谟写信给他，这才打消了他的这个念头。于是，他和斯密立即起程前往北方的首府爱丁堡，但是当马车停在英格兰东北部诺森伯兰郡的城镇莫佩思时，休谟的仆人克林已经等在旅馆门外了。原来休谟为了请约翰·普林格尔爵士给他治病，决定前往伦敦。

在莫佩思，休谟与斯密谈论了自己过世后一些未发表的书稿出版问题。早在 1776 年 1 月 4 日休谟就立下遗嘱，指定斯密为遗稿管理人，全权处理除了《自然宗教对话录》以外的全部书稿。并明确表示希望斯密能够出版早已完成的《自然宗教对话录》。吉尔伯特·埃利奥特先生和其他一些朋友认为这本书肯定会招致公众猛烈的抨击，因此反对休谟出版。但是，休谟非常珍爱这本书，对它怀有一种慈父般的自豪感。如今他身患重病，迫使他不得不去面对这本书将要彻底消失的厄运。他最终决定，不管是否受到公众抨击，他都要出版此书。

斯密反对以任何形式出版《自然宗教对话录》这本书。斯密担心出版此书会招致人们的抨击，从而影响他们的政治前途。因此，他将自己的想法全盘告诉了休谟。于是，休谟同意这本书出版与否由斯密决定。

离开莫佩思，约翰·霍姆随同休谟一起返回伦敦，而斯密听说自己 80 多岁的母亲生病了，心中很是担忧，便继续前往柯卡尔迪。休谟一到伦敦，就给斯密发来了正式的书信，授权斯密按自己的意愿来处理《自然宗教对话录》：

亲爱的朋友:

　　根据您的要求，我随信附上一封公开信。其实，我觉得您的顾虑是多余的。出版了英国自然神论者、《哲学论著集》的作者博林布罗克勋爵作品的苏格兰诗人马利特，不是也没有受到伤害吗？相反，他还被世界上最谨慎的人、现任国王和布特勋爵授予了官职，并以自己遵从了亡友的遗愿来标榜自己的正义。当然，您的顾虑有您的道理，如果我死后您还是决定不出版此书，就请把它密封起来留给我的哥哥和我的家人，并注明保留在适当的时候取回这些东西的权利。如果我能够再多活几年，我将会亲自出版。罗斯福格尔德不是说过吗：风，可以吹灭蜡烛，也可以吹旺火苗。

　　根据我目前的身体状况，以及爱丁堡朋友对我身体状况的看法，您一定会奇怪我说出"如果再多活几年"的话来。尽管我不像约翰说的那样面色红润，但在路上我感觉自己精神状况不错，身体恢复了许多，期望巴思的温泉和随后的旅行能够进一步恢复我的健康。

　　据朋友说，现在伦敦到处都是您的著作，大家津津乐道。有人觉得书中有些地方值得商榷。我也是这么想的，以后这些地方就是我们谈论的话题了。根据约翰·普林格尔先生的安排，我将在星期一前往巴思。假如您要给我写信，就请把您的信附在给斯特拉恩的信中寄过来，他知道我的地址。

1776 年 5 月 3 日于伦敦

随信附带的那封可以公开的书信如下：

亲爱的先生:

　　我本来在遗嘱中委托您全权处理我的书稿，并要求您出版我的《自然宗教对话录》一书，但细细思量一番之后，考虑到这本书的性质及您目前的状况，我觉得急于出版这本书并不妥。因此，我想修改一下我的要求。我愿意由您来全权处理这本书，决定它何时出版，或者是否出版。

　　因为我的身体原因，当时我以为我的健康恢复不了了。我离开爱丁堡前几天写的一篇文章《我的一生》也附在信中。如果您没有异议的话，就把这篇文章送给斯特拉恩和卡德尔先生以及我的其他著作的版权所有人，在重新出版我的作品时，可以把它放在最前面作为序言。

1776 年 5 月 3 日于伦敦

　　信刚刚写完，休谟的心就软了下来。为确保《自然宗教对话录》能够最终出版，他于 6 月 8 日从巴思给斯特拉恩写信，问他是否愿意做自己的遗稿管理人，帮助编辑与出版该书。他说："由于最近我想远离纷扰，平静地生活，所以我一直没有亲自出版这本书。虽然这本书不会比我曾经出版的书引发人们更多的抨击，但是还是会带来一些麻烦，慎重起见，我一直压着它，没有出版。在这本书里，我塑造了一个遭到驳斥的怀疑论者，他最终放弃了自己的观点。他承认自己到处吹毛求疵是为了给自己寻找乐趣。在他被驳倒以前，他提出了一些使人不快的问题，让人们觉得非常放肆无礼，而且出乎意料。我打算一到爱丁堡，就先印上五百本，其中一百本送给朋友作为礼物。如果您可以做这本书的编辑，我将把它的全部版权都交给您。您不需要在封面上署任何人的名字。在您、米勒先生和卡德尔先生公开承认你们帮助出版了《人类理解研究》以后，相信您就没有理由会为出版《自然宗教对话录》而有丝毫的犹豫。书的内容与法律极少冲突，不致引起抨击。如果我在遗嘱中把书稿托付给您，您以实现亡友遗愿的名义出版此书将更容易获得人们的谅解。马利特就编辑出版了博林布罗克的作品而没有受到任何的伤害。"

　　斯特拉恩欣然同意承担这一责任，于是休谟于 6 月 12 日在遗嘱中增加了一个附录，指定斯特拉恩为他全部遗稿的管理者和版权所有者。遗憾的是，休谟的健康状况急剧恶化，他没能如他所说先印出五百本《自然宗教对话录》，就感到了死亡的临近。于是 8 月 7 日他又在遗嘱中增加了一个附录，希望斯特拉恩能在两年内出版此书，如果两年半之内还没有出版的话，书稿所有权就交还给他的外甥（后来成为财政部官员）。"遵照舅父的遗愿出版此书，肯定会受到世界上所有人的称许。"

　　在此期间，1776 年 7 月 4 日休谟把他最要好的朋友召集在一起，举办了一场宴会，算是他离开人世前最后的告别。斯密也参加了这场令人动容的聚会，而且在那里停留了几天。但是 8 月初斯密又回到了柯卡尔迪，15 日休谟托人捎信给他，但此信在送信人家里延误了一个星期才于 8 月 22 日交到斯密手里。这次偶然的延误是一件非常不幸的事情，因为休谟在信的末尾再三强调要斯密尽快回信。休谟的信如下：

　　亲爱的斯密：

　　　　除送给斯特拉恩先生的那本《自然宗教对话录》之外，我又命人重新抄写了一本送给我的外甥保存。如果您要的话，我可以再让人抄写一本给您。您只要好好保存就行。这本书，我认为已经不用修订了。如果在我去世五年后还没有出版，您愿意接受这些书稿的版权吗？请您尽快回信，我的身体状况已经不允许我再等上几个月的时间了。

您真诚的大卫·休谟
1776 年 8 月 15 日于爱丁堡

一收到这封来信，斯密立即就写了回信。回信如下：

亲爱的朋友：

刚刚收到您在 15 日写给我的信。为了给我节省一便士的邮费，您让人给我捎来了这封信，但捎信人忘在家里整整八天，如果不是他偶然想起来，估计我永远都看不到这封信了。

得到一本《自然宗教对话录》，我将不胜欢喜。假如在此书出版之前我就去世的话，我会找人小心地保管它。至于您说的，在您去世后五年内不能出版就把书稿所有权转让给我的事情，如果您认为合适就这么办吧。但我觉得您不应该威胁斯特拉恩，说他如果在一定时间内不能出版您的著作就会损失某些东西。虽然目前他还没有延期出版您的著作，但如果真的延误了，他会拿您的话当作他不出版的理由。那时，人们会说我出版您的书是为了商业利益，而不是为了遵从亡友的遗愿。斯特拉恩是一个嫉妒心很强的人。这封信您看完后请邮寄给我，不要让人捎带。

如果您同意，我想在您的自传中加一些内容，以我的名义叙述一下您目前病中的一些事情。包括我们最近的一些谈话，尤其是您想对卡戎（将亡魂渡到冥界去的冥府渡神）诉说借口的想法等。两年多来，您的身体状况愈加不好，病情也越来越重，但您总以一种坚定乐观的心态迎接死亡的临近，这种精神是难能可贵的，即使是一个完全健康的人恐怕也不能保持太久。

我愿意为您修改著作，并保证严格按照您最后修订的版本出版。这并不会给我带来什么麻烦，因为今年冬天我就会去伦敦。

我写的所有这些东西，都是一个假设，因为现在您的精神很好。从我上周接到的冷静而又沉稳的布莱克博士的来信中可以看出，他也和我一样抱有同样的期望。

我时刻准备着您的召见，只要您想见我，请随时通知我。请您代我向您的兄弟、您的姐妹、您的外甥及其他所有的朋友致以最真诚的问候。

我最亲爱的朋友，

我永远是您最亲切的亚当·斯密

1776 年 8 月 22 日于柯卡尔迪

第二天，休谟就写了回信。回信如下：

亲爱的朋友：

今天我一直躺在床上，只好由我外甥代笔给您写回信。斯特拉恩先生是我最信任的人，假如书稿由于某些原因无法在三年内出版，所有权将会转移给我外甥戴维。我能想象到的唯一事故就是斯特拉恩先生突然去世了，除此之外，我的外甥不可能获得出版此书的权利。请您告诉斯特拉恩先生。

我非常感激您对我事无巨细的关怀。我答应您，您可以随意地在我的自传中增添内容。

我的健康状况已经急剧恶化，昨晚还有点发烧，不过很快就退烧了。我真希望早点结束病魔的折磨。我不能只为自己考虑，就把您叫来，因为我每天只能抽出很少的时间来会客，但是布莱尔博士可以详细地告诉您我还剩几口气。

再见，我亲爱的朋友。

大卫·休谟

1776 年 8 月 23 日于爱丁堡

附笔：对不起，我不应该找人给您捎带那封信的。

这些书信成了他们之间永恒友谊的最后见证。在写完这封信的两天后，休谟平静地离开了人世。他的遗体被安葬在卡尔顿山坡上的新墓地里。不久后，罗伯特·亚当根据休谟的遗嘱在他的墓穴上设计建造了一座大圆塔。斯密有一次陪同邓莫尔伯爵在诺思桥上散步时说："我不喜欢那个纪念碑，他是我朋友休谟一生当中最大的虚荣。"

斯密参加了休谟的葬礼，出席了遗嘱的宣读，并与休谟的哥哥尼尼韦尔斯的约翰·霍姆谈论过遗嘱的事情。8 月 31 日，正在那里看望学生的斯密从达尔基思公爵府给霍姆写信，表示不会接受休谟遗赠给他的那 200 英镑。因为这些钱是考虑到他愿意当自己的遗稿管理人才给他的，然而在遗嘱的附录里已经让斯特拉恩接替了斯密的使命。为此，他给霍姆写了一封信：

亲爱的先生：

　　在您回到尼尼韦尔斯之前，我们可能没有机会见面了，因为公爵打算在这里停留到星期四才走。很感谢您根据令弟的遗嘱打算把那笔遗赠交给我，但我觉得在任何场合都不合适。特此声明，我永远放弃那笔 200 英镑的遗赠。为避免这项声明遗失，我会在我的遗嘱结尾提到这项内容。不管是对于您的弟弟，还是您自己，我都是你们真诚的

　　　　　　　　　　　　　　　　　　　　　　　亚当·斯密

　　　　　　　　　　　　　　　　1776 年 8 月 31 日于达尔基思公爵府

　　附笔：这里我并不是要放弃另外一项遗赠，也就是他的书稿。

9 月 2 日，霍姆给他写了如下一封回信：

亲爱的先生：

　　我于星期六收到了您的来信。仔细阅读了遗嘱后，我确信遗嘱中关于遗赠的那部分内容并没有因为遗嘱附录而改变。无论如何，他都打算把那笔钱赠给您。我弟弟知道您是一个慷慨大方的人，他想给您留下点东西以证明自己也很慷慨大方，但没想到您会拒绝他这份小小的礼物，这可是他对您多年友谊的见证啊。我很尊重您的动机和方式，却不认同您拒绝接受遗赠的做法，这笔钱应该由您自由处置。

　　《自然宗教对话录》和自传的抄写工作已经完成，明天就会送到斯特拉恩先生那里去，同时告诉他，您打算在自传中增添一些内容之事。随时恭候您来看我弟弟在《自然宗教对话录》一书中所做的修改，可将它作为一种消遣，或了解他写作的方法，以及其他合适的理由。给您抄写的两本手抄本已放在我妹妹那里，您可以随时去取。他的新版著作已寄给您，出于友谊和尊重，您对这部分和另一本都保有权利。

　　　　　　　　　　　　　　　　　　　您最真诚的约翰·霍姆

　　　　　　　　　　　　　　　　　　　1776 年 9 月 2 日于爱丁堡

在10月7日，斯密做出了回复：虽然从法律意义上说，这部分遗赠应该属于他，但他不愿意接受这笔钱，因为在遗嘱中明确规定，这是一项任务的报酬，而他已经拒绝承担这项任务了。同时他在信中附上了休谟去世时的一些情况，这也是他打算增添到休谟自传中的内容。

亲爱的先生：

　　随信附上我打算增添到您那位名垂千古的弟弟自传中去的内容。您读完后寄还给我，同时把您认为应该增添或者删减的地方告知我。这份手稿寄给您弟弟的遗稿管理人斯特拉恩先生，最合适不过了。如果您无意见，收到您寄还的手稿后，我会立刻寄给斯特拉恩先生。

　　我已经在我的遗嘱后面加上了一条，说我放弃您弟弟好心留给我的那200英镑的遗赠。从道理上来说遗赠不应该属于我。尽管从严格的法律意义上来讲，遗赠是给予我的，但是我还是不能接受它。您应该明白，我拒绝接受遗赠绝对不是因为不尊重您已故的弟弟。

　　亲爱的先生，向您致以最崇高的敬意。

您最真诚的亚当·斯密

1776年10月7日于法夫郡柯卡尔迪

10月14日，霍姆先生寄还了斯密的手稿，并表示对于手稿他完全同意，只是"休谟的自传写得非常简洁，作为增添进去的内容，他不太希望过分关注细节，尤其是那次旅行，完全是私人之事，很难引起观众的兴趣"。在表达意见时他非常客气，认为最好还是保持书稿原样。他表示，休谟对邓达斯博士说的原话不是"正如我最恶劣的敌人所希望的那样"，而是"作为我的敌人，如果我真有敌人的话，那就像他们所希望的那样"。斯密采纳了霍姆的修正。霍姆再次重申，根据休谟的遗嘱，无论从法律上还是道理上，那份遗赠都应该归斯密所有。

这期间，斯密还从达尔基思给斯特拉恩写了一封信：

亲爱的斯特拉恩：

　　我们最尊敬的朋友休谟先生在他的遗嘱附录中，将他的全部遗稿都委托给您来管理。从遗嘱中以及谈话中，我感觉他真正想出版的只有他的自传和《自然宗教对话录》。后者写得很好，但我希望您把原稿在个别人间传阅

149

一下为好，不要出版。当您读过该书后就明白我这样说的原因了。如果在他死后三年内您没有出版他的著作，这些书稿的所有权就会转给他的外甥。我觉得他的这些安排不合适。为此，由他外甥代笔，他给我写信说："斯特拉恩先生是我最信任的人，如果书稿因故不能在三年内出版的话，那么所有权就会转移给我的外甥戴维。我能想象到的唯一的事故就是斯特拉恩先生突然去世了，除此之外，我的外甥不可能获得出版此书的权利。请您告诉斯特拉恩先生。"信是8月23日写的，8月25日下午4点他就去世了。我曾经劝说他由我来全权处理这些书稿。如果他没有改变主意的话，这些书稿现在应该由我小心地保管着，直到我去世才会还给他们家族。但是在我有生之年，我绝对不会出版它们。读过手稿后，您就会觉得，应该找一个可靠的朋友来商量一下如何处理。

我打算在他的自传中增添一些内容，包括他在最后一次生病期间发生的事。但我必须请求您不要把自传和《自然宗教对话录》一起出版，我不愿意与该书的出版有任何瓜葛。可以在重新出版他的著作时，把他的自传放在前面作为序言。对那些再版的著作，休谟做出了很多文字修改。我已答应他，如果再版这些著作时我在伦敦，我可以帮助你们进行校订工作。

如果我母亲的健康状况允许，我将于11月初到达伦敦。下星期一或星期二我将到达法夫郡，在那里我会给霍姆先生写信，让他为我预订住处。巴克勒公爵这个星期天离开了这里。给我写的信就直接寄往法夫郡柯卡尔迪，整个秋天我都会住在那里。

亲爱的斯特拉恩，

我仍然是您最忠实的亚当·斯密

1776年9月5日于达尔基思公爵府

请速回信！

斯特拉恩于9月16日对此信做了回复，接着10月底斯密又写了一封回信。信的内容表明，斯密曾把他写的关于休谟在生病时的表现的文章拿给休谟所有的好友过目，在写这封信时，他还在爱丁堡等待诗人约翰·霍姆的到来，想听听他的建议。

亲爱的先生：

您上次来信到来时，我还没有写那篇打算增添到亡友自传中的短文。不过那篇文章已经在三个星期之前完成了，其中一份寄给了休谟的哥哥，另一份寄给了布莱克博士。寄给他哥哥的那份连同他哥哥的意见已经寄回来了，我完全同意他的看法，已决定采用。布莱克博士正等待诗人约翰·霍姆的意见，他说要把所有朋友的意见汇总起来一起寄给我。我写的这篇文章采用给您写信的形式，只有两页纸，没有一句献媚或恭维的话。

您能欣然同意把休谟自传和我增添的部分与《自然宗教对话录》分开出版。这样安排，既有利于我平静的生活，又有利于您的商业利益。如果您先出版《自然宗教对话录》，肯定会引起公众的猛烈抨击，在一段时间内将影响他的其他著作的销售情况，但当舆论逐渐平静下来后，《自然宗教对话录》可能就会促进其他版本著作的销售了。

在圣诞节前，我都不能去您那。最近我的那本书开始销售了吗？合同的余额何时付给我？请您代我向卡德尔先生致以最诚挚的问候。本来是应该给他写信的，可是写信对我来说真的太痛苦，我觉得给他写信和给您写信是一样的。自从来到苏格兰后我变得非常懒惰。为了能够稍稍恢复我的健康，我决定在这里停留两个月。不过，假如一定要我去伦敦的话，我立即就可以出发。

请您把附带的信转交给霍姆先生，我想让他帮我预订住处。

信中斯密担心引起公众抨击的原话是："我预计《对话录》的出版会引起抨击，对此我仍然很担心。"那篇有关休谟生病情形的文章不是斯密口述抄写员记录的，而是斯密亲自写下来以后再让抄写员誊写的。帮助斯密预订住处的霍姆先生肯定是诗人约翰·霍姆，虽然在写这封信时，斯密每天都盼望能够在爱丁堡见到他，然而最终他也没有去爱丁堡，在随后11月13日斯密写给斯特拉恩的信中，再次提到了让霍姆先生帮他预订圣诞节以后的住处。原信如下：

亲爱的先生：

我们已故的朋友休谟先生留下了他一生唯一的一篇自传。信中附带的是我打算增添到其中的一篇文章。

已收到拙著初版版权300英镑。我从卡德尔先生那里得到了很多赠本，不知道稿费结余多少。如果他能给我寄来账单的话，我将非常感激。我将就此事给他写信。

至于再版，我的意见是，应该以四卷八开本的形式出版。我建议由您来承担印刷费用，那样我们就可以对半分红。请意下如何？

我母亲让我代她向斯特拉恩夫人和斯特拉恩小姐问好，非常感谢您和您的家人挂念着她。

亲爱的先生，

永远爱你的亚当·斯密

1776 年 11 月 13 日于法夫郡柯卡尔迪

圣诞节假期结束以前我肯定能到伦敦。我已经写信给霍姆先生，让他帮我预订圣诞节以后的住处了。

斯特拉恩于 11 月 26 日回信给斯密说，他已经收到了这封来信，并计划出版他所保存的休谟写给他的一系列有趣的书信，并征求斯密的意见。这些书信由于罗斯伯里勋爵的慷慨大方和伯克贝克·希尔先生献身学术的精神而得以保存。只要斯密同意，斯特拉恩会把这些书信，再加上休谟写给斯密、约翰·霍姆、罗伯逊和其他一些朋友的书信，整理到一起加以出版。可惜的是，这些书信大部分都已遗失了。但斯密坚决反对此提议，他认为，一个人的朋友在没有得到他本人通过遗嘱或者其他方式授权出版时，不应该出版他所写的任何东西。斯特拉恩的信如下：

亲爱的先生：

您 13 日的来信我已经收到，我非常喜欢您信中附带的那篇补充到休谟自传中的文章。但是把您的文章和休谟的自传加在一起还是太薄了，一些朋友建议我把休谟写给我的有关政治问题的书信加几封进去，您意下如何？只有得到您的许可，我才会那样做。除非您认为能够给他带来荣誉的书信，否则我绝不会出版他写的任何书信。吉本先生看过我拿给他的那些书信后，认为这些信可以给休谟带来荣誉。如果您同意此做法，在您来这里以前，请您找出自己收藏的部分书信，再加上约翰·霍姆先生、罗伯逊博士，以及您的其他好友所收藏的书信，收集在一起带过来。我希望能够尽快知道您的看法，同时，您打算什么时候来伦敦？

在您的著作再版时，您提议采用四卷八开本的形式出版，由我们支付印刷费用，对半分红，这个提议公平合理。我和卡德尔先生都深表赞同。随信给您寄去的是书的第一版的账单。

我的妻子和女儿向您母亲致以最崇高的敬意。我也希望她老人家能够健康长寿，享受天伦之乐。

亲爱的先生，

您最忠实最卑微的仆人威廉·斯特拉恩

1776 年 11 月 26 日于伦敦

对此，斯密回信道：

亲爱的先生：

我为我不能赞同朋友的意见而不安。我明白休谟的许多书信都将会给他带去极高的荣誉，但我们需要考虑的还是死者的遗愿。休谟先生坚决要求，除了《自然宗教对话录》和他写的自传以外，其余的文件都要焚毁。他的这种要求写进了遗嘱正文中。他非常厌恶把自己的书信出版。他曾经与一个几年前去世的亲戚有过长期的书信往来。当那位绅士的身体逐渐衰弱时，休谟急切地想要回自己的书信，唯恐这个亲戚的后代把它们拿去出版。休谟最终要回了那些书信，并把它们焚毁了。如果休谟的书信集赢得了公众的欢迎，那些曾经从休谟那里收到过只言片语的人就会翻箱倒柜地去寻找那些东西。许多见不得光的东西都将会被曝光，这将成为所有希望保持好名声的人的耻辱。不加辨别地出版斯威夫特的书信，曾大大降低他作品的价值。即使能够保证自己出版的书信是经过严格筛选的，但很快就会有人不加取舍地出版。我不希望有人开这个头出版他的书信。他的自传不能独立成书，但可以印成一个小册子。最迟到 1 月 10 日，我肯定会到伦敦的。我在爱丁堡还有一些小事，所以到圣诞节，我会在这里停留几天，不然新年伊始我就可以和您在一起了。下一次我会给卡德尔先生写信的。

亲爱的先生，

我永远是您最亲切的亚当·斯密

1776 年 12 月 2 日于柯卡尔迪

当斯密担心《自然宗教对话录》可能会引起人们的抨击时，却万万没想到自己写给斯特拉恩那封关于休谟最后重病时情况的书信却引起了人们的抨击。对此博林布罗克勋爵感叹道："这个世界到底怎么了？世事弄人啊！"《自然宗教对话录》出版后反应平静，人们似乎已经习惯了神学上的争论。当时一位在英国的德国观察家指出，此书在德国引起了巨大的轰动，但是在这里却很平静。

而斯密写给斯特拉恩的书信却引发了人们长期而猛烈的批评。斯密根本没想过伤害人们的基督教信仰，他仅仅是为自己喜欢的朋友说了几句好话，记录下了他从朋友身上所观察到的一些非凡品质而已。然而，人们却认为这些直率的话却是大逆不道的，就像是对宗教信仰本身的直接挑战。他们认为，没有宗教信仰的人，既不能够高尚地活着，也不能够平静地死去。然而，在这封信中，基督教的头号敌人不仅平安地度过了正义的一生，而且在面对死亡时还是那么的洒脱自在，没有一丝一毫的不安，反而是以积极乐观的态度去迎接死亡。他的积极乐观、坚定稳重、宽宏大量、仁慈善良、慷慨大方、无怨无悔、卓越的学识和奋发的工作，都被这个非常了解他的朋友满怀深情而真实地描写了出来："从总体上来说，无论是在生前还是在死后，在人类脆弱意志允许的范围内，休谟是最接近拥有完美智慧和完美道德的人。"

的确，休谟拥有非常美好与高贵的品质。熟悉他的教会人员也和斯密一样，对他怀有一种强烈的尊敬之情。罗伯逊把他称作是"高尚的异教徒"。布莱尔说，斯密所写的每一句话都很正确。黑尔斯勋爵是一位虔诚的教徒和公开护教论者，他很赞赏这封信，把它翻译成了拉丁语诗。然而在社会上它却引起了人们强烈的批判，说它是对宗教真理的恶意挑衅。就连他的学生博斯韦尔也认为这是一封"大胆而又无礼"的书信。虽然作者写这封信没有什么特别的目的，但是人们往往把它看作是对宗教的攻击，而招致人们的批判。其中牛津大学马达伦学院的院长乔治·霍恩博士是批判斯密最激烈的一个人，他曾经为圣歌作过著名的注释，后来成为诺里奇的主教。在一本题为《一个被称为基督徒的人关于大卫·休谟的人生、死亡和哲学致法学博士亚当·斯密先生的一封信》的匿名小册子里，霍恩列举出了他提出的所有问题，认为持有像休谟那种看法的人，不可能像斯密描述的那样，是一个道德高尚的好人。如果他真的是那么慷慨大方、富有同情心、和善、仁慈、文雅，他就不会想要从人们的头脑中抹去关于上帝的知识和对上帝的信仰，也不会"居心叵测"地在全国范围内传播无神论。然后霍恩又把"居心叵测"的罪名扣在了斯密的头上。他说："你是想通过大卫·休谟的例子来劝说我，试图让我相信，无神论是精神低迷时唯一的兴奋剂，是解除对死亡的恐惧的最佳方法。生前他发挥自己的聪明才智，使朋友都感觉到了满足；死后又让人把他与古希腊散文作家、唯物主义哲学家琉善、惠斯特和卡戎联系在一起，他这样的人能够微笑着面对巴比伦的废墟，把摧毁里斯本的地震看作是有趣的事件，甚至会恭喜残暴的法老王成功地毁灭了红海。"

　　面对指责，斯密保持沉默，他是一个真正富有人性光辉的人，霍恩主教信奉的一句格言为："一个无辜的人在被指责有罪时，不应该有任何的不安，就像一个健康的人被认为是一个病人时那样。"显然，指责斯密是一个无神论者，或说他有意传播无神论思想，都是有失公平的。从他出版的著作中可以看出他是一个有神论者。如果霍恩主教之前能够读一下这些作品，相信他就不会做出这样的评论了。斯密和休谟的其他好友都认为休谟是一个有神论者。虽然休谟是一个哲学上的怀疑论者，对物质、自己的存在，甚至是上帝都充满了怀疑，但在实际生活中，他的想法与别人一样。卡莱尔博士一直都觉得他是上帝的信徒。他的好朋友、财政部官员的妹妹考德威尔的穆尔小姐认为，休谟是她见过的人当中最迷信的一个。休谟曾经对霍尔巴赫说过，世界上根本就不存在无神论者。一个晚上，他和亚当·弗格森一起散步，休谟突然停止脚步，指着晴朗的夜空大声地喊道："仰望着如此神秘的天空，还有人不相信上帝的存在吗？"斯密对此毫不吃惊，亨利·麦肯齐在休谟死后不久写的、发表在1779年的《镜报》上的《拉·罗奇》故事中说。当时霍恩正在对斯密进行大肆批判。作者让休谟作为故事中的一个人物完全是为了让人们同情这位伟大的怀疑论者的宗教立场，因为在与休谟的私下交往中，休谟的宗教立场给麦肯齐留下了深刻的印象。在故事中，休谟是一个在瑞士的旅行者，他住在了拉·罗奇牧师的家里。这一家人有着虔诚的信仰，并且在信仰的帮助下，他们战胜了各种灾难。在描述了休谟为他们甜蜜的家庭生活和虔诚的宗教信仰深深感动后，作者说："每当他为自己的哲学发现和文学名声而感到骄傲时，脑海中常常会出现拉·罗奇牧师那庄严的身影，这时候他真的希望自己不是一个怀疑论者。"麦肯齐曾在发表这个故事以前把它读给斯密听，想知道是不是有什么遗漏之处或者是与休谟的性格不符之处。但是斯密完全被这逼真的故事给吸引了，惊讶地说，为什么原来没有听说过这个故事呢？由于走神的原因，他忘记了自己正在别人的请求下听一个虚构的故事，但是他的回答也是对麦肯齐最好的赞美。

第 20 章　赴伦敦任职海关专员

除了偶尔造访爱丁堡和达尔基思外，1776 年 5 月至 12 月斯密基本上都住在柯卡尔迪。如果不是他母亲的身体状况欠佳，他还是想去伦敦的。上一次斯密在伦敦开心地住了很久，他的朋友想让他定居在那里，比如斯特拉恩，在斯密 4 月份返回苏格兰以后，斯特拉恩常写信给他，告诉他有关政治方面的消息，使他能够时时了解最新形势。斯特拉恩在 9 月 16 日的信中说："希望您母亲的身体状况不会影响您来此的计划。如果您能把您的母亲带到这里安享晚年的话，那将是多么快乐的事。当然，母亲大人年纪大了，搬来此地并非易事。请代我们全家向您的母亲致以最诚挚的问候，我们都忘不了几年前在柯卡尔迪她对我们的热情招待。"

斯密原计划 11 月返回伦敦，但由于身体原因推迟了两个月。由于长期伏案写作，斯密的健康受到损害，他需要休息调整，如果不是因为要赶去伦敦处理著作再版之事，这次行程将会进一步推迟。1777 年 1 月初，他到达伦敦，并在临近英国咖啡馆的萨福克大街住了下来。3 月 14 日，他参加了一次文学俱乐部的宴会，福克斯是主席，出席的人有吉本、加里克、雷诺兹、约翰逊、伯克及福代斯等人。

当时斯密的著作并未引起强烈的反响，学界刚刚认识到其中的价值，它对年度预算已经产生了一定的影响。人们谈起斯密并非缘于他的《国富论》，而是由于他写给斯特拉恩的那封信。当时斯密受到了很不公平的强烈责难，有人指责他卑劣地对一个值得尊敬的苏格兰年轻诗人进行报复，因为该诗人在对东印度公司的功过问题上提出了不同的看法。著名流行歌曲《那一家没有幸福》的作者米克尔，在 1775 年出版了他的译著——葡萄牙诗人卡蒙恩斯的《鲁西亚德》，把这本书献给了他父亲的赞助人巴克勒公爵，他希望能够获得帮助。书出版后，作者给公爵送去了装帧精美的赠送本，但没有收到回应。后来他的朋友听说，公爵说他还没有看这本书，书也并不像当初说的那么好。公爵说话时带有生气而轻蔑的口吻。当时，献辞是非常正式的请求帮助的信，米克尔受到了残忍的对待，因为公爵不仅没有给予他任何帮助，还收下了献辞，耽误了他把献辞送给别的可能资助他的人。米克尔和他的一些仰慕者声称，因为公爵的那位伟大的老师亚当·斯密说了他的坏话，所以公爵突然对他冷漠了起来。由于米克尔在《鲁西亚德》的序言中反驳了斯密在《国富论》中关于东印度公司的一些观点，斯密对他心怀怨恨。

但事实情况是，《鲁西亚德》是 1775 年出版的，斯密的《国富论》是在 1776 年出版的。对斯密观点的评论首次出现在米克尔作品的第二版中，这可能是因为作者感觉自己受到了伤害。无论如何，米克尔的遭遇绝对不是因为批评斯密所致，整个故事和斯密那种心胸宽广和仁慈善良的性格完全不匹配，这显然是一些敏感的二流诗人主观臆断的。米克尔毫无顾忌地在公开场合抨击斯密，在斯密给斯特拉恩的信出版以后，他以为自己终于找到了报复斯密的机会，就写了一首《地狱里的休谟致亚当·斯密博士的史诗》的讽刺诗，并大肆传播。看过此诗的西姆说，斯密和他那高贵的学生都在诗中被嘲讽了一番。后来米克尔烧毁了自己的这篇负气之作，对斯密的看法也有所改观。他认识到自己可能伤害了别人，于是准备承认自己的错误。他曾经主观地认为加里克对他不怀好意，于是就在诗中出言讽刺，但后来他去看了这位伟大的表演艺术家演出的《李尔王》，看前三幕时他一言不发，当看到第四幕最精彩之处时，他深深地叹了一口气说："我多希望我的书中没有那篇讽刺他的诗啊！"如果他能够预见到他的一些朋友在他去世之后还在利用他讽刺斯密的诗惹起麻烦的话，这位诗人很可能会把那篇挑起争端的序言从书中删掉。斯密对米克尔翻译的《鲁西亚德》评价并不高，认为法译本要更好一些，但是即使斯密把这种不利于米克尔的话告诉了巴克勒公爵，也绝对不是有意要伤害这位努力奋斗的年轻作者。

完全不像米克尔的一些朋友认为的那样，斯密在收到公开指责之后会反击。李嘉图地租理论的真正创始人、苏格兰经济学家、《谷物法的性质的研究》的作者詹姆斯·安德森博士，正是由于发表了一本质疑斯密学说的小册子而赢得了斯密的友谊。边沁还成功地改变了斯密的一些看法。斯密到伦敦后做的第一件事是给他的一位批评者波纳尔总督写了一封诚恳的书信。波纳尔曾经是马萨诸塞的总督，一个头脑灵活、经验丰富的人，著有《政治原理》《殖民地的管理》和《美国中部诸州》等书。他还是以朱尼厄斯的笔名发表文章的 42 个人之一。他强烈反对斯密的许多观点，特别是斯密批评了殖民地贸易的垄断经营，他以书信的形式写了一本小册子，驳斥斯密的观点。斯密正要从爱丁堡动身前往伦敦时，收到了这本小册子，所以一到伦敦斯密就给波纳尔总督写了回信：

先生：

　　在我离开爱丁堡的前一天收到您的来信。虽然我在上周日就已经来到了这里，但因为我不慎在路上偶感风寒，所以一直待着没有出门，否则，我早就登门拜访了，以感谢您在各方面对我的照顾了。在您的信中没有一处我认为应该修改的地方。您公开发表自己的看法，而不是以私人书信的方式进行交流，对此我非常感谢。

　　希望近期有机会去拜访您，讨论一下那些我们意见一致与不一致的看法。不知道您是否把我看作是一个公平的讨论者。

亚当·斯密

1777 年 1 月 12 日于萨福克大街

　　1795 年一位绅士把这封信匿名寄给了《绅士杂志》的编辑，并指出了斯密性格上宽宏大量的证据，他说斯密在《国富论》第二版中修改了一些受到指责的地方，作为回应，把修改后的书赠送给了波纳尔总督一本。实际上，在第二版中他修改的地方不过三四处而已，而且修改之处都是增加了一两个实例以便说明自己的结论。在波纳尔总督驳斥斯密的那本小册子里，两人意见分歧之处，总是斯密的观点更成熟一些。

　　斯密在 1777 年的大部分时间，很可能都在伦敦。他来这里是为了将自己的著作进行再版，而这第二版直到 1778 年才正式面世。12 月他回到了柯卡尔迪，在那里诺思勋爵任命他为苏格兰海关专员，这个职位是在阿奇博尔德·孟席斯先生去世后空缺出来的。斯密对休谟晚年的一些描述意外地触动了当时人们的宗教情结，这给他带来了很大的麻烦，但并不成为他担任公职的障碍。斯密一直都是坚定的辉格党人，但是这次任命他的却是托利党控制的内阁。人们认为斯密获得这次任命是由于巴克勒公爵和以苏格兰总检察长的身份加入内阁的亨利·邓达斯的影响。其实这次任命是时任首相兼财政大臣的诺思勋爵给予《国富论》作者的最直接的回报，因为他在编制 1777 ~ 1778 年度财政预算时从《国富论》中获得了许多帮助。斯密把这次任命归功于格雷·库珀先生，此人于 1765 年起开始担任财政部秘书，同时，他也是诺思勋爵编制财政预算时的得力助手。《国富论》出版时，这位英国的财政大臣正在努力寻找一种新的简便方法以增加国库的收入，应付对美国的战争，而这本书恰当其时。诺思勋爵从书中得到启发于1777年开征了两种新的税收，一种是仆役税，每年可以获得18000英镑税收；另外一种是财产拍卖税，估计每年可以带来37000英镑的税收。在任命斯密时，诺思可能正在考虑编制1778年的财政预算草案。根据斯密的建议，他又增加了两种税收，一种是房产税，估计每年可以带来264000英镑的税收；另外一种是啤酒税，估计每年可以带来310000英镑的税收。由此可见，斯密被任命为海关专员不是由于巴克勒公爵的面子，而是首相对其作品的社会价值的公开认可。而且，任命他的人是他的政敌，他在前不久出版的著作中还批评过内阁的某些重要政策，比如对美国的政策。

此职位年薪600英镑，其中海关专员是500英镑，盐税专员是100英镑。同时，斯密每年可以从巴克勒公爵那里领取300英镑的养老金。公爵在这项任命中帮了斯密大忙，在获得这个职位后，他打算放弃继续领取养老金，却被告知说养老金是永久性、无条件的，如果他仅仅考虑自己的意愿放弃领取养老金，那他就没有考虑公爵的意愿。斯密在爱丁堡住了下来，每年拥有900英镑的稳定收入。这在当时苏格兰的首都相当于王公贵族的收入，而民事法庭的高级法官年收入也才700英镑，最好的大学教授也很少有人年收入达到300英镑的。

这项任命是在1777年11月，然而直到1778年1月，斯密仍然没有等到任命书。由于还有支付手续费和相关的事情需要办理，于是他写信给斯特拉恩，麻烦他代为处理一些事情：

亲爱的先生：

您的祝贺信我已收到。您说那天您正在同格雷·库珀爵士共进晚餐，你们两个对我大加赞赏。从伦敦我也收到了几封类似的贺信。但直到目前，我也没有收到任何有关这项任命的正式通知。任命至今没有发出，如果是因为手续费的原因，请您帮我代缴一下，费用大概是160英镑，或写信告知我所需费用是多少，我会尽快把钱给您寄到伦敦去。烦请您尽力帮我查清楚，并尽快告知我。请代我向您全家人问好。

您最忠实的朋友亚当·斯密
1777年12月20日于爱丁堡

　　我著作新版的情况怎么样？它是否出版？销量如何？我曾把地址留给卡德尔先生，希望他能够给我的几位朋友都寄上一本，同时，把约翰·亨特也加进去。请告诉卡德尔让他把结算单寄给我，我好支付书款。烦请您代为转告。如果您开汇票向我索款，就开五天期限的汇票吧。圣诞节时我将返回柯卡尔迪。

回到柯卡尔迪后，他又给斯特拉恩写了一封信。

亲爱的先生：

　　我已收到您的来信和其中附带的斯波蒂斯伍德先生（斯特拉恩的外甥，即现在斯特拉恩出版事业继承者的祖先）的短信，假如不是海关的法律顾问查特里斯先生告诉我，除了伦敦以外，手续费也可以在爱丁堡缴纳的话，在收到您来信的第二天我就应该把汇款给您寄去的。在爱丁堡，谢德拉克·莫伊斯先生是财政部在此地的收款人和代理人，手续费可以直接交给他。我给您寄去了 120 英镑，用于支付：您帮我垫付的费用；往返爱丁堡和伦敦之间的费用；卡德尔先生帮我给朋友寄送新书的费用。

　　同时，希望他再给诺思勋爵和格雷·库珀爵士各送一本精装书。格雷爵士的信我已收到，任命书一到我马上就给他回信，在这次任命上他帮了我很大忙。对于您给予我的巨大帮助我铭记在心。请代我向斯波蒂斯伍德先生问好，等这件事情结束以后我就给他写信。我是否应该送给他一些礼物或者金钱呢？他给了我那么大的帮助，而我希望能够在自己的能力范围内来表达这种感激之情。

　　当然，我不会因为这次任命而改变我在封面上的署名。

　　请代我向斯特拉恩夫人和斯特拉恩小姐问好，并问候霍姆一家（约翰·霍姆夫妇）和亨特一家（约翰·亨特和威廉·亨特）。画家（阿伦·拉姆齐）过得好吗？祝愿他事业兴旺。

最热爱和最忠实于您的亚当·斯密
1778 年 1 月 14 日于柯卡尔迪

两周以后，任命书到达，斯密再次写信给斯特拉恩：

亲爱的斯特拉恩：

任命书我已收到，非常感谢您给予我的帮助。由于和善的斯基恩斯将军的关系，我毫无道理地对您发了一通脾气，而您却宽宏大量原谅了我，在此我向您表示深深的歉意。听说很少有任命书能这么快到达爱丁堡，一般都需三周或一个月。这是您和斯波蒂斯伍德热情相助的结果，对此深表感激。请代我向斯波蒂斯伍德先生致以最诚挚的问候。

您借给我 150 英镑，而不是 170 英镑；第一张汇票给了您 120 英镑，第二张给了您 50 英镑。然而，卡德尔先生的费用还没有支付。只要得知他已经把书寄出去了，请他把费用清单寄给我，我将给钱给他。

亲爱的先生，我永远是您

最忠实的亚当·斯密

1778 年 2 月 5 日于爱丁堡

斯基恩斯将军可能是斯密的一个亲戚，即彼得罗的斯基恩斯。斯密脾气温和冷静，如果不是他自己所说，我们绝对不会相信他居然也会发脾气。他的脾气来得快，去得也快，事后显然还为此而心怀内疚。

信中提到钱的问题肯定是指任命书的手续费，信后面可能是斯特拉恩计算的费用总共是 147 英镑 18 先令。信中有关卡德尔先生的句子，说明斯密著作的第二版已经出版了。但是第二版并不像他最初向斯特拉恩建议的那样，以四卷八开本出版发行，而是和前一版一样，以两卷四开本的形式出版发行。根据事先约定好的平分利润的协议，斯密肯定从新书的发行中获得了可观的收入。他的朋友达尔泽尔教授说，斯密在世时，从他亲自审定出版的四个版本的著作中"发了大财"，与当时贵族的财产相当。

第 21 章　爱丁堡的天伦之乐

1778 ~ 1790 年　　55 ~ 67 岁

斯密搬到爱丁堡以后，在卡农加蒂区租下了位于潘穆尔街尽头的一栋房子，即潘穆尔府邸。潘穆尔街狭窄陡峭，沿着卡农加蒂区的北部一直延伸到卡尔顿山脚下。斯密在这所房子里度过了余生。卡农加蒂区是旧时苏格兰首都的宫廷所在区，在 18 世纪末仍然是贵族们聚居的地方。霍利鲁德宫早已经荒芜了，班戈的汉密尔顿把它称作是"没有君主居住的圣洁宫殿"。

在幽静阴暗的道路两侧，苏格兰贵族们的住宅鳞次栉比，常常会看到一些高贵的妇人和伟大的将军吃力地爬着一级级高高的台阶，倒也成了一道独特的风景。潘穆尔府邸曾经是潘穆尔一家的住处，后来斯密搬到了这里，斯密死后，这里的新主人换成了阿伯丁伯爵夫人。斯密和许多要好的朋友，一些当时著名的文人和科学家大都居住在这一带。吉本说，假如那些文人和哲学家为躲避伦敦大都市的烟尘和喧嚣而搬到爱丁堡，他们一定在卡农加蒂区的炊烟和悠闲中找到最好的庇护所。比如，罗伯逊搬到了格兰奇府邸；斯密在爱丁堡时最好的朋友布莱克搬到了尼科尔森大街的一栋乡间别墅里；亚当·弗格森搬到了离克罗斯仅仅两英里的西恩斯，然而那些居住在爱丁堡市内的居民却觉得那儿犹如大地的尽头一样遥远，以至于朋友们常戏称那儿是堪察加半岛。不过凯姆斯和黑尔斯一直都居住在新街，约翰·达尔林普尔爵士和蒙博多等其他贵族居住在圣约翰大街，卡伦仍居住在明特街，杜格尔德·斯图尔特居住在洛西恩侯爵曾经的住处霍斯街的洛西恩府邸。

至今存在着的潘穆尔府邸始建于 18 世纪中叶，房子的建筑风格比周围的房子更加时尚。虽然如今很多房间都是空置的，但至今仍令人感到宽敞、坚固和舒适，这正是周围的房子无可比拟的。在 1785 年，英国政治家威廉·温德姆和伯克一起住在爱丁堡，曾多次来此就餐，他觉得如此豪华的房子对于一个哲学家，显得奢侈了些。可以想见，四周是雪白的墙壁，站在窗口眼睛越过梯形花园，将远处那绿油油的卡尔顿山坡尽收眼底，是多么美好的事情。当时卡尔顿山上和周围除了一座天文台之外，没有任何建筑。杜格尔德·斯图尔特非常喜欢这种田园风景，他常说自己房子的最大魅力就在于能够看到卡尔顿山的峭壁和山坡。而他的住处离斯密不远。

斯密的母亲和姨妈道格拉斯小姐被斯密从柯卡尔迪接到这里，后来，他把姨妈最小的儿子也接了过来。道格拉斯上校后来成了斯密的继承人。温德姆在拜访过他们后，两次在日记中写道："我强烈地感觉到这是一个典型的苏格兰家庭。"斯密一家以平易近人与热情好客闻名。他喜欢朋友们不邀而至，坐在一起随意畅谈，即使那些远道而来的陌生人，也会在潘穆尔府邸受到热情的接待。人们常常会谈论起在斯密家举行的主日晚餐会。那时苏格兰的安息日制度还不严格，后来随着福音教派的复兴，主日晚餐会才正式成为爱丁堡的一项制度。甚至那些福音教派的领袖也喜欢举办主日晚餐会。科伯恩勋爵和萨默维尔夫人都曾经愉快地回忆起哈里·蒙克里夫牧师所举办的主日晚餐会。

斯密人生的三大乐趣是母亲、朋友和书籍。他拥有一个私人藏书室，其中收藏了大约 3000 册图书，种类齐全，琳琅满目。见过他大部分藏书的希尔德·尼科尔森教授说："令我惊讶的是，里面竟然有这么多游记和诗集类图书，并且一些书还不止一个版本，还会有装帧精美的豪华版。我希望能从中找到一些斯密做出的标记，从而知道《国富论》中一些段落的出处，但即使是作者引用最多的《论谷物法》，也没有任何标记。斯密把这些书仔细地装订起来，并亲自为它们编制了索引。"

詹姆斯·博纳先生为斯密 2/3 的藏书约 1000 种，2200 册图书编制了目录。其中法文书占 1/3，拉丁文、希腊文和意大利文的书籍占 1/3，剩下的是英文书，占 1/3 多一点。根据博纳先生的分析，其中有 1/5 是文学艺术类书籍，1/5 是希腊语和拉丁语的古典著作，1/5 是法律、政治和传记类书籍，1/5 是政治经济学著作和历史书籍，还有 1/5 是科学和哲学类书籍。在众多书籍中，几乎没有神学类书籍与散文小说，这反映出斯密的品位。

休谟的《自然宗教对话录》和帕斯卡尔的《思想录》既是神学著作，又是哲学著作；属于历史类书籍的有杰里米·泰勒的《基督教典故》、保罗·萨尔庇神父的《特兰特会议史》、鲁沙的《瑞士宗教改革史》；在书架上能够找到的代表神学类的书籍只有 1722 年沃森的英文版《圣经》，而这很可能是他父母留下的东西、此外还有法译本的《古兰经》和冯·马埃斯特里希的《神学》。布道类的作品，除了马西荣的法语著作，只有一本《约里克布道集》，这也是唯一的一本布道集。

戈德史密斯的作品只收藏有诗歌，而没有小说，笛福、菲尔丁、理查逊和斯摩莱特的作品都没有。藏书中还有一两本法语小说，除了1784年出版的《斯威夫特全集》中的《格列佛游记》以外，唯一的英语小说就是他的朋友亨利·麦肯齐所写的《老于世故的人》。

与不关心神学相比，他对小说的漠视程度也令人惊讶，在当时小说是一种日益流行的文学形式，斯密一开始就是个专业的文学评论家。也许是他太过关注实际，因而忽视了那些编造的传说。而他常常有好几个版本的希腊语和拉丁语著作，比如他最喜爱的《贺拉斯》，就有八个不同的版本。

斯密喜欢把这些书装订得非常漂亮。印刷商斯梅利曾表示，他第一次走进斯密的私人藏书室时，看着那些书，眼里充满了好奇与惊讶，那些书装订得都很漂亮豪华。而斯密解释说："您一定看出来了，我只喜欢我的书。"但同样见到过这些书的麦克库洛赫斯梅利的说法表示怀疑，他承认这些书都装订得很精美漂亮，但绝称不上豪华。

海关的办公场所在海伊街的附近，位于交易广场的皇家交易所的楼上。国会拐角处一家店铺的老板凯，站在自己的店里常常看到斯密早晨前来上班：斯密的装束通常为头戴一顶扁平宽边的海狸皮帽子，穿着浅色麻布上衣、短裤、白色的丝袜、系着带扣的鞋子。他走路时腰板笔挺，左手拿着一束鲜花，右手握着手杖的中间，放在右边的肩膀上。他习惯这样装束，犹如一个士兵扛着自己的步枪。

他走路时喜欢轻轻晃动脑袋，身体也跟着摇摆，他缓缓地向前移动，就像是每走一步就要改变方向，或者转身回头一样。他的嘴唇不停地动着，面带微笑，像在与人聊天。这个装扮使他在海伊大街上行走时非常引人注目。

他常常谈起一件事情：一天，他经过两个卖东西的妇女身旁，她们看着他，一个意味深长地摇着头说："嘿，看那个先生！"另一个说："他的穿着很考究啊！"她们觉得，像这样打扮的人应该会有众多朋友跟随，而不是自己一个人独自在外面走。

苏格兰海关一共有五名专员，他们都不是当时的公众人物。海关的工作是一些简单的日常事务：审核商人对当地税务官员的上诉；任免和监督当地官员；审批煤矿的开发报告、灯塔的修建计划及葡萄酒进口商和商船主人的申请等；处理走私船只问题；派遣军队镇压一些非法酿酒厂，或者监视海边的可疑地区；编制年度收支报告，支付工资及向财政部递交结算余额等。

在海关工作的那段时间斯密兢兢业业。1787 年他当选为格拉斯哥大学名誉校长，写信给格拉斯哥大学校长说，自己在海关每天都按时上下班，可以随时请假一周而不会招致别人的非议。可见，斯密是一个尽职尽责、令人满意的行政人员，但与那些经过专门训练的人员相比，他在做某些事情时反应略显迟钝，由于他爱走神的毛病，偶尔会犯下一些非常滑稽的错误。有一天，斯密作为海关专员要在一份官方文件上签署自己的名字，但是斯密却模仿着前面一位海关专员的签名签署了那个人的名字。

海关雇用了一个身材高大的门卫，门卫身穿猩红色的长袍或斗篷，作为职务的象征，上面装饰有毛线编织的花边，他手里拿着一根 7 英尺长的警棍。每当海关召开会议时，他就会到门口去执勤。海关专员走进来，门卫用警棍礼节性地向他们行礼，然后再把他们带到会场去。对此，斯密早已司空见惯了。有一天，他却像一个新兵跟随教官学习动作一样，开始模仿门卫的动作。并用手杖模仿门卫警棍的动作。门卫非常疑惑，于是放平手中的警棍，退到一边去，腾出空间让他过去，同时又放低自己手中的警棍以示敬意。但斯密却站到了另外一边，手中的手杖也放低到了和门卫警棍一样的角度。门卫感到惊讶，举起警棍走上台阶，斯密也以同样的动作举着手杖跟在后面，他紧盯着门卫的脚步。到了大厅门口，门卫再次后退一步，举起警棍，躬身向他行礼，他也如法炮制，严肃地进行回礼。直到走进大厅斯密才从这种状态中完全解脱出来。

而斯密在完全清醒过来后根本不记得恍惚中发生的事。据说，斯密有一项非常惊人的能力，他在清醒以后能清楚地记得他走神时周围人的谈话。而这一次却似乎像医学上说的昏睡症。这与他平时走神的原因一样是长期注意力高度集中的结果。这可以称之为思想家的思想抽筋。

工作对斯密的经济学研究很有帮助，斯密比普通的海关专员对公务更加感兴趣。1778 年，斯密写信给曾经向他借阅《关于课税的备忘录》这份法文调查报告的约翰·辛克莱博士说"无论是在个人的研究中，还是在从事的公务中，我都常常会参考到这本书"。斯密自己也承认从公务生活中获得了大量的实用信息，对他很有帮助，不然的话，他也不会相信实际知识对于透彻地理解政治问题是多么的重要。在斯密成为海关专员以后出版的第二版《国富论》中，很多增补和修改的地方都与他所从事的公务有很大关系。

朋友们为斯密感到惋惜，觉得斯密的海关工作占用了他大量的时间与精力，使他不能够按计划完成那部政治巨著。杜格尔德·斯图尔特说："尽管那些活并不费脑筋，却浪费了他的精力，分散了他的注意力。现在，他的事业暂时停顿了。他把自己的时间都浪费在了公务上，而没有去从事那些对社会更加有益、与他的聪明才智更加相称的事情，实在令人惋惜。在这里居住的最初几年，研究工作似乎完全停止了。他感觉到自己越来越年老力衰，必须为社会与自己做点什么时，却为时已晚。他很早以前就宣称已经收集全了写书的主要材料，只要身体保持健康，不受外界干扰，给他几年时间就可以把这些材料组织成书了。"

在生命的最后几年，斯密大部分闲暇时间都用在了阅读希腊诗歌上面。在他藏书室的桌子上经常摆放着索福克勒斯和欧里庇得斯的著作。斯密对杜格尔德·斯图尔特说，一个老年人最大的乐趣和安慰就是阅读年轻时最喜爱的作品，与那些最喜爱的作者进行思想交流。

此时，他还为享受友情的快乐而花费了很多时间。比如主日晚餐会。在定居爱丁堡后不久，他与晚年最要好的朋友化学家布莱克和地质学家赫顿，一起建立了牡蛎俱乐部，牡蛎俱乐部每周五下午两点在格拉斯马凯特的酒馆聚会。1784年，巴黎的医生斯维德埃博士和卡伦一起在爱丁堡做调查。斯维德埃写信给杰里米·边沁说："这里有一个全部由哲学家组成的俱乐部，其成员有亚当·斯密博士、卡伦、布莱克及马哥温先生等，我也是他们的会员。每周都可以和他们一起度过令人难忘的时光。"斯维德埃和斯密关系很好，他对边沁说，斯密这个人很好相处。弗格森也是牡蛎俱乐部的成员，自从1780年他瘫痪后就不再外出聚餐。经常参加俱乐部聚餐的人有亨利·麦肯齐、杜格尔德·斯图尔特、约翰·普莱费尔教授、地质学家詹姆斯·霍尔先生、建筑师罗伯特·亚当、罗伯特·亚当的堂兄埃尔丁的约翰·克拉克（海军新战术的创始人）。另外还有伯恩斯所遇到过的最值得尊敬的贵族——年轻而又高贵的戴尔勋爵。他教会了这个诗人一个道理，即贵族也是"自己的同胞"。

戴尔勋爵是第四代赛尔扣克伯爵的长子，法国大革命爆发时，他成了"人类之友"运动最积极的人之一。他和米拉波是要好的朋友，曾经为了国王的人身安全询问米拉波，米拉波告诉他说，法国人不会像英国人那样，犯下愚蠢的错误，砍掉国王的头颅，因为那只是一种建立专制暴政的常用手段。人们曾经预言戴尔勋爵将会有一个光辉的未来，可惜1794年他就去世了。

斯维德埃提到的马哥温先生是一个古董收藏家和博物学家，是申思通、彭南特和珀西主教的朋友。马哥温先生与他年轻时的好友、曾经担任过查理王子秘书的安德鲁·拉米斯登是室友。拉米斯登经过长期的政治流亡生活后回到了马哥温先生身边，他也是斯密的好友，塔西为他所作的肖像画是斯密家里仅存的几样东西之一。拉米斯登也是牡蛎俱乐部的成员，曾经和班戈的汉密尔顿一起流亡到法国的鲁昂。

在牡蛎俱乐部里，最大的乐趣就是听三位创始人谈话。他们三个人都有着卓越的才能、宽广的眼界和广博的学识。他们对待朋友非常真诚，绝对不会被嫉妒的阴影所蒙蔽。他们身上具备了一切有利于团结朋友的因素。

斯密、布莱克与赫顿三人间的友情非常深厚。他们三个人各自创立了一门科学，并且至少在自己的领域里做出了无人可比的巨大贡献，他们被称作是近代政治经济学之父、近代化学之父与近代地质学之父。虽然三人都取得了丰功伟绩，但对人却真诚朴素、平易近人。虽然他们性格方面有很大差异，但正是这种差异让他们互补，紧密地联系在一起。

布莱克是个相貌端庄、举止优雅、冷静沉着、穿着时尚的人，他能够说一口标准的英语而不带一点儿的苏格兰口音，即使在那些他并不精通的领域，他也能够发表一些真知灼见。斯密常说布莱克先生是他见过的最稳重成熟的人，他总是根据布莱克精确的辨别能力来评判一个人的品格。斯密不善于识人，布莱克的长处恰恰是他的识人能力。他在判断一个人的时候只用寥寥数语，就可以给人留下难以磨灭的印象。布莱克是一位天才演说家，他受到了全城人民的尊敬，人们把他当作是这座城市的骄傲。科伯恩勋爵说："没有一个年轻人会不尊敬这样一个白发苍苍、温文尔雅而又声誉卓著的老人。"

在很多方面赫顿都与布莱克截然不同。他是一个天生外向的人，浑身充满活力，精神饱满，衣着随便，无视世俗偏见，说话时虽带有浓重的苏格兰口音，但见解独特，妙语横生。他具有一种独特的表达能力，常使人感到痛快淋漓。据普莱费尔说，只要赫顿一出现，在场的人们就会活跃起来。他原本学的是医学，却弃医投农，多年来一直在边境各郡从事农业改良工作，是有名的农业改良家。那时苏格兰人们普遍使用八头牛拉犁，他则是第一个使用双马拉犁的人。在他早期的化学研究和后来的农业改良过程中，他常常漫步在原野山谷间，逐渐对地球表面的土壤、岩石与矿产构成及起源产生了浓厚的兴趣。经过不断的探索和思考，他终于完成了自己的地球理论，为以后的地质学研究开创了新的起点。他是一个大胆的探索者。普莱费尔表示，布莱克最害怕谬误，害怕背离真理；赫顿最害怕无知，害怕没有达到真理。赫顿很少参加一般的社交活动，但在私下的聚会，他是一个令人愉快的人。

牡蛎俱乐部讨论的话题常常是学术上的。但俱乐部也是那些前来爱丁堡访问的艺术家和科学家们常来的地方，他们讨论的话题无拘无束，没有说教或论战的气氛，因而俱乐部显得生机勃勃，充满乐趣。

取名为牡蛎俱乐部可见这些伟大的学者并没有弃绝普通人的乐趣，但其中有三个人对饮食并不讲究。斯密最大的嗜好是吃糖；赫顿不饮酒；素食主义者布莱克日常的食物就是几片面包、一些李子，还有一些稀释过的牛奶。

斯科特以现场目击者的身份说："斯密总是到处走来走去，不时地停下来偷吃一块糖。他那种没完没了地讨要糖吃的样子，使主持茶会的老姑娘非常郁闷，她最终不得不把糖放在自己的腿上，免得斯密不停地偷吃。"

这个情景就发生在斯密的家里，斯科特提到的那个老姑娘就是斯密的姨妈道格拉斯小姐。这样的事情很可能是真实的，因为斯科特是戴维·道格拉斯的同学，他偶尔会去潘穆尔府邸做客。

第 22 章　书信里的争锋

1778 年　　55 岁

定居在爱丁堡之后不久，斯密的法国老朋友恩威尔公爵夫人和她的儿子拉·罗斯福格尔德公爵，就送来了他们祖先的作品《箴言集》，其中附有一封公爵的亲笔信。但是作为魁奈的弟子，一位定期参加米拉波经济学宴会的人，在信中却没有提到斯密最近出版的著作，着实令人惊讶。

　　我曾经有幸与您有过交往，现在冒昧地给您写了这封信。在拉·罗斯福格尔德的《箴言集》重版之际，我与母亲给您送上一本。尽管您曾经在《道德情操论》中对他大加批判，但我们还是要送上此书，希望您能够了解我们之间从来没有过任何怨仇。此外，我原本打算翻译您的《道德情操论》，但我刚刚翻译完第一部分时，却听说布拉韦神父翻译的这本书已经出版了，不得已我放弃了原来的计划。

　　诚然，我也想借此机会为家曾祖做一些解释。一方面，家曾祖曾以参观者的姿态在宫廷和内乱中观察别人，这样的人，经常会显得比较卑微；另一方面，家曾祖已经把他在作品中被过分普遍化了的那个信条正当化了。他把部分看成了整体，他认为人们应该根据自尊心来指导自己的活动，并认为这是人们一切行动的普遍动机。他的作品有很多不完善之处，但是从整体上来说，尤其是他的文体，还是很值得称赞的。

　　此外，我还要向您请教一个问题，您那位名望很高的朋友休谟先生的著作是不是很快就要出版了？

　　　　　　　　　我们对故人表示由衷的悼念拉·罗斯福格尔德

　　　　　　　　　　　　　　　　　　1778 年 3 月 3 日于巴黎

斯密并没有在 1781 年的新版《道德情操论》中修改他对写信者祖辈的讽刺。后来斯密感觉把《箴言集》的作者和曼德维尔放在一起加以指责似乎对前者很不公平，1789 年杜格尔德·斯图尔特访问巴黎时，斯密拜托他向拉·罗斯福格尔德公爵表示歉意，并在即将要发行的新版《道德情操论》中改正这个错误。在书的最后一版中，去掉了对罗斯福格尔德的指责。

就在斯密的法国朋友抗议他在《道德情操论》中的一些观点时，一位在 83 岁高龄仍然保持着 60 年前同巴特勒主教就形而上学问题进行辩论时锐气的老人——他的老朋友凯姆斯勋爵正准备对斯密这本书的理论本身进行批驳，并把这些内容加入他的新版著作《道德及宗教的原理》一书中。在出版这些内容前，他把手稿寄给斯密过目。斯密写了如下一封回信：

> 亲爱的勋爵大人：
>
> 您把自己准备在新版著作中对我的理论批驳寄给我看，我不胜感激。您的信中对我充满了友好与客气，假如我反对它出版，就显得自己太小家子气了。在此问题上同您这样一位具有很强判断能力的人、如此杰出的老朋友产生分歧，我感到非常遗憾，但这是不可避免的。何况，这种理论上的争论可以促进国家的繁荣，您说呢？原计划提前去拜访您，但由于感冒尚未痊愈，不便出门。请您代我向多拉蒙德夫人问好。
>
> 亲爱的勋爵大人，我是您最忠实最卑微的仆人。
>
> 亚当·斯密
>
> 1778 年 11 月 16 日

多拉蒙德夫人是凯姆斯勋爵的妻子。她继承了父亲布莱尔·多拉蒙德先生的领地，同丈夫一起把父亲的姓氏加在了自己的名字上，被称为霍姆·多拉蒙德夫人。

斯密可能已经就凯姆斯勋爵对他的批驳与凯姆斯进行过讨论。凯姆斯勋爵主要反对的是：对于苦难者的同情源于人们设身处地设想别人的感觉。他认为这种同情源于人们所看到的那些直接的外部表情，如痛苦的尖叫、扭曲的面孔与伤心的眼泪等。那种设身处地的做法只会导致一种自我满足，不但不会唤起人们内心的同情，反而会在一定程度上削弱这种感情。

假如斯密的理论正确，那么想象力越丰富的人，道德责任感也就越强烈。但是现实中的情况恰恰相反。斯密的理论很好地解释了对别人的道德感情的起源，但完全没有考虑到自己内心的道德感情。比如丧子之痛和对别人友善行为的感激，都不需要也不可能通过设身处地的方法来得到解释。

政坛上的活跃人物、具有爱国热情而勤奋的约翰·辛克莱先生是斯密在爱丁堡最早认识的人之一，他是凯恩内斯郡的一个年轻地主，不仅创立了农业部，促进了苏格兰统计事业的发展，而且创作出了《财政收入史》《农业全书》《健康全书》等著作以及无数的小册子。1777 年底斯密来到爱丁堡时，辛克莱还不是议会的议员，他当时正忙着写作《财政收入史》，斯密给他提供了很多力所能及的帮助。那时他已经完成了关于基督教安息日制度的文章，但在斯密的建议下这些文章始终没有发表。在这篇文章中作者要说明的是，苏格兰清教徒所严格遵守的安息日制度在《圣经》中找不到依据。在完成这篇论文后，辛克莱把原稿拿给斯密看，斯密竭力劝说他不要发表："不管它是不是出于神的旨意，安息日制度在苏格兰已经被认为是一项政治制度，具有难以估量的价值。"

一天，辛克莱说，1777 年 10 月美国独立战争时的英国将军约翰·伯戈因在萨拉托加向美国人投降了，英国要毁灭了！斯密冷静地回答说："每个民族都要经历多次毁灭的。"1778 年 11 月，辛克莱想借阅斯密曾经多次在《国富论》中加以引用的、介绍当时法国税收制度的重要文献——《关于课税的备忘录》，希望斯密能够把这本书给他寄到瑟索城去。《关于课税的备忘录》这本书非常珍贵，最初只印了 100 本，而英国只有 4 本。斯密写信回复道：

> 我在这里向辛克莱先生致以最崇高的敬意。
>
> 《关于财政的备忘录》（斯密当时手里没有这本书，因此将书名中"课税"误写成"财政"）已经借给了约翰·戴维森先生，他要用 4 个月。等他用完以后，我很乐意把这本书再借给您。但我对这本书在运送途中的安全及路途如此遥远非常担心。不管是在私人研究中，还是在目前所从事的工作当中，我都经常要用到它，因此我不愿意让它离开爱丁堡。这本书还没正式地出版发行过，当初使用它的委员会也只是多印刷了几本而已。
>
> 我手里的这本，也是在法国前财政大臣杜尔哥的帮助下才得到的。英国只有 3 本这样的书：一本由一个贵族所有，他告诉我他是在得到默许的情况下弄到那本书的；一本在财政大臣的办公室里；还有一本由一个绅士所有。所以如果这本书出现什么意外的话，损失将无可挽回。因此，希望您回

到爱丁堡后再使用它，而且我所有的资料都可以归您使用。

　　　　　　　　　　　　向您致以最崇高的敬意，我是您

　　　　　　　　　　　最忠实最卑微的仆人亚当·斯密

　　　　　　　　　　　　1778 年 11 月 24 日于爱丁堡

　　《关于课税的备忘录》一书是在 1768 年印刷的，1774 年杜尔哥成为法国财政大臣后，斯密才得到了一本。如此看来，《国富论》中关于课税的章节一定是 1774 年之后在伦敦写的。

　　据辛克莱副主教说，约翰爵士的传记作者在谈到他的财政学研究时，从另外一封长达 6 页的斯密亲笔书信中引用了一段文字。遗憾的是，这封信没有保存下来。

第 23 章 爱尔兰自由贸易之争

1779 年   56 岁

1779 年，政府各界人士纷纷向斯密咨询，一旦放开对爱尔兰的限制，允许他们进行自由贸易，将会带来什么样的后果。

当时的背景如下：从王朝复辟到 1801 年，爱尔兰与大不列颠合并期间，英国人对爱尔兰进行了空前严厉的商业限制，对爱尔兰来说是遭受了沉重打击。

一直以来，爱尔兰人被认为是外国人而不能与英国及其殖民地进行贸易；因为受英国人的统治，也不能与外国人进行贸易。他们有很多优势产业，但一旦向外出口商品，英国议会或苏格兰议会就会关闭自己的销售市场。

爱尔兰畜牧业非常发达，主要产品活牛却被禁止出口。他们试着出口牛肉，但禁止贸易的范围迅速扩大到了腌制产品上；于是，他们转向了羊和羊毛。但最初羊毛出口被禁止，后来放开，又被禁止，几番折腾；他们试着出口毛纺织品，但英国为了打击爱尔兰的主要毛纺织品生产厂商，提出让爱尔兰垄断亚麻布制造业。但凡有可能蓬勃发展的新兴产业都被扼杀，导致爱尔兰没有获得英国在 18 世纪享有的那种积累产业资本和发展工业的机会。

全国工业受到打压，导致就业机会缺乏。1778 年是一个丰收年，但仍然有数以千计的人没钱买粮而忍饥挨饿；农民则由于粮食太便宜而负担不起地租；都柏林大街上到处是游行的失业者们；爱尔兰总督警告英国政府说，放开爱尔兰的贸易已经迫在眉睫，否则，他将无法支付向英国财政部缴纳的款项。

正义的呼声与痛苦的哭喊根本无法改变英国政府的心意，最终的突破口来自外部的威胁。当时英国处境危险，由法国、西班牙和美国组成的联军占据了优势，重压之下，英国不能再忽视国内的不满。爱尔兰为美国的革命军队输送了大量兵员。爱尔兰对政府无心保护他们的港口感到愤怒，在查理曼特勋爵的组织下，新教徒招募了 42000 名志愿者组成了一支军队，没有经过国王授权，爱尔兰就给他们发放了武器。

诺思勋爵表示，除了羊毛、玻璃制品以及烟草的进口以外，让爱尔兰在与英国殖民地和其他国家之间进行贸易时，享有与英国同等的权利。爱尔兰人对此提案并不满意，因为这并没有消除对羊毛制品的贸易限制。然而，此提案却在英国国内的利物浦、曼彻斯特、格拉斯哥及所有的制造业与贸易中心，引发了人们的抗议浪潮。他们向政府请愿，说这项提案将会毁掉他们的生活，因为无论是英格兰还是苏格兰的制造业者，都无法与爱尔兰的廉价劳动力进行竞争。诺思勋爵原本由于爱尔兰的威胁而不得已做出一些让步，如今在英格兰的威胁下，他又被迫削减了原来的方案。这使爱尔兰人感觉受到了戏弄，整个爱尔兰岛都被激怒了。人们组织了各种协会，骚乱时有发生。

1779 年 4 月在都柏林举行了一次集会，号召人们都不要购买英格兰和苏格兰的商品。许多郡还指使他们在议会中的代表，在爱尔兰所遭受的不公正待遇结束以前，不要投票通过任何超过六个月期限的财政法案。爱尔兰人民的不满情绪非常严重，而且法国和美国的代表正在积极地四处活动。只有允许爱尔兰人出口毛纺织品，他们才会满意。

10 月，爱尔兰议会刚刚复会，新当选的下院议员，后来成为下院的一股重要力量的亨利·格拉坦（此人很快就成了该国有影响的人物）果敢地站出来，提出并推动了一项修正案，要求批准爱尔兰货物自由出口。在弗拉德的建议下，这项修正案扩大到要求拥有完全自由的对外贸易权利，既包括自由出口权，也包括自由进口权。英国对此含糊其词，这导致了爱尔兰国内的普遍不满。在国王威廉生日当天，他在都柏林的雕像被人用请愿的标语围起来，无数的志愿者自发走上街头，举行游行活动。几天后，一伙暴徒袭击了司法部部长的住处，然后又向议会进发，迫使他们所遇见的议员承诺，只对短期财政法案投票，直到英国政府承认爱尔兰拥有自由贸易的权利为止。格拉坦利用他在议会的身份，以 3∶1 的票数通过了一项决议，决定不缴纳所有新摊派的赋税，只批准六个月以内的财政法案。

一直采取回避态度的英国内阁这才意识到问题的严重性，他们慌乱无比，向那些业内人士请教，一旦放开爱尔兰的贸易限制，允许他们进行自由贸易，会对英格兰造成什么样的后果。政府要求很多所信任的爱尔兰头面人物，比如利福特勋爵、希利·哈钦森及亨利·伯格等，就爱尔兰在商业上存在的不满情绪和可能的解决办法提出看法。

这些报告最显著的特点就是他们明显地掌握了自由贸易的原则，这似乎是斯密最近所出版的那本著作的缘故，因为从已经出版的希利·哈钦森的报告或摘要（这是在爱尔兰公开焚毁的最后一本书）中可明显看出，他经常引用《国富论》中的观点。

贸易部曾经两次请求斯密发表自己对此问题的看法。贸易部部长卡莱尔勋爵通过海关秘书亚当·弗格森向斯密提出这一请求，因为卡莱尔曾经担任过海关总长，并被派往美国谈判讲和条件。而贸易部的秘书威廉·艾登则通过亨利·邓达斯向斯密提出这一请求。斯密后来与这个成为第一代奥克兰勋爵的艾登关系很好。1776 年艾登和斯密的老朋友吉尔伯特·埃利奥特爵士的女儿结婚了。

斯密写给卡莱尔勋爵的信件如下：

阁下：

弗格森先生已经把您的信给我看了，在信中您想知道一旦满足了爱尔兰人的强烈要求——给予他们自由贸易的权利，会带来怎样的后果。首先对于您还记得我，让我深感荣幸。

他们所谓的自由贸易权利，可能是在爱尔兰议会所确定的税率下，能够自由地向所有国家（英国及其殖民地除外）出口一切商品。但目前他们在国内生产的玻璃制品是被禁止出口的，从国外进口来的生丝也同样受到限制，羊毛只能出口到英国，毛纺织品只能从爱尔兰的某些港口运送到大英帝国的某些港口。为了保护国内少部分制造业者的利益，他们对爱尔兰采取了这种不公平而且严格的限制。他们唯恐爱尔兰人在国际市场上同他们竞争，其实在生产玻璃制品与毛纺织品方面，爱尔兰人连自己国内的市场都无法满足。

目前，除了西班牙与葡萄牙外，他们只能从英国进口玻璃制品和国外种植园的砂糖，一些东印度的商品也只能从英国进口。爱尔兰人所谓的自由贸易还意味着能够自由地从价格最便宜的国家进口他们所需的商品。解除对爱尔兰人设置的所有限制，几乎不会损害大英帝国的利益。爱尔兰人所要求的不过是一种公平合理的自由进出口权利。

……

当国家处于危机中时，您这样身居要职并具有高尚情操的人四处倾听意见，而不是对国家感到失望，使我十分欣慰。我真诚地希望您能够很快地恢复活力，并根据我们的建议做出决定并付诸行动，那样就能完美地达到我们的目标。

阁下，您最忠实最顺从的仆人亚当·斯密

1779 年 11 月 8 日于爱丁堡

写给邓达斯的书信由奥斯卡·布朗宁先生从他持有的《奥克兰文集》中挑选出来，发表在 1886 年 4 月《英国历史评论》第 308 页上。同时，布朗宁先生还分别给出了邓达斯写给艾登和斯密的信。写给艾登的信如下：

亲爱的先生：

您的来信我已转交给了斯密。等我见到斯密或收到他的来信后，我会马上给您回信，谈论一下我对您来信中不同意见的看法。这里附上一封我写给斯密的信，从中您可以看出我对爱尔兰问题的一些粗浅看法。

您忠诚的亨利·邓达斯

1779 年 10 月 30 日于梅尔维尔

邓达斯写给斯密的信中，一方面承认一个国家的人民有利用自己的自然条件的自由，另一方面却又担心他们一旦充分利用了劳动力价格低廉的优势，将会对自己不利。大概是在 11 月 1 日，斯密给他写了回信，信中表示在关于爱尔兰自由贸易权利的事件上与他保持一致，并建议：金钱上的反对最好用金钱来解决。

信中他没有提到邓达斯所建议的爱尔兰与英国合并之事，从《国富论》中可以看出，他非常支持这种合并，原因是合并以后可以把爱尔兰人从残暴的专制统治中解放出来。正是因为残暴的专制统治使得爱尔兰国内分裂成了"敌对的两派势力"，用斯密写给卡莱尔勋爵的话说，就是分裂成了"压迫者和被压迫者"。他在《国富论》中断言："如果没有和英国合并，爱尔兰的居民在今后的数十年甚至数百年间也不会把自己看作是同一国家的人。"

第 24 章　享誉海外的《国富论》

《国富论》在国内非常受欢迎，当斯密得知这本书在海外也赢得好评时，也非常满意。德雷比把这本书翻译成了丹麦语，并在 1779 ~ 1780 期间以两卷本的形式出版发行。德雷比还打算出第二版，因为他通过一位丹麦的朋友向斯密打听，《国富论》的第二版中会做哪些改动，可见他当时还不知道《国富论》第二版已经出版之事。于是斯密就给斯特拉恩写信，让他给德雷比寄去一本第二版的《国富论》：

亲爱的先生：

很抱歉，每次我给您写信都是为了请您帮忙，这封信也不例外。我从瓦特那里预订了一台打字机，机器的价格是 6 几尼，包装费用是 5 先令。如果他能够随机器给我寄来一令复写纸，以及各种油墨的样本，我将不胜感激。请帮我支付一下这笔费用，这里附上销售商伍德梅逊先生的书信及一张 8 几尼的支票，付完以后应该还有节余。我欠克雷文街一个叫赫丁顿的裁缝不超过 10 先令，请帮我还一下，他和詹姆斯·姆弗森很熟，是一个诚实正直的人。我离开伦敦以前曾多次要还钱给他，但都被他拒绝了。

不久前一位丹麦朋友写信告诉我，丹麦新设立的贸易与经济部的秘书德雷比先生已经把《国富论》翻译成了丹麦语。给我写信的是在那个部门担任顾问的霍尔特先生，他借德雷比先生的名义向我了解第二版《国富论》将做哪些修改。我想送给他们一本新版的《国富论》作为回答。另外，请您把书的销售情况告诉我吧。

很久没有给您写信了。向您及家人致以最崇高的敬意。

我永远是您最真诚最亲切的亚当·斯密

1780 年 10 月 26 日于爱丁堡卡农加蒂

在丹麦语版本的《国富论》出版时，这本书已经被翻译成了多国的语言。

《国富论》刚一出版，斯密就通过谢尔本勋爵送了一本给他的朋友莫尔莱。莫尔莱后来搬到他在索尔邦神学院读书时的同学——图卢兹大主教在普利埃努街的住处时，随身还带着斯密赠送给他的那本书，并计划在那里翻译该书。但布拉韦抢先出版了法语译本，他以前还出版过《道德情操论》的法语译本，但翻译得非常糟糕，这次翻译《国富论》也好不到哪去。莫尔莱说："可怜的斯密，不是被翻译，而是被背叛了，因为根据意大利谚语的说法，翻译者即背叛者。"

因此，莫尔莱打算出版自己的译本，刚开始他想把自己的译本以 100 金路易的价格卖给书商，但最后就变为无偿提供了。多年后，他请求老朋友、法国大臣图卢兹大主教拨给他 100 金路易让他出书，但没有成功。这位善良的神父所能说的只是这笔钱将会物有所值，因为他翻译得很认真，他也比别人更加了解书中的内容。

《国富论》的德语译本由舒勒翻译，第一卷和第二卷分别于 1776 年和 1778 年公开出版，但这本书翻译得并不成功，德国人很少关注斯密及他的著作，一直到 18 世纪末，德国哲学家加尔维教授出版了自己翻译的《国富论》。

当时的弗里德里希大帝和约瑟夫国王，以及其他非常支持重农主义的王室贵族，都没有注意到这本书。在德国的出版物中，也没有人引用或者驳斥其中的观点。罗雪尔亲自翻阅了从 1776 年到 1794 年出版的经济学文献，想看一下斯密思想被人接纳的程度，最终却发现很少有人提及斯密。

但小小的汉诺威王国却是一个例外。这个国家与英国王室关系密切，还曾经因为过分亲英而受到法国的抱怨。汉诺威的哥廷根有一个很有影响力的学派，非常仰慕英国的制度和文学。1777 年初，哥廷根的《学术评论》杂志对《国富论》进行评论，哥廷根大学的一位教授宣称要在 1777 年至 1778 年的冬季学期开设课程专门讲授斯密的《国富论》。

在斯密去世之前，其作品开始在德国的思想家中获得认可。著名的政治家根茨 1790 年写信给朋友说，《国富论》他读了三遍，他认为这本书是"世界各国在这个方面的著作中最重要的一本"。1796 年克劳斯教授写信给福格特说，这是世界上迄今为止最重要的著作，假如能够被人们较好地理解应用，将产生自《新约全书》以来任何书都无可比拟的有益影响。几年后，这本书成了普鲁士首相施泰因制定公共政策的理论依据。

《国富论》在 1780 年被翻译成意大利语。但在西班牙却被宗教裁判所以

"风格低下，道德观不强"的名义给查禁了。接替沃伦·黑斯廷斯成为印度总督的约翰·麦克弗森爵士写信给吉本说，1792 年他在西班牙旅行时，亲眼见到宗教裁判所的判决书就贴在教堂的大门上。不过他们很快就改变了想法，因为在1794 年奥尔提斯翻译的西班牙译本分四卷出版了，其中还附有关于西班牙情况的说明。

斯密曾写信给卡德尔，让他把那两本书赠送给克莱伊通的罗斯夫人。罗斯夫人是他"关系最亲密的朋友"帕特里克·罗斯上校的妻子。

新工作并没有使斯密停止写作。1782 年年底以前，他对《国富论》做了大量的增补工作，并计划把这些内容增加到第三版中，其中就包括介绍英国贸易公司历史的那部分内容，以及东印度公司的历史。索罗尔德·罗杰斯认为，有关东印度公司历史的那部分内容斯密早在十年前就写好一直保存在书桌抽屉里了。1782 年 12 月 7 日斯密写信给卡德尔说：

> 非常抱歉自从回到苏格兰以来，一直不爱写信。我在伦敦购买了很多新书，回来后就一直专研，以至于耽误了为新版的《国富论》做准备的正事。希望能够在两三个月之内把修改后的版本寄给您过目。其中在第二卷有三四个地方要增加内容。其余的地方要增加英国所有贸易公司的历史的内容，这部分内容尽管很简短，但是绝对完整。这些增加的内容不仅要加入新版书中合适的地方，而且还要单独出书。具体价格等到增补部分写完了确定。请代我向斯特拉恩先生问好。我想他应该会原谅我没有给他写信的，他也知道我不喜欢写信。

在信中所提到的增补部分，在 1783 年以四开本的形式单独出版，1784 年又出版了包含增补部分的第三版，以三卷八开本的形式出版，以便于与先前出版过的前两版配套。当时巴黎著名的医生斯维德埃博士正与卡伦住在爱丁堡一起进行研究。1784 年 11 月他写信给边沁说，在那里他每周至少能够见到斯密一次，斯密给他看了已经完成的新版著作，并告诉他，尽管书已经印出来了，但为了提高销量，卡德尔要等到上流人物齐聚伦敦时才会公开发行。这是书商惯用的一种策略，而斯密是一个心无偏见而又善良的人。

增补部分的主要内容是斯密受当时政治潮流的影响而进行研究的结果。比如，他对苏格兰渔业奖励制度的运行情况作了充分的说明，这也是当时的议会正在专门调查的一个问题，斯密作为海关专员可谓是近水楼台，有很多机会可以获得有关这方面的精确信息。他还详尽地考察了特许公司与普通公司的特点，特别是东印度公司。当时东印度公司对那个庞大的东方属国的管理问题成为亟待解决的难题，福克斯提出的"印度法案"直接导致了1783年联合内阁的倒台，1784年在皮特的提议下建立了管理局。

有人评价说在增补部分中有两点建议明显违背了自由贸易学说。一个是建议对羊毛出口征税。斯密建议用征税取代现存的禁止出口的禁令，这样做是为了增加税收，而绝对不是为了贸易保护。第二个是违背自由贸易学说的建议，他允许商人可以享有暂时的商业垄断权利。斯密把这种暂时的垄断特权看作是和作家的著作权和发明家的专利权类似的权利。一些投资者冒着巨大的风险，花费巨资，去尝试建立日后对公众有巨大好处的项目。但是这种暂时的商业垄断特权是有固定期限的，而且只能赋予那些最终造福社会的事业。

第 25 章　斯密独特的文学评价

斯密在写给卡德尔的信中，为自己在爱丁堡最初几年的懒散生活而深深自责。他在伦敦购买了很多新书及新版书，他一直沉浸在读书的乐趣之中，以至于耽误了为新版的《国富论》做准备的正事。

1780 年由于工作的关系，斯密遇到了一个来自格拉斯哥的年轻记者阿米克斯，阿米克斯询问了他对世界上一些著名作家的看法，1791 年斯密逝世后发表在《蜜蜂》杂志上。《蜜蜂》杂志的编辑、李嘉图地租理论的创始人詹姆斯·安德森博士在谈到这篇具有回忆性质的文章时说，文中所叙述的观点和他曾经亲自听斯密说过的刚好一致，不难看出文章是根据斯密的原话整理出来的。阿米克斯说自己当时很年轻，充满好奇，对斯密很尊敬。与斯密谈完正事后，他们就开始谈论文学，斯密很健谈，也很直率，甚至是毫无顾忌地表达了自己的观点。

阿米克斯提到的第一个作家是约翰逊博士。他感觉斯密有点瞧不起约翰逊。斯密说："这个人我见过，他喜欢在人群中突然站起来，在椅子后面跪下开始祈祷，祈祷完又坐回到椅子上。反复多次。行为有些乖张。虽然他很正直，但总是喜欢赞美那些无赖。他高声赞美的萨维奇就是一个花花公子，每年 50 英镑的养老金几天就被挥霍了。那时流行穿一种饰有金边的猩红斗篷，有一天约翰逊看见他刚领到年金就穿上了这种衣服，而同时却穿着脚趾露在外面的鞋。"

不过，斯密对约翰逊论述美洲问题的政论性小册子评价很高，他非常喜欢关于马尔维纳斯群岛的那部分内容，因为它用有说服力的语言描述了近代战争的疯狂。

斯密对约翰逊的评价的确没有社会所给予的评价高。斯密非常惊讶约翰逊竟然享有如此高的声誉。他也常常赞美约翰逊的某些著作。有一次他对斯图尔特说，约翰逊为莎士比亚戏剧集所写的序言是世界上已知的最有气魄的评论。

阿米克斯问斯密对他的同乡、《政治通览》的作者坎贝尔博士的看法。斯密表示只见过一次，知道他是一个终日写作不知疲倦的人，他自己的书就可以装满整间屋子。在一次宴会上，一个绅士说很想拥有一套他的著作。于是第二天早上一辆满载的马车就来到了那位绅士家门前，车夫拿出了一张 70 英镑的账单。每次在出版他的著作时，他都会多留下几本，以便给那些想得到他整套著作的人。

斯密经常称赞英国讽刺作家、爱尔兰圣帕特里克大教堂教长、《格列佛游记》的作者斯威夫特，对他评价很高，说他所缺少的只是成为一个伟大诗人的决心。"但是他不是一个伟大的诗人，而是一个闲谈者，为了取悦周围的人而写作。"不过，斯密却把斯威夫特的写作风格与情感看作是人们学习的典范，并向阿米克斯读了一些斯威夫特写给斯特拉的求爱短诗。

斯密觉得斯威夫特是诗歌艺术方面的伟人，他的作品总能给人一种悠闲安逸的印象。但创作诗歌对他来说是件非常艰苦的工作，每写下一句诗来，都要耗费很大的心力。在斯密看来，斯威夫特最杰出的作品是描述他自身死亡的那首诗。在爱丁堡定居下来以后，由于周围都是一些"卑微的朋友"，他的诗从整体上来说变得更加贴切了。

在所有的历史学家中，斯密对李维评价最高。他说除了戴维·休谟之外，没有人能够与他相提并论。

谈到莎士比亚，斯密赞成伏尔泰的说法，觉得《哈姆雷特》是喝醉的野蛮人的梦呓，莎士比亚能够创造出很好的场景，却写不出好的戏剧。斯密虽然自己这样说，却并不允许别人随意贬低莎士比亚的作品，当阿米克斯冒昧地说了一些贬低《哈姆雷特》的话时，斯密说："你没发现《哈姆雷特》中还有很多精彩的段落吗？"

此看法在 18 世纪的名人中非常普遍。他们不是对诗人的天才无动于衷，而是被这种天才给弄得无所适从了。人们都承认莎士比亚的戏剧充满了想象力，生动而彰显着天赋，但也觉得这些戏剧充满了野性，毫无规则，用伏尔泰的话说，就是"喝醉的野蛮人"。他的戏剧不是诗歌，因为他们已经打破了艺术的种种规则，而诗歌毕竟还是一门艺术。在 18 世纪末，一位真正的文学爱好者查尔斯·詹姆斯·福克斯告诉雷诺兹说，如果莎士比亚没有创作《哈姆雷特》，他的声誉会更高。斯密认为，论戏剧方面的才华，莎士比亚要比德莱顿高十倍以上；但论诗歌方面的才华，莎士比亚却稍逊于德莱顿。

德莱顿在戏剧中的押韵技巧令斯密很赞赏，觉得英国的悲剧诗人完全是因为懒惰，才不能像法国诗人那样写出押韵诗来。蒲柏和伏尔泰也如此认为。斯密表示："如果德莱顿有莎士比亚 1/10 的戏剧才能，他就能够使我国像法国一样流行押韵戏剧，那时，人们就不会再轻视押韵戏剧，而会非常喜爱它们了。"他认为苏格兰哲学家、诗人詹姆斯·贝蒂的《游吟诗人》不能算是诗歌，它既没有结构，也没有开头与高潮，更没有结尾，只是一连串的诗句堆砌在一起。谈到蒲柏翻译的《伊利亚特》，他认为："把它称之为蒲柏的《伊利亚特》再合适不过了，它不是荷马的《伊利亚特》，没有希腊语言的那种雄伟气势和朴素风格。"

斯密把弥尔顿的《快乐的人》与《沉思的人》给阿米克斯读了一遍，并谈了其中的优美之处，但他觉得弥尔顿其余的短诗都毫无价值。他实在无法理解是什么原因让约翰逊对那首关于基利格鲁夫人之死的诗称赞不已，并把它与《亚历山大的盛宴》相提并论。斯密很欣赏葛雷的《颂诗》，并把它看作是抒情诗的卓越典范。

斯密不欣赏《温和的牧羊人》。他最喜欢的是《牧师菲德》，一谈到它就显得异常兴奋。他也很喜欢罗马第一流诗人、《阿埃尼伊斯》的作者维吉尔的《牧歌》。"诗人的责任就是像绅士那样进行写作。我不喜欢那种家常风格，尽管那样的语言被称为最自然、最纯朴的语言。在珀西的《古谣拾遗录》中只有很少的作品有可取之处。我认为《亚当·贝尔、克勒的克莱姆和克劳德斯利的威廉》就不值得出版。"斯密说。

说到戈德史密斯，斯密的口气变得稍微严厉了些，讲了一些他的风流韵事。是针对他的为人而不是针对他的作品。当阿米克斯提到伯克勾引年轻妇女的传闻时，斯密马上说那些都是污蔑。提及那些出版小道消息杂志，斯密的语气中充满了嘲笑与厌恶，阿米克斯想为《绅士杂志》说些好话，但斯密说自己从不看杂志，甚至也不看出版商的名字。

斯密最喜欢蒲柏的诗，并且还能够背出诗中的许多段落，但对蒲柏的为人却不苟同。觉得他是一个彻底的伪君子，在阿巴斯诺特临死之际蒲柏写给他的信就是典型的虚伪之作。斯密非常喜欢另一个诗人德莱顿。有一天，斯密在高声赞美德莱顿的故事集说："读一首好诗能比读一千篇评论获得更多的诗意。"斯密把法国戏剧看作是戏剧艺术的巅峰。

阿米克斯以斯密在一个政治问题上的观点结束了对他的回忆。斯密表示，在乔治三世统治时期，不信奉国教的牧师每年可以从政府那里领取 2000 英镑的津贴，然而后来布特伯爵取消了这项津贴，这导致了人们强烈反对政府。

阿米克斯的文章引起了阿斯卡留斯（巴肯伯爵）的抱怨。并不是说这些文章误传了斯密的看法，而是斯密极力反对这种把日常生活中的琐事公之于众。如果斯密知道自己对别人的看法会被公之于众，他一定不会说得那么随心所欲，而一定会精心修饰。不过，他的这些看法都是非常成熟的意见，因为他曾经长期思考过这方面的问题，甚至还讲授过文学课程。巴肯伯爵抱怨的另外一点是"这些事情太琐碎"。其实并非如此。博斯韦尔曾说，斯密在格拉斯哥常对他的学生说：伟人无小事。

1781 年，吉本对是否要继续写《罗马帝国衰亡史》犹豫不决，罗伯逊正好也在伦敦，于是就拜托他回到爱丁堡后征求一下斯密的意见。1781 年 11 月 6 日罗伯逊写信给吉本说了商谈的结果。罗伯逊说："我一回来就与斯密进行了一次长谈，我把您的话对他和盘托出。斯密的看法与我不谋而合。他总是迅速而有力地做出决定，不希望您有丝毫的犹豫。您一定非常想知道斯密的看法，现将他的看法转达给您。"

1783 年发表的《旅行日记》记载，1782 年 10 月或者 11 月，巴黎自然历史博物馆的地质学教授、法国国家研究院的成员福杰·圣方德教授在苏格兰游览期间，访问了爱丁堡，受到亚当·斯密的热情接待。圣方德在爱丁堡最常去的就是斯密家，斯密给予他热情的接待，从斯密那里他得到了关于爱丁堡的各种讯息及趣事。他惊讶于斯密拥有那么多经过精心挑选的藏书。"在他的藏书室里，法国著名作家的作品占据了显著的位置，他非常喜欢我们国家的语言。谈到伏尔泰，他的脸上浮现出激动的表情。"圣方德说。

一天晚上，斯密和圣方德一起喝茶，他再一次怀着一种宗教般的虔诚谈起了卢梭。他表示："伏尔泰是通过嘲笑，甚至谴责，来惩戒人们的罪恶和愚蠢；而卢梭则是通过情感的吸引与悔悟的力量引导人们走向理性和真理。他的社会契约论总有一天会为他所受到的迫害进行报复。"

斯密询问圣方德教授是否喜欢音乐，圣方德表示音乐是自己的主要乐趣之一，但前提是演奏水平要高。斯密说："听您这么说我非常高兴。我想带您去听一场音乐会，那是您从来没有听过的音乐。不知道在您听完之后会对它是什么印象。"

第二天就是一年一度的风笛大赛，斯密一大早就来到圣方德的住处，他们一起赶往音乐大厅。他们到达时已经来了很多绅士与淑女。斯密指着中间的空座位说那是留给比赛的裁判的，那些裁判都是苏格兰高地与岛屿的原住民。比赛演奏的是苏格兰高地非常流行的音乐，所有的选手都演奏同一首曲子，演奏得最好的人将获得奖励。

不久，大厅尽头的大门缓缓打开，一个身上穿着传统的苏格兰方格呢短裙和格子花呢披肩的苏格兰高地居民出现了，他一边演奏风笛，一边在大厅中间的空地上走来走去，步伐很快。那嘈杂刺耳的声音震耳欲聋。乐曲似乎是奏鸣曲的一种，分为三个部分。斯密让圣方德教授全神贯注地去听音乐，然后告诉他这音乐给他留下的印象。圣方德教授不得不承认，一开始他连曲子的曲调与结构都分辨不清。风笛手快速的行军步伐和脸上那坚毅的表情令他惊讶不已。他难以置信地运用身体和手指的力量使手中乐器的每一个簧片都发出声音。

第二个是风笛手，从周围观众的呐喊声与掌声可以判断，他比第一个人演奏得还要好；之后，陆续出现了八个风笛手。圣方德教授这才缓缓地看明白了，乐曲的第一部分表现的是战争的狂暴和喧嚣，最后一部分是对死难者的哀悼。演奏到最后一部分时，观众中那些美丽的苏格兰妇女流下了眼泪。音乐之后是一场活泼生动的舞蹈，一些风笛手也加入其中，一起演奏与眼前的气氛相适应的情感丰富的曲调。然而，这么多风笛一起演奏，发出的声音杂乱无章。犹如一群笨熊在跳舞，那些狂野的乐器在大多数听众身上产生的效果和在他身上产生的效果截然不同，周围那些人情绪激动不是因为音乐本身的曲调，而是因为风笛所发出的声音让他们联想到了一些历史事件。

斯密对一些地方活动略有兴趣，这样的比赛并不是他唯一有兴趣参加的活动。作为公民的义务，他还当了城市守卫队的队长。1781年6月4日，他被任命为爱丁堡守卫队的名誉队长。

斯密经常参加守卫队定期举办的宴会，即使不去也会给他们送去八大瓶红葡萄酒。但是他们的任务并不全都是喝酒吃饭。1784年9月8日，根据市长的命令，守卫队的队长、中尉和少尉等全体出动，参加了审判在坎农米尔斯策划暴动的保罗和安德森的大会。为了防止暴徒来营救，守卫队集结在古老的审判大厅，手里面拿着坚硬的橡木棒。队列整齐，步伐一致，保卫着地方文职官员的安全，在他们强大力量的威慑下，到会的群众只得老老实实地观看审判。

罗伯逊早就想仿照国外学术团体的样子建立一个学会，以便促进各门学科的发展，提高人们的知识与品位。1783年，斯密和罗伯逊等人一起建立了爱丁堡皇家学会。

1782年巴肯伯爵和另外一些人积极活动，想使两年前建立的苏格兰文物研究者协会获得皇家特许状，他们的举动促使罗伯逊加速了行动。罗伯逊本来打算在爱丁堡只成立一家学会，文物研究者协会只能是该学会的一个分支，他甚至还劝说爱丁堡大学校方向议会请求，不要给予文物研究者协会以文学团体的资格。

在这次行动中，大学校方得到了律师公会和1739年由科林·麦克劳林所创立的哲学协会的支持，而以失败告终。不过，皇家学会终于成立了。斯密和罗伯逊一样，他也不是文物研究者协会的会员，但是皇家学会最早的会员之一。该学会分为致力于研究自然科学的物理分会和致力于研究历史与文学的文学分会两部分。斯密是文学分会的四个会长之一。文学分会的另外三个会长是罗伯逊、布莱尔和戈登男爵。巴克勒公爵是整个学会的总会长。

斯密从来没有在皇家学会上宣读过文章与发过言。在学会出版的《汇刊》上只有一次提到过斯密，与两笔奖金有关，分别是1000达克特（以前曾在欧洲各国流通的钱币名称）和500达克特，这些钱是由德·温迪施格勒勒兹伯爵为奖励在法律术语方面最成功的两项创造赞助的，这两项创造要求所创术语能够满足各种需要，不会限制人的自由权利，不存在法律上的漏洞。

伯爵打算让欧洲最著名的三个文学团体来评定这个奖项，为此伯爵首先找到了巴黎皇家科学院，对方也愿意承担这项任务。这期间伯爵又跟爱丁堡皇家学会商谈了这件事情，随后他又联系了德国或者瑞士的科学院。伯爵是通过斯密与爱丁堡皇家学会取得联系的，斯密和他似乎原本相识。7月9日斯密把伯爵的意见提交给了皇家学会的评议会，他对评议会说，虽然他对伯爵提出的问题是否能得到完善而合理的解决深表怀疑，但他的想法值得赞扬。他建议学会同意伯爵的请求。他还打算通过书信与伯爵交流对这个问题的看法，并在下一次会议上把这封信提交给评议会。12月13日斯密在会议上宣读了这封信，随后经过斯密允许，抄录了一份作为备案，因为他不想把它刊登在学会的《汇刊》上。

1787年8月6日，海关专员斯密通知学会说，伯爵给他寄来了三篇关于那个问题的论文，并希望学会能够对这些论文的价值做出评判。于是学会就委托由斯密先生、财政部的亨利·麦肯齐先生和威廉·克雷格先生三人组成特别委员会，对这些论文进行审核和评定，并在下一次会议上公布评定结果。

1788年1月21日，斯密说，他们觉得这三篇论文没有一篇能够解决伯爵所提出的问题，只有一篇还有价值。学会让他们的秘书弗雷泽·泰特勒先生把这个意见告诉了伯爵，作为他们最后的评定结果。

第 26 章　政治立场及美国问题

斯密虽然受到了诺思勋爵的照顾，而且他与巴克勒公爵及亨利·邓达斯交情匪浅，但在政治立场上，斯密继续温和地支持英国政治家罗金厄姆（作为辉格党的首领组织内阁，后来反对诺思内阁的对美政策，支持美国独立）的辉格党，同时是诺思内阁的温和反对者。第一代明托伯爵、当时的吉尔伯特·埃利奥特爵士，1782 年在爱丁堡视察时，表示："我在这里找到了一位正直的、睿智的思想家、《国富论》的作者亚当·斯密先生，他是巴克勒公爵的老师。伯克辞职时，斯密写了一封极为仁厚优雅的信给伯克先生。他说，自己是当地唯一替罗金厄姆说话的人。"

1782 年 7 月，罗金厄姆侯爵去世时，福克斯和伯克因为不愿意在谢尔本勋爵手下工作，便辞去了内阁的职务。斯密对他们的行动表示了最热烈的支持。由于这次辞职几乎瓦解了辉格党，福克斯和伯克因拒绝为谢尔本勋爵效力而受到了诸多责难。有了斯密的支持，伯克感到了力量的存在。斯密不仅是一位深谋远虑的政治思想家，也是彻彻底底的辉格党人。斯密和谢尔本勋爵虽然私交甚笃，但斯密并不认为谢尔本勋爵是一位值得信任的政治领袖。在谢尔本勋爵和福克斯的第一次冲突中，斯密责备了谢尔本勋爵。19 年后，斯密仍然不信任勋爵。斯密认为，谢尔本勋爵屈从于皇室，致力于加强皇权，而辉格党的目标则相反，力求削弱皇权。罗金厄姆派就其领袖任命问题向国王提出建议，被国王断然拒绝后，谢尔本掌管了政府。斯密认为，这一事件意味着辉格党公开背叛了民众，转向支持皇室。

在这段危急时期，就连普通民众也在琢磨战争艺术。在爱丁堡，一位从来没有去过海边的律师发明了一套海军作战战术，使英国舰长罗德尼 1782 年在多米尼加海上取得了辉煌的胜利。还有一位在斯凯岛整日与牛群为伴的苏格兰高地地主、麦金农家族的氏族首领查尔斯·麦金农写信给斯密，提及他所写的一篇关于筑城术的论文，认为该文在某些重要方面有独创性的发现，把论文交给了斯密和亨利·麦肯齐，并附上 5 英镑作为出版费用。

为了拯救国家，这名苏格兰高地的地主希望通过改进筑城方式来达到目的，而另一位则构想了一个联盟方案。此时英国正处于历史上最黯淡的时期。英国正与法国、西班牙和美国殖民地联军打得热火朝天。伯戈因在萨拉托加屈辱地投降了敌人，而康沃利斯也在约克郡重蹈覆辙。埃利奥特的部队在直布罗陀也陷入了包围圈。同时，北方的爱尔兰也正逐渐形成一种威胁。而北欧诸国则手握刀把、对英国心怀仇恨，虎视眈眈地伺机采取行动。

约翰·辛克莱爵士认为中立国是左右局势的关键。1782 年，他写了一本小册子，并建议翻译成多国语言，以便劝说这些国家同英国一起组织讨伐波旁王朝的十字军，并劝说他们"为了所有国家的普遍利益，解放西印度群岛和美洲大陆的殖民地"。而英国所需付出的代价是让加入国分享英属殖民地的贸易利益，获得部分法属和西属殖民地。

辛克莱把小册子交给斯密以征求意见。根据辛克莱的自传，在前一本小册子中，他认为战争不仅应该打下去，还要扩大规模。而在后一本小册子里，他转向拥护和平，他非但没有鼓吹夺取法国和西班牙的殖民地，还主张放弃直布罗陀，认为此地会成为代价高昂的包袱。小册子的论证方式，与斯密下面信中的论证方式基本相同。因而，斯密的信改变了他的看法，不过，放弃直布罗陀的想法在 1782 年也曾得到了谢尔本内阁中的一些人及国王的积极支持。

斯密在回信中观点非常强烈，假如殖民地不能为维护母国做贡献，那它就毫无价值，这已经在《国富论》中表达出来了。假如英帝国的任何省份不能对整个帝国的维持做出贡献，大英帝国就应该摆脱为防御那个省份而支出的防卫费用，同时摆脱和平时期建设民用或军用设施的费用，使将来的意图和计划适应它的实际情况。

1783 年英国同美国和法国签订和约之后，自由贸易原则受到了推动。谢尔本勋爵在给莫尔莱神父的信中说，当年签订的条约自始至终都受到了"自由贸易这一伟大原则"的影响。甚至提到"越是承认这个原则，和约的效果就越好"。人们认为，扩大应用这一原则的合适时机到了。

1783 年，当有人在议院提出对美通商法案时，谢尔本勋爵的内阁成员之一威廉·艾登先生，对允许这个新的共和国同英国及其殖民地之间开展自由贸易心存疑虑，于是向斯密征询意见。在这之前，艾登曾为爱尔兰的自由贸易权利做过一些工作。1786 年，他与迪·德·内穆尔会谈，成功地签订了对法贸易协定，这为他赢得了自由贸易原则的伟大拥护者的名声。但在 1787 年时，在接受自由贸易原则方面，他并不比他的上司谢尔本勋爵更出色。

然而，当 1783 年他写信给斯密时，对于有人提议给予美国与英国相同的，同加拿大、新斯科舍进行自由贸易的权利，他感到非常不安。因为美国离加拿大和新斯科舍距离很近，在粮食供应的贸易中将把英国和爱尔兰完全排除在外。如此一来，爱尔兰的渔业将被毁掉，英国的运输业也会损失惨重。皮毛就在美国人家里，做成帽子就能轻而易举地打败他们。如果允许美国自由进口他们的工具，由于美国有丰富的原材料，那将在其他任何物品上都能给他们打击。

关于这个问题，艾登和斯密似乎多次写信讨论过。斯密认为，如果仅仅为了爱尔兰的腌鱼商和英国帽商的利益而限制美国与英国殖民地的贸易，是非常不公平的。只对一个国家实行贸易限制，而对其他国家不加限制，是非常不明智的政策。

他并没有主张自由贸易，他似乎觉得这是不切实际的。他只不过主张平等对待，即在加拿大的英国臣民与在英格兰的英国臣民要平等对待，以及平等对待美国人与俄国人、法国人或西班牙人。

福克斯的东印度议案，提议把英属印度的统治权从东印度公司的董事会移交给由皇室重新任命的管理委员会。这一措施受到斯密高度赞扬。在《国富论》的前几版中，他曾谴责过东印度公司，评价它"在印度欺压百姓、作威作福"。提出这个议案前，斯密还在关于该公司的补充论述里宣称："不管怎样的君王，都不会对其臣民的幸福与苦难、对其领土的改进或荒废、对于政府的荣耀与耻辱无动于衷，而正如这个商业公司的大部分股东，则基于不可压抑的道德原因，的确对此漠不关心。"

第 27 章　苏格兰：与伯克之谊

1784 ~ 1785 年

伯克先生于 1783 年 11 月接任邓达斯的职位，被推举为格拉斯哥大学名誉校长。于是，伯克抵达苏格兰，准备次年 4 月接受就职安排。在苏格兰待的八到十天里，斯密一直陪伴在侧，二人形影不离。伯克和斯密彼此仰慕对方的作品，在斯密长住伦敦时，二人就成为好友。即便是杰勒德大街那群围坐在棕色桌子上交谈的优秀人物，也没有一个像斯密那样受到伯克的尊敬。在伯克退出公众舞台后，一位杰出的文艺界朋友去比康斯菲尔德拜访了伯克。伯克当时曾表示他由衷地钦佩斯密，认为斯密才能出众、博览群书、见识深刻、作品意义深远，仁慈而善良，举止得当，令人愉悦。斯密也同样欣赏伯克。他对伯克的称赞十分受用，他说："虽然之前我们之间没有进行过任何交流，伯克是唯一一位在经济问题上与我想法完全相同的人。"

4 月 10 日星期六举行名誉校长的就职仪式。伯克在前一周的星期二或星期三先行抵达爱丁堡。斯密殷勤地接待了他。希腊语教授达尔泽尔对自己的老友兼同学罗伯特·利斯顿爵士说："梅特兰勋爵和斯密先生一直陪着伯克先生。伯克到达次日，他们三位就来我家了。"梅特兰勋爵是劳德戴尔伯爵的长子，继承爵位后，在政界和经济学界都享有盛誉。虽然他不是《国富论》的盲目追随者，甚至是那部著作最早的严厉批评者之一，但在福克斯诽谤斯密时，他曾为斯密辩护。1780 年，他作为科尼什选区的代表进入下院，是下院中前途无量的辉格党人。达尔泽尔做过他的家庭教师，陪同他去过牛津。达尔泽尔特别喜欢斯密，欣赏斯密的希腊语知识。

伯克、斯密与梅特兰勋爵于星期四早上一同前往格拉斯哥，途中他们经过中洛锡安郡劳德戴尔在哈顿的府邸，在那里聚餐并留宿。杜格尔德·斯图尔特和达尔泽尔授完课后就前来相聚。当时正值大选的最紧张时期，他们的话题自然涉及政党前途方面。

辉格党在这次著名的 1784 年选举中遭受了致命的打击。160 名联合内阁的支持者，即"福克斯的殉道者"，失去了议员席位，而威廉·皮特却在众人的拥护下重新上台。

议会在两周前就已经解散，一些地区选举已经揭晓。伯克就是在北上的途中得知了自己当选为莫尔顿区的议员，不过此时竞选仍在激烈进行着。在他担任辉格党领袖的威斯敏斯特区，选举已经进行 1 个月了。其他选区，结果尚不明朗。然而从当时的选举结果看，辉格党形势非常不妙。伯克先生对此心灰意懒。近 20 年，伯克都在为在野党效力，期间他的党掌权仅仅不足 20 个月。现在，这个党似乎注定仍将要做 20 年的反对党。他对梅特兰勋爵说："假如您想获得权力，想要在政坛取得成功，那就离我们这些人远点吧。"斯密却打断了他，并且满怀希望地预言，两年后形势一定会发生转变。

从斯密诚恳的话中，足见他对罗金厄姆派不变的忠诚。两年前他曾不顾许多辉格党人的反对，赞同罗金厄姆派与谢尔本勋爵分道扬镳，这次他依然不顾激烈的反对，赞同罗金厄姆派与昔日对手诺思勋爵联合。然而他乐观的预言完全落空了。伯克再也没有机会获得权力。仅仅几年后，伯克就断绝了同朋友们的联系，他觉得辉格党没有希望执政了。他曾给予忠告的那位青年贵族，报复了伯克的脱党行为，作为对他背叛行为的惩罚，否决了原本打算给他的年薪。

法国大革命使伯克退回到更加保守的立场，却把曾经沉迷于约翰·米勒教授的激进主义的梅特兰勋爵推到了共和主义的阵营。梅特兰与杜格尔德·斯图尔特一同去了巴黎，在街头对着群众滔滔不绝地演讲。

在哈顿时，他们都为自由事业暂时遭受挫折而感到忧虑。次日正好是耶稣受难日，早上，他们一同前往格拉斯哥。斯图尔特和达尔泽尔随行。当晚，他们同斯密的学生、梅特兰勋爵的老师约翰·米勒教授共进晚餐。第二天，他们出席了伯克先生的就职典礼。典礼的重头戏是就职演说。那次演说优雅动听、切合时机。伯克演说到 5 分钟时，说自己因为第一次对着受过良好教育的听众演讲，实在讲不下去了。这个传说是三年后才到格拉斯哥大学学习的学生杰弗里讲的。格拉斯哥大学的扬教授在他的《知识哲学讲义》中确切地提及了此事。

就职典礼之后，他们参加了大学教会的礼拜活动，听阿瑟教授布道，然后在大学食堂用餐。星期日，斯图尔特和达尔泽尔因为第二天还有课，就返回了爱丁堡。斯密和梅特兰勋爵陪同伯克到洛蒙德湖游玩。斯密非常喜欢洛蒙德湖的景色。他说，那是大不列颠最美的湖，岛屿和湖岸的景色交相辉映，美不胜收。他们周三才经由卡隆回到爱丁堡，顺路去卡隆参观那儿的铁厂。星期四晚上，他们一行人在斯密家吃晚饭，达尔泽尔也在。伯克当时的心情非常好，达尔泽尔说："他是我见过的最令人愉悦、说话最风趣的人。他讲了政界的许多趣闻逸事，并且为那些在世或者逝世的政治家勾勒出了栩栩如生的肖像。"

4月29号是拉纳克郡的选举日。这个郡选出的议员是托兰斯的安德鲁·斯图尔特，他曾是东印度公司行政长官的候选人，威廉·普尔特尼爵士也曾想打算推荐斯密担任此职务。由于在道格拉斯诉讼案中的表现，而引起公众注意。作为汉密尔顿公爵的律师，主要由他负责诉讼案中汉密尔顿公爵方的有关事务。在上议院，他受到了另一方的律师瑟洛以及曼斯菲尔德法官的猛烈攻击。为此，他同瑟洛进行了激烈的辩论，给曼斯菲尔德勋爵连续写了很多信。这些信在社会上引起了巨大反响，他因此而名声大噪，1774年，他作为拉纳克郡的代表进入议会。此后在政治上平步青云，1779年被任命为负责贸易和殖民地的官员，前途无量。然而在1784年，在选举的前一晚，由于他与汉密尔顿公爵之间的问题斯图尔特突然退出政坛。在递交辞呈的头一天，即4月22号，他把与汉密尔顿公爵讨论此事的相关信件全部交给约翰·戴维森律师，准备让朋友们仔细阅读，信中说："尤其是我的朋友亚当·斯密，我希望他了解事情的来龙去脉。"作为信中唯一被提及的朋友，斯密和戴维森商讨这些信件还应该给那些"特别的朋友"阅读。1784年5月7日，斯密写信给戴维森，建议他把信给斯通菲尔德的坎贝尔，也就是最高民事法庭的法官布特勋爵的姐夫看。信件内容如下：

> 作为斯图尔特先生的老朋友，应该让斯通菲尔德勋爵看有关拉纳克郡的书信。对于您和我之间的约定，即此事尽可能不要外传，仅限于在最亲密的朋友之间谈论，我想他会完全同意这一点的。
>
> 亚当·斯密
> 5月7日星期五

伯克的到访让斯密心情愉悦，但不久后，他就遭遇到了人生中最大的悲伤。5月23日他的母亲离开了人世，享年90岁。据巴肯伯爵说，斯密的人生支柱有三个——母亲、书籍与政治观点。他与母亲断断续续一起生活了60年。斯密非常依恋母亲，母亲的去世对他打击很大。斯密对母亲的孝顺只能证明他没有宗教信仰。斯密母亲临终时，每次牧师来到她病榻前，斯密总是待在房间里跟他一起祷告。虽然这是以基督的名义和为了基督而祈祷，但可敬的约翰·辛克莱副主教认为，如果没有信仰，他绝不可能这样做。

可不幸的是，原本61岁的斯密身体已走向下坡路，母亲的去世导致他的心情更加忧郁。斯密从此衰老得很快。两年后，斯密在疾病的折磨下，身体完全垮了。可见，母亲的死严重影响了他的健康。

虽然有几个人投了反对票，1784年6月伯克还是被选为爱丁堡皇家学会的委员。正如达尔泽尔所说，"我们中间似乎有几个党派观念极强的政客"。1785年8月，伯克由温德姆陪同来到苏格兰，执行名誉校长的职务。温德姆是伯克最心仪的政治信徒，1766年曾就读于格拉斯哥大学。达尔泽尔曾对利斯顿说："温德姆为人彬彬有礼、见多识广，是我见过的对希腊语最有研究的人。一天早上，我与他共进早餐，就希腊语滔滔不绝地聊了3个小时。当我们同在哈顿时，我们经常避开人群，去畅谈各自对希腊文的见解。"

斯密在这之前似乎已认识温德姆。8月24日伯克和温德姆抵达爱丁堡，下榻邓恩饭店后，就立即拜访了斯密。次日，他们在斯密家共进晚餐。到场的客人还有罗伯逊、亨利·厄斯金与卡伦先生。亨利·厄斯金曾在联合内阁内任检察总长，是伯克的同僚。卡伦先生因特别善于模仿别人说话的声调和姿势而广为人知。

参加晚宴的除了上面几个人外，还有约翰·辛克莱爵士。他在威克选区的选举中败于福克斯后，刚刚再次从地角选区重新进入议会。伯克和温德姆想到苏格兰高地游玩，而约翰爵士则强烈建议到布莱尔、拉索尔和邓克尔德交界的景色宜人的地区玩，可以把马车留在驿站，徒步穿越森林和峡谷。当他们走到距离邓克尔德十英里的地方遇见了一位附近地主的女儿，她正在树下阅读小说。于是大家和她聊了起来，温德姆被女士的聪明才智所吸引，迟迟不愿离开。3年后，他去下议院找辛克莱爵士，表明自己的心迹："我难以忘记那天在山中碰到的美丽少女，希望您帮我打听一下她现在是已婚还是单身。"可惜的是那位美少女当时已是狄克大夫的夫人，不久之后，狄克大夫成了深受沃尔特·斯科特爵士信任的健康顾问，狄克夫人后来同丈夫一起去了东印度群岛。

他们于9月13日回到了爱丁堡。温德姆说："晚饭后，我们一同走路去斯密家。我们碰到了陆军上校鲍尔弗和罗斯。鲍尔弗是豪将军的前任副官，而罗斯是康沃利斯勋爵的副官。当时在场的人全部是苏格兰人。"

内斯比特·鲍尔弗上校在对美战争中战功卓著，他是斯密在法夫郡居住时的一位邻居的儿子。1790年到1812年间，因在国会的工作而声名显赫。亚历山大·罗斯上校（后来成了将军）在对美战争中也立过功，是康沃利斯勋爵最亲密的朋友与通信者。当时，他是苏格兰军的高官。斯密在一封信中提到帕特里克·罗斯是他的亲戚。

9月14日，伯克、温德姆与斯密共进晚餐。除了他们三人，还有斯密的表弟皮特罗的斯基恩先生。第二天早上，两位政治家离开此地，继续南行。

伯克在爱丁堡还拜访了一位富有魅力的人——英国牧师、诗人、《伦尼米德》《历史哲学原理》《杜鹃颂》等的作者约翰·洛根先生。但这位诗人命运坎坷，生前死后都没有受到公正的对待。伯克觉得，《杜鹃颂》是用英语写作的最优美的抒情诗。当时洛根正处在困窘期。他写了《伦尼米德》的悲剧，虽然皇家大剧院接受了该剧本，但由于张伯伦勋爵认为该剧本中约翰王宫廷内的一些贵族的对话直接影射当时的政治而否决了它。此剧最终于1783年在爱丁堡剧院上演，但不久该剧就将洛根卷入到与教区居民与教会法庭的矛盾中。到1786年12月，这场纠纷以洛根辞去教区的牧师职位，得到每年40英镑的津贴而得以结束。斯密很欣赏洛根，在这场纠纷中一直站在他的一边。1783年纠纷刚刚发生时，斯密曾想让洛根从利思教区转到更自由更开明的卡农加蒂教区工作。在洛根下定决心成为一名专职文人时，斯密写了一封推荐信给安德鲁·斯特拉恩先生（在其父亲去世后，便一直由他主持出版公司的业务）。

尊敬的先生：

我向您推荐的洛根先生是一名牧师，学富五车、才高八斗。然而由于他不愿意服从这个国家对清教徒的要求，于是辞去了牧师的职位，准备来伦敦定居，以后专职从事文学创作工作。他已经出版了一些诗歌，其中有几首写得很不错。他最近还出版了一部悲剧。还有译自法国的一部戏剧手稿。我所看到的他最好作品是关于大学历史的演讲。它们得到了最优秀、最公正的鉴赏者的高度评价。但文学界有许多人充满敌意，因为他曾经不小心冒犯了权威人物而遭到了贬低。我衷心希望他能得到您的支持和保护。如果您雇用他从事评论工作，他将是评价各种书籍的好帮手，无论是历史书籍，还是道德和抽象哲学方面的书籍，他都很拿手。

您最忠诚的亚当·斯密

1785年9月29日于爱丁堡

斯密极力赞赏的演讲集已于 1779 年出版，即日后为公众所熟知的《历史哲学》中的第一本著作。但是后人因诗歌而记住了洛根。人们认为洛根剽窃了他过世的朋友迈克尔·布鲁斯的作品。罗伯逊博士也是布鲁斯的朋友，也是他诗集的编辑。斯莫尔先生公开出版了达尔梅尼的罗伯逊博士在 1791 年写给贝尔德校长的信，信中罗伯逊为洛根正名，从而人们相信了洛根是《杜鹃颂》的真正作者。

第 28 章　人口之查

　　英国的道德及政治哲学家理查德·普赖斯博士试图证明，英国人口一直在下降，自革命以来英国人口实际已经减少了将近 30%，这引起了人们的轰动。威廉·艾登先生指出普赖斯所依据的统计数据经不起推敲，事实上，英国的人口和贸易都在增长。同年，普赖斯对这一批评进行了驳斥。而在 1785 年，艾登先生打算就这个问题再出版一本书，为此，他与斯密多次通信。

　　普赖斯根据国家税收大概估算了人口。他先把所处时代的窗税及房屋税与革命前的"彼得便士税"进行比较，估算出英国的居民户数，然后假设每户平均 5 人，推算出英国的人口。随后又根据死亡统计表的数字，向殖民地移民、农场土地合并情况、伦敦的崛起和奢侈品程度增强等方面的数据，作为自己理论的支撑。

　　斯密觉得这些推断不可取，也不认同普赖斯本人。一份比普赖斯所用的数据更有说服力的关于苏格兰的人口统计表，引起了艾登的注意。这份报告统计了苏格兰各个教区的教众数。根据邓达斯大臣的要求，亚历山大·韦伯斯特博士于 1755 年向政府提交了苏格兰各教区的人口统计表。而通过问答的方式来教育民众是牧师的工作之一。牧师逐个拜访所辖教区的村子，向居民提问，从而掌握了教区的居民数量。凡达到一定年龄的人，都必须回答牧师就圣经或教义问答手册所提出的问题。韦伯斯特拿到了苏格兰各个教区的人口统计清单的复件，并且补充了那些因年纪太小，还不能回答圣经问题的居民数量。韦伯斯特拥有 1755 年和 1779 年的人口名册。通过对比，斯密发现 24 年来，苏格兰人口基本没变——商业和制造业的人口增长了，但由于农场合并，农业人口减少，增减几乎抵消。至少这是负责"牧师遗孀基金"官员的看法，韦伯斯特等牧师有关这个问题的通信，正是通过他们进行的。他们对苏格兰人口显然增加了表示怀疑。在一次愉快的交谈中，斯密听到韦伯斯特先生提及，尽管那些牧师们为公众提供的服务会被人遗忘，但会因他们所从事的神职工作而留名青史。

斯密的第一封信如下：

先生：

　　不好意思这么晚才给您回信。我一收到您 12 月 8 号写给我的信，就打算把其中的一份报表寄给您，但后来出了点麻烦，恐怕还要劳烦您再等几天。韦伯斯特先生的秘书曾是他写书时的得力帮手，他给此书作了一份摘录，现在将这份摘录一并寄给您。

　　海关特派员寄信的邮资由海关承担，收信人不需承担任何费用，我就不必按照您的指示，把信封装起来以罗斯先生的名义寄出了。苏格兰海关税收纯收入比七八年前至少增长了 4 倍，罗斯先生知道了肯定会十分高兴。近四五年，海关的税收迅速增长，今年的税收比去年至少还要多出 50%。我觉得以后还会继续增长。我们可以仔细商议一下这个问题。

　　普赖斯的推测摆脱不了被人们遗忘的命运……他不过是一个好搞宗派活动的人，一名肤浅的学者，当然绝不可能是个优秀的谋略家。

您谦卑的仆人亚当·斯密

1785 年 12 月 22 日

于爱丁堡海关办公室

　　您若能给我的书提出您宝贵的意见，我将备感荣幸。

几天后斯密写了第二封信：

先生：

　　有关苏格兰进出口贸易的清单，已经寄给罗斯先生了。

　　目前，我有幸与亨利·蒙克里夫爵士和他的秘书进行交流。蒙克里夫爵士接替韦伯斯特博士负责筹集基金，来帮助牧师遗孀。而爵士的秘书当时也是韦伯斯特的秘书，他为博士写书提供了很大的帮助。他们都觉得，在韦伯斯特博士逝世前几个月时他对我说的那些话是突发奇想，并没有经过深思熟虑或仔细调查。当时，我们交谈得十分愉快，气氛非常轻松。博士不仅是位高尚的人，而且十分懂得如何鼓舞他人。1779 年，应诺思勋爵的要求，秘书曾给了勋爵一本博士所写的书的复件。博士在书的后面附了一段评论：1755 年到 1779 年间，尽管工商业城市的人口大大增加了，但在苏格兰高地和其他岛屿，人口却是在减少；在农村，由于农场合并，人口数量也在一定程度上下降了。博士由此推断，英国人口总数几乎保持不变。两位先生都坚信，这才是韦伯斯特博士就此问题做出的最后判断。评论中提到的人口数量清单，统计了"可考查人口"的数量，也就是七八岁以上的能够回答有关宗教或道德提问的人口的数量。在我国，大多数牧师都有这样一份人口清单。

诺思勋爵似乎并不乐意让您使用这本书。对这个问题我充满好奇，那次谈话动摇了我的看法，不过这也只是毫无根据的设想罢了。

您忠实的仆人亚当·斯密

1786 年 1 月 3 日于爱丁堡

1786 年出版的新版（第四版）的《国富论》，内容并没有新变化，不过作者新写了一篇序言，专门感谢阿姆斯特丹的银行家亨利·霍普先生，因为霍普提供了有关阿姆斯特丹银行的最准确、最丰富的情报。对于这家银行，尽管以前也有记载，但没有哪个记载能使他感到满意。霍普在欧洲家喻户晓，人尽皆知，能得到他的帮助让斯密感到十分荣幸。

此时 63 岁的斯密面临着人生的一个重要关口，按照某些古老的信仰，63 岁是人的一生中最后一个危险关口。在 1786 年和 1787 年冬天，斯密患上了严重的慢性肠病，罗伯逊和吉本先生一度认为他危在旦夕。当时伯恩斯先生也在爱丁堡，但由于斯密身体不好，因而两人始终无缘见面。伯恩斯先生从他们共同的朋友邓洛普夫人那里拿到一封介绍信，他本来打算去拜访斯密，但发现斯密身体已经好转，并已于前日前往伦敦，以便与约翰·亨特先生会面交谈。其实 3 月份斯密还在爱丁堡，并写了一封信给道格拉斯先生，向他引荐自己在法夫郡的一位邻居、一本有名的实用书籍《政治方针》的作者罗伯特·比特森。比特森曾是一名工兵部队的军官，在 1776 年时以半薪退休，回到故乡当了一名农学家。在家乡他写了那本具有重要价值的书，于 1786 年出版，并把它献给了老朋友斯密先生。因为要出新的版本，作者打算增添一些内容，因而希望得到道格拉斯的帮助。信件内容如下：

尊敬的先生：

我的老朋友法夫郡维卡斯格兰奇的罗伯特·比特森先生将会把这封信转交给您。他是我在法夫郡十几年的老邻居，十分值得信任的朋友。他最近出版了一本非常实用的书籍《政治方针》非常受欢迎，现在他正筹划着增添一些新内容，出版第二版。他由衷希望您能就新内容提出建议及看法，没有任何一个人比您更合适就此书提出好的建议。希望我能把罗伯特·比特森先生介绍给您认识，并诚心希望您给他提供指教和帮助。您将发现他是一位本性善良、知识丰富、满怀好意的好伙伴。

您这次来爱丁堡，都不告诉我，真令人生气。如果您保证以后不再发生这样的事，我可以考虑既往不咎。

我今年面临着一个重要关口，身体状况远不如以前。不过，目前身体正在一天天好转，以至于我自己都觉得我可以闯过这个关口，能平平安安地度过余生了。

您最忠诚的亚当·斯密

1787 年 3 月 6 日于爱丁堡

第 29 章　最后一次访问伦敦

1787 年　　64 岁

4 月份，斯密的健康状况有所好转，他已经能够去伦敦请亨特先生看病了，不过整个人看起来还是很清瘦。斯密朋友的弟弟、数学教授、后来成为《国富论》的一名早期编辑威廉·普莱费尔，在到达伦敦之后不久就拜访了他。他说斯密看起来病恹恹的，似乎要垮掉的样子，过去他健康时，非常结实。尽管如此，他还是参加了一些社会活动，比如拜访老朋友，结交新朋友。温德姆也提到，他曾在不同的场合碰到斯密，那是他第一次被介绍给一位名叫皮特的年轻政治家。他 1777 年来伦敦时，皮特还只是坦普尔学校的一名学生，现在，依然成了英国历史上最有权力的首相之一了，当时正根据《国富论》里的理论在英国推行国家财政改革。皮特一直承认自己是斯密的忠实信徒。人们在他长期统治的最初几年就已经看到了自由主义经济的曙光。他解除了爱尔兰的贸易限制，与法国签订了通商条约。极力促成简化税收征集和管理的法律的通过。1787 年他提出了伟大的《合并法案》，目的是整顿混乱的关税和国内货物税。这部法案创立了的规范和条例繁多，通过 2537 个单独的办法才得以陈述完成它的具体条款。在该年的 3 月 7 号斯密来伦敦的几个星期之前这些办法才刚刚颁布。

当时皮特正在根据斯密提出的理论广泛地推行经济立法，他成了全伦敦最热心拜访斯密的人。他们频繁地见面，一次，他们在邓达斯位于爱丁堡温布尔登·格林大街的家里见面，当时英国托利党政治家亨利·阿丁顿，英国慈善家、曾推动反对奴隶制的运动的威尔伯福斯和格伦维也在场。斯密最后一个到来，他走进房间时，所有的人都站起来迎接他。斯密说："请坐吧，先生们。"皮特说："不！我们一定要等您坐下之后才能坐，因为我们都是您的学生。"据说最初发表在凯的 1838 年版的《人物素描》一书上。《人物素描》中所有写作的素材都是由凯长期搜集的，或者来自那些熟知当事人的本地居民以及间接了解书中人物的人。遗憾的是，1832年凯去世了。整部书是由著名而博学的古文学家詹姆斯·梅德蒙特编辑。

斯密给予皮特很高的评价。一次，同皮特吃完晚饭后，斯密对阿丁顿说："他真是一个不同寻常的人，他比我自己还更理解我的理论。"在他的影响下，其他的政治家也转而支持自由经济了。这是皮特一生中第一次对某一理论表示笃信。《国富论》出现时正是他价值观的形成阶段，凭借这本著作，他坚信了自由贸易理论。在伦敦的这一年斯密与政治家交往密切。威尔伯福斯经常向他求教博爱论方面的问题，自从在皮特家认识他后，阿丁顿专门为他写了一篇颂词，皮特则向他咨询了一些未来的立法问题，并委派给他一些调研任务。

1787年年初，边沁从俄罗斯取回了旨在反驳斯密理论的《为高利率辩护》的手稿，并交给他的律师朋友乔治·威尔逊。7月14日，威尔逊写信道："斯密由于胆囊发炎，再加上痔疮复发，病得很厉害。他的痔疮已经做了切除手术，并发症得到了较好的控制。医生说完全恢复尚需一段时间。他对政府来讲太重要了，政府部门的办事员已经得到指示为他提供他需要的所有文件，还可以雇用人手为他抄录文件。皮特不停地向斯密咨询，不知道斯密能拿出什么好主意来。"

也许斯密是在为自己有关行政管理的研究而在政府搜集资料，但威尔逊的陈述使人觉得，这些研究是为了追随皮特的金融领域的改革而开展的。如果威尔逊信中的斯密博士是这位经济学家，那这次他应该在伦敦待了很久，并一直遭受着旧病复发的痛苦折磨。

威尔伯福斯对斯密的评价不太高，他觉得斯密太冷漠了，他很失望于斯密对当时一项伟大的慈善事业的不热衷。而对于威尔伯福斯感兴趣的另外一些慈善活动，比如1787年年初开始的反对奴隶制运动，斯密却是坚定的支持者。他曾在自己的著作中严厉地批判奴隶制。1787年前托马斯·雷克斯领导的主日学校运动也得到了斯密的极力称赞。7月27日雷克斯写信给威廉·福克斯："自从神学时代以来，没有哪个计划能够既顺利又简便地改变社会风尚。"这些学校开办之后，每个星期为前来求学的人免费提供四到五个小时的初级课程的教学，但是活动遭到了一些神职人员的反对。具有自由思想的牧师霍斯利主教认为，此活动是为某一政治目的而开展的。思想独立和智力水平的提高常常会导致对神学的怀疑，斯密认为这只是人类进步的首要大前提。

斯密在慈善事业的切实性和可行性操作方面，是看得最透彻的。威尔伯福斯是从那个苏格兰的项目上发现他这方面的特质的。他认为，那个项目达不到人们所期望的结果。项目是由经济学家詹姆斯·斯图尔特提议的，由詹姆斯·安德森博士推动逐渐升温，约翰·诺克斯起了重要作用。这个项目提议在苏格兰高地和沿海一带建立一些渔村，来验证苏格兰高地是否正经历经济衰退和人口灭绝的问题。诺克斯提议在坎蒂尔海峡和多诺赫湾之间每隔 25 英里建立一个渔村，共建40 个。每个渔村投资 2000 英镑。1785 年苏格兰渔业协会推荐了这一提议，由此公众对这一方案的热情空前高涨，并建议由国会立法成立一个有限责任公司来实施这一方案。

苏格兰方面非常愉快地采纳了这一提议。1786 年，旨在发展渔业的"不列颠协会"成立了，项目的投资达 15 万英镑，由阿盖尔公爵担任董事长，许多社会名流包括威尔伯福斯就任董事。这的确是一个宏大的慈善工程。公司的股票刚一发行就立刻被抢购一空。1787 年，斯密仍然待在伦敦，这时已经有 35000 英镑实付资金到项，工程已经启动了。其中的一名董事艾萨克·霍金斯·布朗已经亲临苏格兰为那些即将建立的渔村选址。威尔伯福斯犹如看到了胜利的曙光。

威尔伯福斯曾经对斯密说起这一宏大而慷慨的工程将造福于苏格兰人民，但斯密对这个工程将达到的实际效果持怀疑态度。威尔伯福斯给霍金斯·布朗写信说："斯密博士冷淡地说，这项工程除了大把地花钱之外，不会有别的效果。他承认，工程不会给公众造成什么损失。"

最终，工程的结果却证明了斯密预言的正确性。"协会"首先为三个渔民定居点在西海岸购买土地，一是位于罗斯郡的阿拉普尔，二是位于因弗内斯郡的洛赫贝尔，三是位于阿盖尔郡的托贝莫利。他们计划首先由项目出资建立一些房屋，然后通过低廉的租金吸引定居者，并为他们提供租金很低的渔船。但最终除了在阿拉普尔有一些进展外，他们的优惠措施没有吸引任何人前来，在托贝莫利他们出资建造的渔船没有一艘出过海。几年后，"协会"就被迫放弃了这三个定居点，并以亏损 2000 英镑的代价出售了其所有权。同时，该组织的董事于 1803年在东海岸购买的一个小港口威克，在没有他们资助的情况下，由当地的一个公司发展成了一个拥有 400 条渔船的繁荣的渔业基地。而随着普尔特尼镇港口工业的发展，当地的居民也增加了。"协会"不再遵循建立新的渔业中心的原始宗旨了，在普尔特尼镇，协会仅仅充当了精明的房地产投机商的角色。希望从这不断增长的人口和地区发展中分得一杯羹。通过这种转变，协会得以保全了它的资金从而能够咸鱼翻身。1893 年，协会决定解散，最终以 20000 英镑的价格出售了其全部的房地产。舆论认为在 3.5 万英镑的原始资金中毕竟还有 1.5 万英镑的资金可以用来产生基金分红。因此这项振兴苏格兰高原渔业的宏大工程惨淡落幕。在"协会"存在的108年中，它分红的年数没超过11年，有很多年它都将收入节省下来用于新的扩张。由于一次不可挽回的工程失败，所有的积累以及10万英镑的政府基金都打了水漂。

斯密返回爱丁堡时十分愉快，因为他受到了那些部长们的热情接待以及他看到了自己的理论所取得的进步。回来时，他变成了一个乐观开朗的人，而不像去之前那样郁郁寡欢。渐渐地，他以前的敏感与疲惫的表情又出现了。其实他的这种表情保留到离开人世也不会太令人惊异。这个自由主义者沉思着皮特在长期统治期间的党派斗争，看到这个年轻的托利党统治者在经济改革方面采取的一系列措施，而他的反对者却总是步步紧逼，针锋相对地提出反对意见，这令作为自由主义者的斯密非常不爽。

斯密刚回到爱丁堡不久就获得一份殊荣。他被选为母校格拉斯哥大学爱玛学院的名誉院长。委任权由全校人员决定，包括教授和学生，但是由于学生人数远远占据了优势，所以最后决定权在学生手里。他们异口同声一致推举斯密。最初，由于他是由教授们提名的，那些愤恨学校条文，要求独立的学生对于他的候选人资格提出了质疑。在那些最激进的反对斯密的学生中有一个叫弗朗西斯·杰弗里的学生。他是一名保守党负责人。他发动一群学生聚集在草坪上，对他们进行演讲，煽动他们反对教授们提名的候选人。不过他的努力最终归于失败，斯密以绝对的优势当选了。一接到委任书，斯密马上给戴维森校长写了下面一封信。

敬爱的先生：

收到您的来信非常高兴，感谢能够荣幸被选为格拉斯哥大学的名誉院长。再也没有别的殊荣能让我这样满意了。也没有其他人能够像我这样从格拉斯哥大学得到如此多的好处。她首先是我的母校，教育了我，然后又把我送去牛津，当我从苏格兰回来不久，她就将我重新纳入她的怀抱，后来又把我选为评议会委员。永远忘不了哈奇森博士给予我的高水平的教诲。我在那里度过的13年是我迄今为止度过的最有用也是最幸福、最感到荣幸的时光。现在，离开她23年之后，我的老朋友和我的保护人还是那样的认同我，对此我的衷心喜悦真是无以言表。

关于何时搬入办公室，我随时听候您的派遣。米勒先生告诉我圣诞节通常会有五六天的假期。作为常任理事，是否可以随时申请一个星期的假期。等您方便时再安排吧。我想向我的同事们表达我最大的敬意与爱戴。

你最谦卑、忠诚的仆人——亚当·斯密

爱丁堡，1787 年 11 月 16 日

格拉斯哥大学校长阿奇博尔德·戴维森博士

　　按照例行的仪式，1787 年 12 月 12 日斯密被任命为名誉院长，然而，他既没有发表就职演说，也没有正式表示感谢。当时可能在场的杰弗里说斯密自始至终都保持沉默。斯密的前任伽特摩的格雷厄姆在该职位上只待了一年，而斯密却从 1787 年 11 月到 1789 年 11 月，一直都是名誉院长。

　　斯密最后一次访问伦敦时认识了皇家学会会长约瑟夫·班克斯爵士，他给予了斯密特别的关照。斯密回到爱丁堡后不久，他就写信向班克斯爵士推荐一名年轻的苏格兰科学家约翰·莱斯利，此人后来成为爱丁堡大学有名的自然哲学教授。莱斯利是斯密在柯卡尔迪居住时的邻居，两年前给斯密的侄子戴维·道格拉斯担任家庭教师，而成为斯密家的常客。斯密对他评价很高。1787 年当莱斯利放弃做牧师的想法，转而决定移居伦敦并准备在那里寻求一份人文或自然科学方面的差事时，斯密为他写了许多介绍信，并建议他一定要阅读一下这些人的著作，并提出一些自己的见解，这样被接纳的机会才会更大一点。下面这封信就是斯密写给约瑟夫·班克斯爵士的：

先生：

　　在伦敦时得到您的莫大礼遇与关注，我受宠若惊，备感荣幸，因此我斗胆向您介绍一位极具天赋的年轻绅士莱斯利，我与他已相识多年。他和数学有一种特别的渊源。两年半前，他曾指导我的一位近亲研习高等数学，他的表现得到了我们的认可与赞扬。他想在伦敦继续从事这方面的研究，并希望能够在某个学术机构谋求一份差事。除去他在数学方面的学识外，他同时也是一个不错的植物学家与化学家。假如您认为他值得您支持与肯定的话，那对他来说将十分荣幸。并请允许我以极大的敬意向您表示我非常荣幸能够成为您忠实、谦卑仆人。

亚当·斯密

爱丁堡，1788 年 12 月 18 日

约瑟夫·班克斯爵士

此时，我们发现一个奇怪的现象，为什么斯密现存的信件中大多都是介绍信呢？难道这些信件比其他的信件更有生命力，更值得好好保存吗？其实，恰恰是没有多少理由值得保存的东西，往往也就没有值得销毁的理由。

1788 年春天，斯密的健康状况明显好转，那些曾暗暗地为他的健康捏了一把汗的朋友们都松了一口气。在大家眼中，他精神恢复得非常好。但是这年秋天，与他共同生活多年的姨妈琼·道格拉斯小姐去世了。如今他的家里空空荡荡，缺乏生气。他生活中的两个伴侣——母亲和姨妈的先后离世给了他沉重的打击，他的继承人平时寄宿在约翰·米勒教授的家里，只有在格拉斯哥大学放假时才会回到他的身边。虽然他的事业取得重要成就，但他的内心情感，比如荣誉、爱及友谊等却是空虚的。

吉本曾把《罗马帝国衰亡史》的三卷合订本作为礼物送给他，他在那年 11 月写了一封简短的信表示谢意。在这封信里，就像他曾经对伏尔泰做出的评价一样，他也评价这位英国历史学家是当今文化界的旗手。

我亲爱的朋友：

很久没有向你表示我最深挚的谢意，我感到万分抱歉。你送给我的《罗马帝国衰亡史》的最后三卷，真是一份称心如意的礼物。它带给我的愉悦让我无以言表。我所认识或者与之通信的人，一致认为您由于这部书已成为当今欧洲整个文化界最杰出的著作家。这使我感到由衷的高兴。

你最真挚的朋友

亚当·斯密

爱丁堡，1788 年 12 月 18 日

斯密并没有在信中提及自己的健康状况，然而这年冬天他的身体状况每况愈下。吉本在 1789 年 2 月 11 日写信给出版商卡德尔时，曾焦虑地说道："你能否给我一份亚当·斯密的财务状况表，因为目前我是最关心这个问题的人了。"不过，那年夏天他的身体又有所好转。7 月份，塞缪尔·罗杰斯在爱丁堡的那个星期还经常见到他。

第 30 章　热情的主人

1789 年

23 岁的诗人、《快乐的回忆》一书的作者罗杰斯回苏格兰老家探亲，并带着普赖斯博士与《大英人名辞典》的编者基皮斯博士的介绍信来拜访斯密。当时他只出版了《迷信颂》一书，在文学界只认识他父亲的那些宗教界的朋友。虽然斯密对普赖斯博士颇有微词，但罗杰斯还是受到了最隆重的接待，罗杰斯在之后的旅行日志中写下了许多感激的话。这些旅行日志后来在克莱登先生所写的《塞缪尔·罗杰斯的青年时代》一书中被公开，其中被遗漏的细节记载在戴斯出版的回忆罗杰斯的文章及米特福德的未出版的同类文稿中。

1789 年 7 月 14 日，罗杰斯抵达爱丁堡，次日早晨，他第一次拜访了斯密。当时斯密正独自享用早餐，面前摆着一盘鲜美的草莓。他们聊起了身边的一些事情，斯密说在这个季节，水果是他的最爱。之后他们聊到了罗杰斯的这次旅行，斯密说爱丁堡由于比较脏乱而使苏格兰名声不好。他期待能搬到城镇的新街区，最想去的是乔治广场。爱丁堡完全由议会、财政及法院管辖，他们应该对当地的肮脏负责，斯密觉得，居住型城镇要比工业型城镇更污浊更悲惨。

虽然斯密轻视或忽略了爱丁堡的美丽，但他仍然极力赞美洛蒙德湖。他们的话题又从苏格兰的风景转到土壤上，斯密说苏格兰有着很好的土壤，但是气候太差以至于庄稼未收割之前冬季就降临了。这导致边境地区的苏格兰人依然生活在极度贫困中。就像半个世纪前斯密作为牛津大学的学生穿越边境时所看到的情形一样。然后他们又从农业谈到了玉米贸易，斯密指责政府最近禁止从法国进口玉米的规定，认为这种措施会使人们感到愤慨与耻辱。谈话从爱丁堡的居民又转到住宅上。斯密提到巴黎和爱丁堡一样，住宅正在高层化。随后又提到约翰·辛克莱爵士，在某些方面斯密不认可此人，他对一个如此严肃认真的人直到最后无所建树感到纳闷。最后，斯密邀请罗杰斯第二天在牡蛎俱乐部共进晚餐。罗杰斯对于这次面谈感到十分高兴，也因斯密的友善而心情愉悦。

罗杰斯作为斯密的客人之一于周五如约来到俱乐部。布莱克和普莱费尔也受邀出席，还有一些名人在场。但斯密和罗杰斯都认为这一天被白白浪费了。之后，斯密问罗杰斯，上次在俱乐部感觉如何，罗杰斯说："真遗憾，那个博格尔说得太多了，把一整晚都给毁了。"博格尔是位于克莱德河畔的达尔德维地方的地主，他的父亲是斯密在格拉斯哥大学教书时的校长。他的兄弟乔治·博格尔有些名声，曾被沃伦·黑斯廷斯派到西藏做大使，还出版了一本有关西藏的书；博格尔本人应该说是个博学多才的人，曾经在西印度从商多年，精通经济和贸易，并乐于为当今政府写些长篇大论。但在朋友的眼中，无论是关于商业的冗长演说，还是有关政治主题的演讲，都极为乏味，甚至是漫无边际的瞎扯。不过，他冗长的演讲中还是有可取之处的。斯密对博格尔的话评价很高，当他邀请罗杰斯去俱乐部时，他提到非常聪明的博格尔也将会出席，并表示要去听听博格尔的讲话。

19日，正好是星期天，罗杰斯再次见到了斯密，罗杰斯后来一直把这个星期天称作他一生中最值得纪念的日子。早上，他与罗伯逊先生共进早餐，上午在奥德格弗赖兹听罗伯逊传道，下午在高教会派教堂听布莱尔传道，之后还与皮奥齐夫人一同喝咖啡，最后在与亚当·斯密的晚宴中结束了这一天。罗杰斯曾在两次传道之间去拜访斯密。但是斯密刚好打算到外面散心，他的轿子还放在门口。在门口斯密与罗杰斯二人相遇，在交换了一番对博格尔与俱乐部的看法后，便邀请这位年轻的朋友晚上共进晚餐，并同时邀请星期一也过来吃饭，并说他已经叫上了《同情者》的作者亨利·麦肯齐与之会面。罗杰斯自然是盛情难却。之后斯密就坐轿子出发了，而罗杰斯则走到高教会派教堂去听布莱尔传道。晚上九点他回到潘穆尔住处时，发现那个星期五在俱乐部的朋友，除了博格尔和麦考利之外，其余的都来了，米尔先生从哥廷根赶了过来。

他们谈到朱尼厄斯先生，并提到一个众人皆知的故事：汉密尔顿在戈德伍德逗留期间，有一天曾对奇蒙德公爵说朱尼厄斯先生有一封信刊登在《大众广告》杂志上，甚至提到了里面的一些内容；但公爵拿到报纸时，却发现只有一封关于未能刊登的致歉信。斯密觉得信的作者应该是汉密尔顿先生。他们后来又谈到杜尔哥、伏尔泰和黎塞留公爵。

星期一那天，罗杰斯如约来到斯密住处吃饭，与亨利·麦肯齐见面。其他的客人包括前晚来的米尔先生和作为掌印秘书官的约翰·马格温。赫顿博士随后也来了加入了茶会。苏格兰人麦肯齐先生谈吐风趣，对各种趣事了如指掌，总是谈话的灵魂人物。他讲了许多苏格兰高地的千里眼的故事，特别是谈到凯恩内斯的一个行为古怪的地主，他装作有千里眼的样子，极为有效地维护了他在佃户中的权威，使佃户都安守本分。

之后，他们聊起了很多女诗人——汉纳·莫尔、夏洛特·斯密夫人，还有杰出的外科医生约翰·亨特的夫人。麦肯齐似乎控制着整个谈论。他们自然地谈及昨天下午罗杰斯、麦肯齐去听关于"对发生在别人身上的事件的好奇心"的布道内容。斯密认为布莱尔过于自信，如果能谦虚一些的话，他的工作会做得更出色，会更好地享受作为一名传教士与批评家的生活。伯恩斯就曾对布莱尔的自命不凡与高高在上极为反感。

之后他们参加了皇家学会的一次会议，但米尔先生和罗杰斯没有去。出发前，麦肯齐背诵了一首讽刺斯密在皇家学会会议上打瞌睡的短诗。当时只有7个人出席了会议——斯密和他的客人们以及当天报纸的读者，包括经济学家、李嘉图地租理论的创始人詹姆斯·安德森博。他的论文题目是"债务人及有关债务人法律的修订"。罗杰斯觉得此文"冗长无味，海关专员斯密先生听着听着就睡着了，而麦肯齐先生则笑着碰了碰我的胳膊"。会议结束时，罗杰斯先生先行告辞，和皮奥齐夫人看戏去了。

短短的几天时间里，罗杰斯与斯密频频见面，他对斯密的看法在某些方面具有不可忽视的价值。并被斯密的热心和善良深深打动了：斯密为人友好，容易相处。尽管二人年纪相差甚多，而且斯密又久负盛名，但他没有一点架子。据罗杰斯的仔细观察，较之罗伯逊先生，斯密更加见多识广。他的健谈本身也给其他偶然来访者留下了深刻的印象。一位作者写了一封回忆斯密的信件，寄给《蜜蜂》杂志的编辑，里面提道："他极其健谈，而且在每一个问题上都能大胆地表达自己的观点，与他外表给人的印象截然相反。"

那年，斯密的同学兼好友建筑师罗伯特·亚当的外甥威廉·亚当来到苏格兰与斯密畅谈了一番。威廉·亚当时任出庭律师、下议院议员，后来成为苏格兰临时法庭的主任委员，与边沁是密友，二人一起努力成为律师，耗费数个夜晚没完没了地探讨休谟哲学和其他艰深的问题。1789年夏天，威廉·亚当在苏格兰与斯密见面时，谈及了他的朋友边沁最近出版的著作《为高利率辩护》这本将被世人铭记的书，是为质疑斯密关于立法限制利率的建议而专门写的。

这本书产生了异常有争议的效果，改变了书中所质疑的对手。为了防止向挥霍无度者和公司创办者们提供非法便利，斯密呼吁将法定利率的最高额限定在稍高于市场平均值的水平。然而边沁表示，暂且不讨论挥霍浪费者，公司创办者毕竟是对社会最有用的阶层之一；明智的政府应当竭尽所能鼓励而不是遏制他们的企业发展，最好的政策就是不干涉利率的变动。边沁进行反驳时，怀着小学生面对大师时的崇敬之情，他将所拥有的东西全部归功于这位大师，他认为没有这位大师他就不可能取得进步。"您教会我运用武器并为我提供装备；我觉得这一领域所有伟大的真理标准建立都归功于您；除了您自己口中讲出的对自己的评价，我觉得几乎没有其他方式能证明您有错误或疏失。"

斯密被边沁先生的雅量所感动，坦率地向威廉·亚当承认他的反驳很有力量。1789 年 12 月 4 日，律师乔治·威尔逊在给边沁的信中说："去年夏天在苏格兰，亚当·斯密博士对下院议员威廉·亚当先生表示，《为高利率辩护》一书出自一位才华出众之人的手，虽然它的作者给了他一些打击，但攻击的方式非常得体，他毫无怨言。这似乎表明他承认了您的观点是正确的。"虽然这段描述只是亚当根据谈话推断出来的，但表明斯密明确地承认了他的观点遭到了边沁的有力反击。

假如他能够活到自己作品再版之时，斯密肯定会修正自己在利率问题上的观点。

第 31 章 《道德情操论》的修订

　　斯密打算对《道德情操论》进行修订，这个想法产生已久。此书已出版 30 年，发行过五个版本，但从来没有进行过任何形式的修订与改动。在作者人生的最后一年，他对这本书进行了大量的改动，增加了很多内容。虽然在写作时他深受病痛的折磨，但他却极其认真。在新版发行之前，作者与出版商之间却在是否像《国富论》那样在适当的时候单独出版增补部分，以方便旧版书的购买者的问题上产生了分歧。卡德尔觉得应该单独发行增补部分，虽然这样做会影响到新书的销售，但是他不愿意被人们指责对待顾客太过吝啬。而斯密却不认同，他通过 1789 年 5 月途经伦敦前往巴黎的杜格尔德·斯图尔特传达了自己的想法，即不是出于销量的原因，而是与"书的性质"有关。斯图尔特在下面这封信中向斯密汇报了他和卡德尔见面的结果，信上有 1789 年 5 月 6 日的邮戳：

　　亲爱的先生：

　　　　我在伦敦只做短暂停留行程匆忙，所以直到现在才有时间给您写信。我一到伦敦就去拜访了卡德尔先生，刚好斯特拉恩先生也在。他们向我保证，自从 1781 年出版第五版《道德情操论》以来，他们再也没有出过别的版本。为使您放心，卡德尔在一张小纸条上亲自写下了这些情况，现随信附上。

　　　　我向卡德尔先生说了您不允许单独出版《道德情操论》增补部分的决心，他感到很为难，因为他曾经多次面对过这种情况，假如不那样做的话，人们往往会责备他们对顾客太吝啬。我告诉他您的决心，因为这本书的性质不允许单独出版那些增补的内容。于是他让我转告您，他认为您最好在书的序言中说明这个情况，不知道您是否接受。假如还有什么能帮得上忙的话，我很乐意为您效劳。

亲爱的先生，我永远是您

最顺从的仆人杜格尔德·斯图尔特

作者在 1790 年版的序言中再次提到了他在 1759 年版序言中的许诺，他曾承诺将在未来的一本著作里阐述法律和政治的一般原理，以及在不同的社会历史时期里它们所发生的变革。从公平正义方面，以及国家收入政策、军队以及其他的司法目标方面对此问题进行阐述。在《国富论》中他已经兑现了一些诺言，论述了国家政策、收入与军队方面的内容，但他还没有完成剩下的对法学理论的阐述，原因同他没能修订《道德情操论》一样。他接着说："虽然我年事已高，但我承认要想满意地完成这项伟大的计划难度很大，不过我仍然希望能够尽力去做到最好，我有责任这样做。30 年前，我有信心，相信自己能够兑现自己的承诺。"

在《道德情操论》最后一版中，新增的最重要的一章是"论道德情操的堕落，堕落的原因是我们往往会羡慕那些富人和贵族，而轻视那些贫穷卑贱的人"。斯密虽然声称自己是一个共和主义者，但依然相信出身的重要性。虽然他也认为这样的做法不合理，但人们还会从中得到好处。理智地说，人们注重地位和财富而轻视智慧和美德的做法无疑是很荒谬的，然而它却对实现良好的政治统治颇有帮助。为维持社会秩序需要建立一种能够被人们普遍接受的优越感，出身与财富的优越性显而易见；而智慧与美德的优越性却是无形的，不确定的，即便是很有辨识能力的人也无法确定它们的存在。斯密坚持认为它们是造成我们道德情操普遍堕落的主要原因。

然而，与增加的这部分内容相比，删除的关于罗斯福格尔德的部分内容更能引起公众的注意。斯密曾经在书中把他和曼德维尔放在一起加以批判。删除的段落内容是：忏悔者认为除了自己外，还需要别人帮助自己进行祈祷和祭祀，这种自然的感情与赎罪理论完全一致。删除这部分关于罗斯福格尔德的内容招致了人们的责难，人们认为斯密屈服于私人友情，而牺牲了对真理的追求。但是了解全部情况的斯图尔特说，不论是对真理的追求，还是出于友情，都不会阻止斯密做出那样的修改，因为罗斯福格尔德和曼德维尔之间确实有很大的不同，这一点可以证明上述做法是正确的。

同时，书中还删去了关于赎罪理论的段落，不过，20 年来一直沉寂无音，就连著名的玛吉大主教也没有注意到，他还引用了旧版《道德情操论》中的一段话，说这是一个智力水平与独立性都无可挑剔的人说的，以此来证明《圣经》中赎罪理论的合理性。他表示："这些观点，是一个思考能力和推理能力不逊色于任何人，甚至与神教派最强的人都不相上下的人说出来的。这些神学观点没有受到任何职业习惯与个人利益的影响。可以说，一个致力于科学、政治和哲学研究的外行人所发表的这些观点是理性的自然体现。而那些假充内行和自以为是的人还讽刺这些观点。"

那些假充内行和自以为是的人很快跳了出来，他们表示，如大主教所说，斯密的确是一个学术方面的权威，然而斯密在最后一版的《道德情操论》中删去了大主教所引用的那部分内容，可见斯密并不支持大主教的看法。玛吉大主教迅速转变了态度，他毫无依据地信口开河，说斯密删去那些内容是因为他的思想受到了好斗的无神论者休谟的不良影响。玛吉大主教没能用斯密来证明基督教的合理性，便以此为例告诫人们不能没有信仰。他表示："即使是那些最贤明的人，长期与无神论者交好也会失去自己的信仰，世界上有很多这样的例子，斯密就是其一。"

1759 年斯密发表那段话时正是与休谟关系最为密切时，而在 1790 年他删去那段话时休谟都已经去世了 14 年了，并且，书中有许多休谟所反对的观点都没有删去。无论如何，我们都无法认为在 1759 年和 1790 年斯密关于赎罪理论的观点有何不同，他曾经对爱丁堡的一些朋友说，他删去那部分内容是因为觉得它们不应该放在那里，是多余的。

1831 年人们在一本亚里士多德的书中发现了这段话的原稿，而此时斯密其他的书稿早已经都毁掉了。值得注意的是，由于斯密的宗教观点颇受人关注，他便在同一版的《道德情操论》增补内容中鲜明地描述了自己未来的信仰和自己作为一位全知全能的审判者的角色。这与他对卡拉斯案件的看法有关。他表示，对于那些在卡拉斯案件中无辜死去的人们来说，"只有宗教能够给予他们有效的安慰。只要全知全能的上帝认可了你，别人的看法都不重要。只有宗教才能向他们展示另外一个世界的景象——一个远比当前这个世界更加正直、仁慈和公正的世界，在那里他们将会重获清白，高尚的品德最终会得到回报。这一伟大的法则能够战胜恐怖和邪恶，给那些受到侮辱的无辜者以有效的安慰"。

无论他对基督教是什么态度，他在离开人世前写下的这段话都表明，无论是生前还是死后，他都完全信仰那些他曾经公开讲授过的自然宗教的学说。

第 32 章　默默无闻地离世

斯密出版的最后一本著作是新版《道德情操论》。1790 年 3 月 11 日巴黎的一家法文报纸《环球报道》报道说，著名的《国富论》的作者将要发表一篇批判孟德斯鸠的《论法的精神》的著作，这部著作将开创政治学史和哲学史的新纪元。他们声明，这是一位消息灵通人士在看了那本书的部分内容后作出的判断，他对这本书的未来做出了最乐观的预测。

斯密为准备他那部伟大的政治著作，研究过许多问题，其中就包括孟德斯鸠的作品，然而没有任何迹象表明他打算就孟德斯鸠的作品单独出书。并且，到 1790 年 3 月时，他的身体已经十分虚弱了。

巴肯伯爵在乡村居住了一段时间后于 2 月份到达爱丁堡，拜访了他过去的老师与朋友斯密。在离别时，巴肯伯爵说："亲爱的老师，明年 2 月我再来这里，到时候我会经常来看您的。"斯密紧紧地握着他的手说："亲爱的巴肯伯爵（原文是"亲爱的阿斯卡尼俄斯"，因为阿斯卡尼俄斯是当时伯爵写作用的笔名），你再也见不到你原来的那个老朋友了。我感觉到自己的身体越来越糟糕了，那时我会同一具木乃伊差不多。"斯密忽然想到了在图卢兹见到过的木乃伊。后来伯爵写道："我很想在他最后生病期间多去看望他，但是如同木乃伊一样的他紧紧地盯着我的脸，让我感觉很害怕。"

春天，斯密的身体状况每况愈下，越来越虚弱了，虽然在天气逐渐转暖的时候他可能恢复了一些，然而到了 6 月，他的身体状况再度恶化，朋友们看来他的这种情况非常不乐观。然而面对长期而又痛苦的疾病折磨，斯密凭着坚强的毅力忍受了下来，并且他还表现出一种平静而乐观的精神。6 月 21 日亨利·麦肯齐写信给他的表兄弟格朗特爵士说，爱丁堡刚刚失去了它最美丽的女人蒙博多的美丽的伯内特小姐，几个星期以后它很有可能会失去它最伟大的男人。伯内特小姐是苏格兰诗人、《自由树》《一朵红红的玫瑰》等的作者彭斯曾经称赞她是"上帝最美丽的作品"。最伟大的男人指亚当·斯密。麦肯齐说："三个星期前我们还在安慰自己，他可能会好起来的，然而现在，他已经完全没有了康复的希望。"

一个星期后，出版商斯梅利给斯密在伦敦的年轻朋友帕特里克·克拉森写信说："可怜的斯密！我们不久就要失去他了，他的离去将会使数以千计的人痛心不已。斯密的精神很不好，有时为了不让朋友担忧，他总是强打精神，这对他的身体很不好。他希望自己能够好起来，然而自然法则是不可违逆的。如今他身体极度虚弱，肠胃功能减弱，已经吸收不到足够的营养了，但他有着坚强的忍耐力和豁达的心境。"

虽然身体十分虚弱，但斯密还想着照顾别人。几个月前他的老朋友、内科医生卡伦去世了，斯密把卡伦的孩子委托给巴克勒公爵照顾，这是他去世前所做的最后一件事情。巴肯伯爵说："亚当·斯密是伊壁鸠鲁的忠实信徒，这位哲学家充分地理解了他的思想，连最后的行为都不谋而合，伊壁鸠鲁最后做的事情是把希腊哲学家、伊壁鸠鲁的弟子和亲戚梅特罗多罗斯的孩子交给朋友来照顾，而斯密则是把卡伦的孩子交给巴克勒公爵来照顾。"

当斯密的身体越来越虚弱、回天无术之际，曾经与他疏远过一段时间的老朋友亚当·弗格森忘掉不快，来到斯密身边关心和照顾着他。1790 年 7 月 11 日，弗格森给继沃伦·黑斯廷斯之后担任印度总督的约翰·麦克弗森写信，告知他斯密的死讯："您的老朋友斯密已经不在人世了。我们几个月前就知道他将要日薄西山了，虽然之前我们闹了点儿小矛盾，但听说他的情况后，我忘掉了过去的不快，毫不犹豫地赶去看他，一直照顾他到生命的最后一刻。"

卡莱尔博士表示，18 世纪爱丁堡文学界的名人间关系十分和睦，偶尔也会产生一些小摩擦，常常是由他和约翰·霍姆出面调解。造成这种不和的主要原因是弗格森"对竞争对手的强烈嫉妒"，尤其是对三个比他优秀的朋友——休谟、斯密和罗伯逊的嫉妒尤其强烈。然而仅仅把一切过错都归结到弗格森头上显然不公，尽管斯密是一个极其仁厚之人，但本性上也有一点嫉妒之心。令人欣慰的是弗格森最后不计前嫌，不顾自己重病在身前来看望年轻时的朋友斯密，为他最后的日子增添了快乐。更何况弗格森本人长期患有半身不遂。

当斯密感到死亡日益迫近时，除了他认为完整的有出版价值的个别作品以外，他急切地想销毁他所有的手稿，由于身体太过虚弱无法亲自完成此项工作，他多次请求他的朋友布莱克和赫顿帮他销毁那些书稿。斯密说他感到很遗憾，认为自己做得太少了。他说："我本来可以做得更多的，在我的文件中有很多的材料，我可以用它们写出很多东西，但是现在已经不可能了。"布莱克和赫顿总是搪塞斯密的请求，他们希望有一天他能够恢复健康或者改变主意，但是在斯密去世前的一个星期，他特意把他们叫来，要求他们当场把他指定的那十六册书稿给烧掉。他们只得尊重他的心愿，将书稿烧毁了。

17 年前，斯密携带《国富论》原稿前往伦敦时曾经指定休谟为他的书稿继承人，并要求休谟把他全部的未装订的零散手稿和已装订好的十几本薄纸书稿一起焚毁，只留下他那本未写完的天文史书稿。

当十六册书稿销毁后，斯密长舒了一口气。星期天晚上，朋友们像往常一样来到他家里共进晚餐，那晚来的人比平时还要多，斯密高兴地接待了他们。当时在场的亨利·麦肯齐在第二年访问伦敦时向塞缪尔·罗杰斯讲述斯密临死前的情形时说，九点半左右，朋友们劝说斯密回卧室。在房间门口他转身说道："先生们，我喜欢和你们在一起，但是我想，我不得不离开你们，去另外一个世界了。"

而赫顿在讲给斯图尔特时说斯密当时说的是"我想我们要暂时分别了，我们会在另外一个地方团聚的"。很有可能这两句话斯密都说过，因为他要想完整地表达临别时的安慰，死亡并不是最终的离别，而只是短暂的分开。

1790 年 7 月 17 日星期六，斯密永远地离开了大家，去了另外一个世界。斯密死后被葬在了卡农加蒂墓地，紧邻伯恩斯为弗格森所立的一块简单的墓碑，不远处是一座豪华的坟墓，后来他的朋友斯图尔特就葬在那里。斯密的墓碑上面写着"《国富论》的作者，亚当·斯密，安眠于此"。

然而，斯密的去世并没有像他的很多仰慕者预料的那样，引起轰动。8 月 20日英格兰法学家塞缪尔·罗米利爵士给一个想得到一本新版《道德情操论》的法国妇女写信说："我很惊讶与愤怒，人们对斯密的死并不关注。人们几乎没有注意到这个消息，而对于约翰逊博士的去世，人们在他死后一年多还在不停地赞扬着他，传记、书信、传闻遍地都是。人们没有公正地看待斯密作品的价值，斯密自己也没有公正地看待自己的作品，他总认为《道德情操论》要比《国富论》更加重要。"

在爱丁堡，甚至是一个活跃牧师去世的影响都比斯密要大，更不用说几十年后去世远没有斯密有名的著名人物杜格尔德·斯图尔特了。关于斯密的去世，报纸上只有讣告和两行简短的介绍文字。关于他的生平，记者们唯一知道的就是他在幼年时被吉卜赛人拐骗的事情。《广告报》提到了斯密的性格，说"在生活中，斯密以广施善行、仁慈博爱而著称"。

刚刚开始走进社会的科伯恩勋爵震惊于市民们对斯密的死表现的冷漠，他们竟然对斯密的成就一无所知。他说："爱丁堡的中年人对这位政治经济学创始人知之甚少，只知道他担任过海关专员，曾经写过一本著名的书。爱丁堡具有自由主义倾向的年轻人只是盲目地崇拜他。"市民们在斯图尔特死后不久就为他在市里最好的位置树立了纪念碑。尽管斯密曾经给这座城市带来过巨大的荣誉，但声名卓著的他至今没有纪念碑。

布莱克和赫顿是斯密书稿的继承人，他们于1795年出版了那些没有被焚毁的书稿。依照斯密在1790年2月6日立下的遗嘱，他的财产都由他的侄子戴维·道格拉斯，即后来的赖斯顿勋爵继承，在处理书稿与著作的事情上遗产继承人应该听从布莱克和赫顿的指示，每年还要付给珍妮特·道格拉斯夫人20英镑的养老金，在她死后，付给圣安德鲁大学的休·克莱格霍恩教授和他的妻子一共400英镑。然而，斯密留下的财产寥寥无几，斯密虽然以热情好客而闻名，但是他平时的生活并不奢华。人们竟不知道斯密把大笔的钱都秘密捐献给了慈善事业。

威廉·普莱费尔表示，斯密的朋友们都猜测他在做慈善，还在他生前成立了一个特别小组，搜寻蛛丝马迹，但斯密在慈善活动方面隐藏很深。杜格尔德·斯图尔特说："斯密先生的一些慈善活动非常感人。他的一个近亲也是他的好友英纳内瑟的帕特里克·罗斯先生的女儿罗斯小姐曾经对我说过。从他的财产状况来看，斯密每次的捐赠数额都远远超出了人们的预期。这些捐助表明斯密富有同情心且慷慨大方。"这使我们想起了詹姆斯·麦金托什爵士的话。斯密在晚年，麦金托什曾受教于卡伦和布莱克，在社交场合常见到斯密。多年以后他对恩普森说："我认识斯密，但不算熟，我跟李嘉图很熟，跟马尔萨斯也特别亲密。他们都是各自学科中最伟大的大师，也是我所认识的最好的人。这还不能说明问题吗？"

斯密从未请人给自己画过像，但两个天才画家常有机会见到他，并为他做过素描，这才使得斯密精美的肖像画能够存留于世。当斯密还在格拉斯哥大学时，塔西是福尔斯工艺美术学院的一个学生，他似乎以斯密为原型做过雕塑，在当时格拉斯哥所有的书店橱窗里都摆放有斯密的塑像，而这些雕塑肯定是由工艺美术学院制作的。后来塔西又为斯密制作了两种不同的浮雕。拉斯佩在他为塔西的珐琅制品编制的目录中说，其中有一个是同类艺术品中最大的一个，是塔西用与玉石浮雕类似的手法在坚硬的白珐琅上雕刻出来的。

依据这个原型，由皇家艺术学会会员 J. 杰克逊作画，C. 皮卡特雕刻，制作了斯密的画像，1811 年由卡德尔和戴维斯出版。之后约翰·霍斯伯格和贝尔又依据此原型为以后各个版本的《国富论》制作了斯密的雕版画像，从此，这幅画像就成了最有名、最好的作者画像。这是一个侧面的半身像，非常英俊，宽宽的前额，突出的眼睛，弯弯的眉毛，鼻子略带鹰钩，轮廓分明的嘴唇和下巴，还戴着假发，雕像上刻着"1787 年，64 岁的亚当·斯密，塔西制作"。在塔西制作的另外一个带有"传统风格"的斯密雕像中，他没有戴假发，脖子和胸膛都裸露着。这个雕像的优点在于，它向我们展示出斯密的头是圆的，一头卷发，从眉毛一直卷曲到大大的耳朵上。而在上一个雕像中，耳朵被假发遮住了。两个雕像刻有同样的日期，却从未被雕成铜版。

拉佩斯还在他为塔西的珐琅制品编制的目录中提到了一个珐琅半身雕像，仿玉髓的颜色，是由沃纳根据塔西的原型制作的另外一个斯密的浮雕。凯一共画过两张斯密的肖像：第一幅是 1787 年画的，描写的是他走在大街上的情形；第二幅是在 1790 年，得知他的死讯后画的，画上的他正要走进海关的办公大楼。在爱丁堡的国立古代博物馆有一幅 T. 科洛皮所做的油画，画中放在书桌上的一本书是《国富论》，因此人们一般都把它看作是斯密的画像。然而斯图尔特明确表示，斯密从未找人给他画过像，因此上述的推断有待商榷。

所有其他斯密画像都是以塔西和凯的作品为原型的。斯密中等身材，胖瘦适中，腰杆挺直，头部端正，有一双灰色或淡蓝色的大眼睛，总是闪烁着极其和蔼的光芒。他衣着十分得体。人们会说休谟的黄色上衣上有黑色斑点，吉本穿了一件花哨的天鹅绒衣服，赫顿的衣服破破烂烂，亨利·厄斯金戴了一顶灰色的破帽子等，但从没人评论过斯密的衣着。

斯密死后作品由赖斯顿勋爵继承。赖斯顿勋爵死后，作品被分成了两部分，分别由他的两个女儿继承：经济学类的作品分给了已故爱丁堡大学班纳曼教授的妻子班纳曼夫人；其余的分给了普雷斯顿潘斯的坎宁安牧师的妻子坎宁安夫人。这两部分作品都被保存了下来，前者保存在爱丁堡大学新学院的图书馆里，是帕斯的道格拉斯·班纳曼博士赠送给该图书馆的；后者保存在贝尔法斯特女王学院的坎宁安教授手里，1878 年他在爱丁堡卖出了一小部分，后来又把除拉丁语和希腊语古典著作以外的部分，赠送给了他所在学院的图书馆。

在斯密现存于世的物品中，有四个塔西制作的浮雕，悬挂在他的藏书室里。这四个浮雕的人物分别是化学家布莱克、地质学家赫顿、形而上学家托马斯·里德博士和觊觎王位者的老秘书，写过古罗马文物方面著作的安德鲁·拉米斯登，他们都是他的朋友。